高中专学前教师教育教材

幼儿教育概论

YOUER JIAOYU GAILUN

肖全民　周　香 / 主　编
刘揖建　曹跃丽 / 副主编
陈幸军 / 主　审

北京师范大学出版集团
BEIJING NORMAL UNIVERSITY PUBLISHING GROUP
北京师范大学出版社

图书在版编目(CIP)数据

幼儿教育概论/ 肖全民，周香主编. —北京：北京师范大学出版社，2012.9(2021.7 重印)

ISBN 978-7-303-15279-7

Ⅰ. ①幼… Ⅱ. ①肖…②周… Ⅲ. ①幼儿教育－职业教育－教材 Ⅳ. ①G61

中国版本图书馆 CIP 数据核字(2012)第 196706 号

营销中心电话　010-58802755　58801876
北师大出版社职业教育分社网　http：//zjfs. bnup. com
电子信箱　zhijiao@bnupg. com

出版发行：北京师范大学出版社　www. bnupg. com
北京市西城区新街口外大街 12-3 号
邮政编码：100088
印　　刷：三河市兴达印务有限公司
经　　销：全国新华书店
开　　本：730 mm×980 mm　1/16
印　　张：19.5
字　　数：250 千字
版　　次：2012 年 9 月第 1 版
印　　次：2021 年 7 月第 14 次印刷
定　　价：39.00 元

策划编辑：张丽娟　　责任编辑：王　婉
美术编辑：袁　麟　　装帧设计：李尘工作室
责任校对：陈　民　　责任印制：陈　涛

编 委 会

序 言

学前教育是基础教育的奠基阶段，是国民教育体系的重要组成部分，它不仅对个体身心全面健康发展，而且对义务教育质量、国民素质整体提高和社会发展均具有极其重要的奠基性作用。近两年，在党中央、国务院的高度重视下，在《国家中长期教育改革和发展规划纲要(2010—2020年)》(以下简称《教育规划纲要》)、《国务院关于当前发展学前教育的若干意见》(以下简称“国十条”)和各地学前教育三年行动计划等政策的有力推动下，各省(区、市)政府纷纷把学前教育作为本地教育工作和改善民生的重要方面，大力发展学前教育，有力地促进了各地学前教育事业的发展。2010年，是近年我国学前教育发展最快的一年，全国学前三年毛入园率增至56.6%，比2009年(2009年为50.9%)提高了5.7个百分点。

同时，我们需要客观、冷静地看到，由于长期受经济、社会、文化、传统和教育等多方面因素的制约，目前我国学前教育在不少地区是低水平的普及，学前教师队伍整体素质不高，特别是城乡学前教师专业素质水平差距大，不少农村幼儿园教师缺乏基本的专业教育，教育质量较低。

《教育规划纲要》和“国十条”明确指出了我国未来中长期学前教育发展的战略方向是“基本普及学前教育”，到2020年全国要实现基本普及学前教育。这在我国学前教育发展史上是具有里程碑、突破性意义的。但当前，如何更好地全面贯彻落实《教育规划纲要》和“国十条”精神，保障我国学前教育既大普及大发展，同时又是有质量的发展，因而我们的普及是有意义的普及，给我们的孩子提供的教育是真正令人向往的、有价值的教育机会，这一问题仍然非常艰巨、突出！

我国政府、社会、家长等各方面都对此表示了极大的关注，专家、学者们为此进行着努力的思考、研究和探索。

无疑，要确保学前教育质量，必须要有高水平的学前教师作为基础和保障。政策和实践研究均表明，世界发达国家都十分重视学前教育阶段教师队伍的建设，在严格实施幼儿园教师资格制度和教师专业标准的同时，努力建构促进幼儿园教师专业发展的有效培养和支持体系，实现幼儿园教师培养的专业化和优质化。比如，美国、日本等国不仅基本实现了幼儿园教师培养的学士化，更值得关注的是，它们都非常注重幼儿园教师培养与培训教学资源的研发与优化，重视通过通识教育提高学生的人文和科学素养，注重通过深化专业课程设置、及时吸纳教育科学研究成果等培养学生对儿童的观察、理解与分析能力，教育教学实践能力及与儿童的有效互动和引导发展能力。

在我国，随着经济社会的快速发展，广大人民群众对学前教育规模和质量的要求越来越高，直接推动着我国学前教师教育的迅速发展。进入 21 世纪以来，包括幼儿师范学校和中职幼师班在内的中专层次的学前教师教育规模不断扩大，专科层次的初中起点五年制和高中起点三年制学前教师教育也迅速发展起来。迄今，全国已有独立设置的幼儿师范专科学校 15 所，今后几年数量还会急剧增长。然而，与此形势发展及其需求很不相适应的是，我国学前教师教育的教材建设却相对滞后，与学前教师教育规模、层次的发展速度与趋势很不相称。例如，初中起点五年制高专和高中起点三年制高专的教材还没有形成完善的体系，甚至可以说还是空白，教学中大量借用中专和本科教材；而三年制中专学前教师教育教材体系由于是在 20 世纪末期形成的，其时代性、先进性和适用性都急需加强；当前幼儿园教师在职培训、转岗培训、提升培训等的速度和规模迅速扩大，国家级培训已经覆盖全国，但其课程与教材建设却非常滞后，已经严重制约和影响培训的质量和效果。可见，要保障学前师资培养与培训的质量，必须要对学前教师教育的课程与教材体系进行新的系统建设。更为重要的是，去年国家教育部先后颁发了《教师教育课程标准(试行)》《幼儿园教师专业标准(试行)》，对幼儿园教师的专业素养与能力以及学前教师教育的课程与教学等提出了明确的新要求，而这些新要求也急需通过建立一套新的更加完善的课程和教材才能更好地得到贯彻和落实。

适应事业发展形势的迫切需要，为了更好地贯彻落实《教育规划纲要》和"国十条"精神，促进学前教育大普及大发展的同时有质量地发展，有效推动我国学前教育事业的健康、可持续发展，在中国学前教育研究会的有力支持和领导下，教师发展专业委员会高职高专中职中专分委会从成立伊始，即将促进当前教育改革发展背景下我国学前教师教育和教师队伍的质量提升作为自身义不容辞的历史使命和责任，着手策划和研发这套"全国高中专学前教师教育教材"。就当前我国学前教育特别是学前教师教育和教师队伍建设中的关键矛盾、主要问题进行了多次深入研讨；组织多次研讨会对各地各校已有课程改革探索与教材创新进行深度的交流与研讨，并分享进一步改革的思考与建议。在策划和研发过程中，我参与了若干次当前现状与需求、编审理念与重点、系列及其册本的设计、各册本主审专家的遴选等工作，深感这是我国学前教育事业发展和教师队伍建设中的一件大事，责任重大，任务艰巨。现经过全国上下学前各领域多方面专家学者、历时三年的努力工作后，这套教材终于要出版了，值得祝贺！

就总体而言，这套教材及其编写过程具有如下三个主要特点：

一是设计全面，体系比较完整。即其分别对五年制高专、三年制高专、三年制中专和培训四个系列(除政治科目以外)的所有科目教材进行了全面系统的成套建设。在编写各科目册本的具体内容之前，系统研制了各系列人才培养方案和各门课程的教学大纲，以此作为纲领，使各系列在人才培养目标与课程设置、课时安排、教学内容选取、教学考核要求等方面形成一个比较完整的体系。

二是内容、体例力求创新。从《教师教育课程标准(试行)》和《幼儿园教师专业标准(试行)》等文件征求意见稿开始，全体编写人员即对这些政策文件进行了多轮的认真研读，努力使教材编写体现新文件对幼儿园教师应秉持的基本理念、应具有的专业理念与师德、专业知识和专业能力等提出的新要求。同时，所编各科教材都力图反映本学科领域的最新研究与实践改革成果。特别是本套教材不局限于传统的“三学六法”，在此基础上新增了幼儿学习与发展、幼儿发展观察与评价、幼儿园教育环境创设等深化、创新和拓展性的教材。在体例上，这套教材也有诸多的创新之处，如各科目以章节为单元，在学习目标与要求、理论学习与实践以及课后阅读、思考与练习等方面进行完整设计，使学生的学习既具有阶段递进性又具有相对完整性。此外，还安排了大量的案例以增强课程和教学的实践取向和学生的实践性体验。

三是组织过程比较严谨规范。在编写程序上，从研制人才培养方案和各学科册本的计划，到各册本确定编写大纲、体例和样章，再到形成初稿、进行统稿和最后审稿等，每一个步骤均经过了起草、征求意见、论证修改等多个环节的不断反复。编、审队伍的遴选组织坚持了高标准严要求，编写者均是全国高中专学前教师教育骨干院校中有水平、有影响、有经验的教师，审稿专家均为全国有影响的本科院校和国家研究院所中本领域的知名专家教授。此外，所选择的出版单位也是全国有影响力、专业性强的出版社。这些严格的要求努力与复杂的操作过程，均为了实现一个目标——共同建设一套适应我国新时期学前教育发展需要的、具有较高质量的学前教师教育课程和教学资源体系。

总之，这套教材的编写出版是恰逢其时，相信将有利于促进我国学前教师教育工作的开展和质量的提高，并将有力促进我国学前教育事业高质量地、健康地、可持续地发展。同时，也希望通过这套教材的广泛使用进一步集结和吸纳更多高校一线教师的智慧与经验，使这套教材得到不断的发展和完善，从而不断推动我国学前教师教育教材的建设发展，并且积极服务和促进我国学前教育事业的发展。

庞丽娟

2012年6月26日

于北京师范大学新主楼

目　录

绪　论

【教学目标】

了解幼儿园教育的含义和学习幼儿教育概论的意义，掌握幼儿教育概论的学习方法，树立学好本课程以及本专业的信心，立志从事幼儿教育事业。

【头脑风暴】

1987年，75位诺贝尔奖获得者在巴黎聚会。有一位记者问其中一位老人："您在哪所大学学到的东西您认为最重要?"老人平静地说："是幼儿园。""在幼儿园里学到了什么?""在幼儿园学到：要乐于同别人分享一切东西；要公平正直、光明正大地与别人竞争；永远不打人；不要拿不属于自己的东西；在你伤害别人时要道歉；吃饭之前要洗手；要知害羞，要有廉耻之心；热牛奶有利于身体健康；要让生活过得丰富多彩；不仅在每天都要有所学、有所思，还要在工作的同时作作画，唱唱歌，跳跳舞；每天下午要小睡一会儿；在踏入社会的时候，要随时注意交通安全；要互相团结，彼此扶助；要始终保持一颗惊喜、好奇的心。"①

在这位诺贝尔获奖科学家的眼中，人生最重要的东西是在幼儿园里学到的。同学们，你们是未来的幼儿园教师。你们是怎么看待幼儿园和幼儿教育的呢?

一、幼儿园教育及其意义

(一)什么是幼儿园教育

教育是人类特有的一种现象，它源于人类社会生产生活的需要。从教育学意义上来看，教育有广义和狭义之分。广义的教育是泛指一切增进人们的知识、技能、健康以及影响人们的思想意识或行为习惯的活动。这种教育包括了家庭教育、社会教育和学校教育等形式。狭义的教育是指根据一定社会(或阶级)的要求，通过一定机构(如学校)，教育者有目的、有计划、有组织地对受教育者的身

① [美]罗伯特·福尔姆．我们得回到幼儿园．吴群芳译．北京：中国档案出版社，2001.

心施加影响，以使受教育者成为一定社会(或阶级)所需要的人的活动。这种教育主要指的是学校教育，包括幼儿园、小学、中学和大学的教育以及其他为了某种目的而特别组织的教育。

人的一生按年龄可分为若干阶段，如婴儿期(0～3岁)、幼儿期(4～6岁)、儿童期(7～11、12岁)、少年期(13～14、15岁)、青年期、成年期、老年期，等等。人在不同的年龄阶段具有不同的年龄特征、不同的需要，身心发展也表现出不同的特点。因此，教育必须充分考虑人的发展的阶段性特征，要按照不同年龄阶段划分教育对象，分阶段进行。

幼儿教育主要是指对3～6岁年龄阶段的幼儿所实施的教育。从广义上讲，凡是能够对幼儿身体成长和认知、情感、性格等心理各方面发展产生影响的各种活动与措施都是幼儿教育，如幼儿在成人的指导下玩耍、看电视、做家务、参加社会活动等，都可说是幼儿教育。而狭义的幼儿教育则特指幼儿园和其他专门开设的幼儿教育机构面向3～6岁年龄阶段的幼儿所实施的教育。幼儿园教育在我国属于学校教育系统，它具有家庭教育和社会教育所没有的优点，如启蒙性、专业性、计划性、系统性。

(二)幼儿园教育的意义

幼儿园教育是学前教育或早期教育的后半阶段，前面与0～3岁的婴儿教育衔接，后面与小学初等教育衔接，是一个人的教育与发展的重要而特殊的阶段。说它重要，因为它是一个人发展的奠基时期，许多重要能力、个性品质在这个时期形成基本特点；说它特殊，是因为这个阶段是儿童身心发展从最初的不定型到基本定型，转而可以开始按社会需求来学习并获得发展的过渡时期。因此，重视和发展幼儿教育对促进幼儿个体和社会的发展都具有积极的意义。

1. 幼儿园教育是幼儿个体身心健康发展的重要开端

3～6岁是幼儿身体迅速发育、大脑生理发展最快的阶段，也是人的个性、性格、态度情感和行为习惯形成的关键期。幼儿园教育担负着促进幼儿体、智、德、美全面发展的重任，影响着儿童个体健康、认知、情感和社会性等方面的长远发展。良好的幼儿园教育可以促进个体生长发育，提高幼儿的身体素质；及早开发大脑潜力，促进幼儿的智力发展；发展幼儿的个性品质，促进健康人格的养成。这是人生其他任何阶段的教育都无法取代的。

2. 幼儿园教育是解放家庭妇女劳动力的重要条件

长期以来，妇女承担着照看年幼子女、教养婴幼儿的主要任务，这就使得妇女难以参加生产劳动和其他的社会工作。托幼机构的出现，在一定程度上缓解或减轻了母亲的家庭负担，为解放妇女劳动力提供了条件。世界上最早的托幼机构就是在资本主义经济发展和大工业革命阶段出现的，是在大批妇女被迫离开家庭进入工厂劳动，而孩子无人照看的背景下创办起来的。我国《幼儿园工作规程》第三条明确指出：幼儿园的任务是对幼儿实施全面发展的教育，同时为幼儿家长安心参加社会主义建设提供便利条件。可见，幼儿教育在解放妇女劳动力、促进男女平等、维护妇女权益等方面发挥着独特的作用。

3. 幼儿园教育是整个国民教育体系的重要基础

幼儿教育作为整个国民教育体系的重要组成部分，为幼儿进入小学阶段的学习做好准备，为幼儿终身的学习和发展打好基础，对提高义务教育质量具有重要意义，是基础教育的基础。在教育事业得到快速发展的今天，如何发展幼儿教育已成为政府重视、社会关注、百姓关心的教育热点，也是教育理论研究的热点。但是，当前幼儿教育仍是我国整个教育体系的薄弱环节，提高幼儿教育的普及率，是我国学前教育发展的重要目标。《国家中长期教育改革和发展规划纲要(2010—2020年)》指出，到2020年，普及学前一年教育，基本普及学前两年教育，有条件的地区普及学前三年教育。总之，幼儿教育不仅为幼儿接受九年制义务教育作好准备，而且为其一生的学习和发展奠定基础，其意义不可低估。

4. 幼儿园教育是促进社会发展和提高人口素质的重要开端

对社会、对国家来说，幼儿教育让每一个幼儿健康成长、和谐发展，为提高全民族的素质，为实现“科教兴国”战略，为培育千百万合格的社会主义事业的建设者和接班人铺设最初的基石。优质的学前教育不仅对幼儿及其家庭有利，更具有重要的社会经济价值，还有利于降低犯罪率以及改善公民的健康状况和生活质量，从而节约公共行政、司法、医疗和福利开支，是一种高回报的人力资本投入。大力发展幼儿园教育能体现促进社会公平和社会政治、经济、文化、人才等方面发展的宏观价值。所以，党和国家一直高度重视幼儿教育事业的发展，特别是对农村、牧区、边远山区、低收入家庭和流动人口的幼儿在教育政策支持上给予比较多的关注和倾斜。《中国儿童发展纲要(2011－2020年)》也明确指出，儿童是人类的未来，是社会可持续发展的重要资源。儿童发展是国家经济社会发展与文明进步的重要组成部分，促进儿童发展，对于全面提高中华民族素质，建设人力资源强国具有重要的战略意义。

二、当前我国幼儿园教育

(一)幼儿园教育的定位

新中国成立以来，各级政府一直十分重视幼儿园的建设和发展。1951 年政务院颁布的关于《改革学制的决定》就把幼儿园教育纳入学制系统。1995 年颁布的《教育法》明确规定："国家实行学前教育、初等教育、中等教育、高等教育的学校教育制度"。1996 年颁布的《幼儿园工作规程》规定："幼儿园是 3 周岁以上学龄前儿童实施保育和教育的机构。"2001 年颁布的《幼儿园教育指导纲要(试行)》指出："幼儿教育是基础教育的组成部分，是学校教育和终身教育的起始阶段。幼儿园教育应当贯彻国家的教育方针，坚持保育与教育相结合的原则，对幼儿实施体、智、德、美诸方面全面发展的教育。"

从国家有关教育政策法规文件可以看出，幼儿园是我国幼儿集体教育机构的名称，幼儿园教育是我国学校教育制度系统的基础阶段，幼儿园教育的对象是3～6岁幼儿，幼儿园教育的任务是对幼儿实施保育和教育相结合，对幼儿实施体智德美全面发展的教育，促进幼儿身心和谐发展，同时为幼儿家长安心工作提供便利。

(二)幼儿园教育面临的挑战与机遇

幼儿园是公共育儿机构，具有社会福利性，不是以营利为目的的商业机构。随着时代的发展，幼儿园对于社会发展、人民生活的安定、社会和谐稳定都起到了积极的重要作用。同时，人们的社会生活、教育观念也在发生深刻的变化，社会、家长、时代发展对幼儿园保教质量提出了越来越高的要求。

近年来，幼儿园教育的资源稀缺和现实需求之间的矛盾越来越凸显，"入园难，入园贵"的问题引起了政府和社会各界的高度重视。《国家中长期教育改革和发展规划纲要(2010－2020 年)》已把"基本普及学前教育"列为重要战略目标之一，加快发展 3～6 岁儿童学前教育。到 2020 年，我国幼儿在园人数将要达到 4000 万人，学前一年毛入园率将要达到 95.0%，学前两年毛入园率将要达到 80.0%，学前三年毛入园率将要达到 70.0%。

2010 年《国务院关于当前发展学前教育的若干意见》(以下简称《意见》)进一步明确，学前教育是终身学习的开端，是国民教育体系的重要组成部分，是重要的社会公益事业。《意见》还就发展学前教育提出了"五个必须"：必须坚持公益性和普惠性，努力构建覆盖城乡、布局合理的学前教育公共服务体系，保障适龄儿童接受基本的、有质量的学前教育；必须坚持政府主导，社会参与，公办和民办并举，落实各级政府责任，充分调动各方面积极性；必须坚持改革创新，着力破除制约学前教育科学发展的体制机制障碍；必须坚持因地制宜，从实际出发，为幼儿和家长提供方便就近、灵活多样、多种层次的学前教育服务；必须坚持科学育儿，遵循幼儿身心发展规律，促进幼儿健康快乐地成长。

在管理上，将进一步落实各级政府发展学前教育的责任，将学前教育发展纳入城镇建设规划和社会主义新农村建设规划；建立政府主导、社会参与、公办和民办并举的办园体制，大力发展公办幼儿园，提供"广覆盖、保基本"的学前教育公共服务；鼓励社会力量以多种形式举办幼儿园，引导和支持民办幼儿园提供普惠性服务；重点发展农村学前教育，每个乡镇至少办好一所公办中心幼儿园，大村独立建园，小村设分园或联合办园，人口分散地区提供灵活多样的学前教育服务，配备专职巡回指导教师，逐步完善县、乡、村三级学前教育网络。

三、学习《幼儿教育概论》的意义及方法

《幼儿教育概论》是三年制、五年制专科层次学前教育专业的一门专业必修课，是一门理论性、实践性并重的基础理论课程。通过对幼儿园教育的基本理论与实践的阐述，让学生了解和掌握幼儿教育在儿童发展的过程中及在整个教育系统中的地位与价值、掌握幼儿教育的先进思想及基本理论、领会正确的教育观念、认识学前儿童自身发展的特征及幼儿教育活动的基本特点、理解幼儿教师的职业特征及幼儿园的课程设计理论，了解幼儿园与家庭、社区的合作方式等，能够运用所学的幼儿教育理论，正确认识和分析实际工作中的各种教育现象和教育问题，初步树立正确的儿童观、教育观，从而提高学生的专业理论知识及从事幼儿教育的实践能力。

(一)学习幼儿教育概论的意义

学前教育专业学生学习幼儿教育概论有何重要意义？我们认为，学习幼儿教育概论主要有以下几个方面的意义。

1. 有助于树立正确的教育思想，增强贯彻执行教育方针政策的自觉性

没有理论指导下的实践是盲目的实践，在科学理论指导下的实践是科学的实践。当前，我国正处于以经济建设为中心，全面建设小康社会的新的历史时期，党和政府提出了教育必须为社会主义现代化建设服务，必须与生产劳动相结合，

培养德、智、体、美等全面发展的社会主义事业建设者和接班人的教育方针，并制定了相应的政策，特别是在《国家中长期教育改革和发展规划纲要(2010－2020年)》和《国务院关于当前发展学前教育的若干意见》中明确提出了当前和今后一个时期我国学前教育改革和发展的目标、任务和工作方针。学习幼儿教育概论，可以帮助我们树立正确的教育思想观念，提高教育理论素养，增强贯彻执行我国社会主义教育方针、政策的自觉性，坚持正确的办学方向，培养出新时期合格人才。

2. 有助于更好地学习其他幼儿教育专业课程

根据人才培养方案，学前教育专业学生需要学习一系列的幼儿教育专业课程。其中，幼儿教育概论是本专业的入门课程之一，它将为同学们学习好这个专业奠定第一块理论基石。通过学习幼儿教育概论，同学们可以初步了解幼儿教育理论知识体系的概貌和基本框架，为日后学习其他幼儿教育专业课程打下理论基础，并将所学的教育理论渗透、运用到这些课程的学习当中。比如，同学们在学习幼儿各领域教育及活动设计与组织、幼儿游戏、幼儿园课程与教学、幼儿园环境创设等课程的过程中都会运用到相关的幼儿教育理论和原理。

3. 有助于掌握幼儿教育规律，提高幼儿教育工作能力

幼儿教育理论是对幼儿教育实践经验的概括和总结，解释了许多幼儿教育的现象，同时又是实践性、操作性很强的理论知识。幼儿教育概论概述幼儿教育、幼儿教育机构工作的特点和规律，介绍同学们未来的工作岗位——幼儿教育机构的目标、任务、内容、过程和方法等，它是人们从教育幼儿的实践经验中总结提炼出来的教育理论。学习好幼儿教育概论既可以帮助我们掌握幼儿教育规律，深化对幼儿教育规律的认识，又可以指导我们在实际工作中按幼儿教育的规律办事，从而增强幼儿教育改革的自觉性，积极参与到幼儿园的保教改革中，同时还可以使我们掌握基本的幼儿教育方法、技能和技巧，从而提高我们今后从事幼儿教育实际工作的能力和水平。

4. 有助于树立牢固的专业思想和事业责任感

学习幼儿教育概论，可以帮助同学们准确把握和全面理解我国幼儿教育的目标和要求，正确认识幼儿教育在社会主义现代化建设中的战略地位以及幼儿教师在幼儿身心发展过程中的重要作用，从而树立牢固的专业思想，刻苦学习，增长才干，增强使命感和责任感，乐于为社会主义幼儿教育事业奉献自己的聪明

才智。

(二)学习幼儿教育概论的方法

为了学好幼儿教育概论，根据本课程的目标和任务，结合学前教育专业的特点，同学们应该注意掌握以下学习方法。

1. 要处理好理论与实际的关系

理论联系实际是学习任何学科知识所必须遵循的指导方针和基本方法。作为学生，在学习中贯彻运用这一方法，首先应当着重于理论素养的提高，要把书本理论知识的学习放在首位，认真钻研和深入领会幼儿教育的基本知识和基本原理。在此基础上，根据学习的需要联系幼儿教育实际以及有关幼儿教育的现象和问题，并学会将理论知识运用于实际，加深对理论知识的领悟，形成自己的观点，培养相应的技能，以便在今后的幼儿教育实践中能够做到理论与实际的统一。

2. 要与本专业其他课程的学习相结合

幼儿教育现象从来不是孤立的，他与其他各种社会的、自然的现象有着密切的联系。因此，学习幼儿教育基本理论知识必须与其他领域的知识发生联系。幼儿教育概论与其他课程有着广泛、密切的联系，学习幼儿教育概论，要与幼儿卫生学、幼儿心理学、幼儿园各领域教学法等课程的学习相结合。这样才有助于我们深入领会和掌握幼儿教育理论，形成思想上的广泛联系，构成丰富的想象力，得以在学习中发挥更大的创造性。

3. 要坚持学习与思考相结合

正如古人所说的“学而不思则罔，思而不学则殆”。在幼儿教育概论的学习中，一方面要认真钻研教材，广泛阅读幼儿教育书刊资料，学习和掌握幼儿教育的基本概念、基本知识、基本理论、基本观点，努力汲取前人所取得的优秀成就；另一方面还要充分发挥自身的主观能动性和积极性，进行独立思考，参加切磋讨论，把培养批判性思考、分析问题和解决问题的能力，作为本课程学习的一项重要任务。比如，对教材、对前人的观点和看法，对身边的幼儿教育现象和问题，多思考，多问几个为什么，只有这样才不会人云亦云，才能形成自己的观点和看法，不断提高自己的理论水平，增进对幼儿教育工作的兴趣，树立做好幼儿教育工作的信心。

【学以致用】

请同学们收集2010年以来我国有关学前教育发展的政策文件，通过阅读材料，思考“为什么当前我国高度重视学前教育的发展?”

课堂交流讨论：通过这一段时间的学习和了解，请你谈谈对幼儿教育的认识、未来职业生涯的规划设想以及专业学习计划。

【课外拓展】

儿童早期教育为什么如此重要

从儿童生理学、脑科学的角度来看，婴儿第一年脑重量的增加速度最快，新生儿脑重有390克，9个月后达660克，几乎每天平均增长1克，脑的重量已经约有成人脑重量的1/2，儿童长到2.5岁脑重量已相当于成人的2/3，而7岁儿童的脑重量达到成人的9/10。大脑皮层以枕叶、颞叶、顶叶、额叶的次序逐渐成熟，到4岁时额叶的发育已经基本完成。

大脑研究和生化研究表明，人脑具有120亿～140亿个神经细胞，智能潜力极大，现在人类所利用的大脑神经细胞仅占10%，也就是说，人类的智能潜力尚有90%未被利用。人的大脑生理发展的关键期一般在出生后5个月到2岁末。在生命的头4年里如果没有足以使大脑发育的营养，特别是没有足够的促使智力发展的外界刺激的话，就会使智力发展受到压抑和损害。

从整个人生的心理发展来看，0～6岁是心理发展的最佳时期。其中2～4岁是语音学习的最佳年龄，5～5.5岁是掌握数概念的最佳年龄，4岁前是智力发展最迅速的时期，坚持性行为的发展则以4～5岁最为迅速。

以上资料表明，婴幼儿期是人生智力发展的关键时期。如果在这个时期大脑由于更有利的条件和教育活动而获得益处，那么人脑的创造性就会发展到不可想象的程度。这正是儿童早期教育的意义所在。

（资料来源：桂景宣主编《学前教育概论》第7页）

第一章　幼儿教育与社会发展

【教学目标】

了解中外幼儿教育机构的演变历程，增进对本专业的了解和认同感；理解古今中外幼儿教育家的重要教育思想，学会应用教育家的幼儿教育思想指导幼儿教育的实际工作，提高幼儿教育的质量和水平；培养自己热爱幼儿教育事业的情感，努力做好幼儿教育工作，实现自己的人生价值。

幼儿教育作为社会生活中的一种现象，它与整个社会生产力、政治、经济等有着密切的联系，因此，为了掌握幼儿教育的发展规律，就必须深入探索幼儿教育与社会发展的关系。

第一节　幼儿教育机构的产生与发展

【头脑风暴】

图 1-1　家长排队为自己的孩子入幼儿园拿号报名

“入园难”(图 1-1)已成为一个长期困扰我国人民的教育难题，为什么会出现这种状况呢？目前，我国幼教机构的现状怎样呢？

研究幼儿教育与社会发展的关系，首先就要了解幼儿教育发展的历史和现状。了解幼儿教育机构的产生与发展将使我们对幼儿教育的发展有一个比较完整的认识。

一、幼儿教育机构的产生

原始社会生产力非常低下，所有青壮年都要为猎取食物成天奔波，以勉强维持整个部落成员的生存。因此，社会没有多余的人力、财力专门花在儿童教育上，只能由妇女和年老体弱的成人在驻地周围的劳动和生活过程中哺育儿童，保证他们存活下来，并向他们传授维持生存所必需的基本的知识经验。因此，在原始社会时期，幼儿教育是完全融合在生产和生活中的，其主要任务是保证幼儿的存活。

在原始社会初期，受群婚制的影响，原始人群中没有固定的家庭，孩子属于氏族内部公有，对幼儿实行的是氏族内部的公共教育。到原始社会末期，幼儿归小家庭所有，幼儿教育逐渐变成了个人的事，这样家庭教育便产生了。整个原始社会，由于生产力的低下，生产资料的公有，社会还没有划分阶级，因此，教育是没有阶级性的，每个幼儿受到的教育是平等的。

随着生产力水平的不断提高，私有财产的出现，人类社会进入了阶级社会。在奴隶社会和封建社会，教育出现了与原始社会不同的情况。

社会的统治阶级为了维护自己的统治，利用手中的权力让自己的子女接受教育，以便把自己的子女培养成未来的统治者和官吏。同时他们不允许平民的子女到学校受教育，只允许他们跟随父母学习各种劳动知识和技能。教育出现了阶级性和等级性。

随着社会生产力的发展，逐渐需要培养一批具有初步读、写、算能力的劳动者来为统治阶级服务，为此出现了招收平民子女的学校。幼儿教育与学校教育出现了分离。入学前的幼儿教育仍然在家庭中分散地进行，这和封建社会一家一户的小农经济形态是相适应的。当时也有人提出了幼儿公共教育和保育的思想，如古希腊哲学家柏拉图就主张3～6岁幼儿集中管教，但这些主张在当时是不可能实现的，因为当时的社会既没有创办幼儿教育机构的足够物质基础，也没有相应的社会要求。

17世纪中叶，社会生产力的发展终于冲决了封建社会的堤坝，英国爆发了资产阶级革命，资本主义制度首先在欧洲建立起来。到19世纪初，近代工业革命到来，大工业机器生产在欧洲得到迅速发展，大量小农、小手工业者被迫进入大工厂做工，妇女也被迫走出家庭进入工厂，而不能在家养育孩子，于是造成了严重的社会问题。创办幼儿教育机构以收容、教养工人的孩子的需求被提了出来。由于大工业生产创造了比小农经济高得多的劳动生产率，使社会具备了创办幼儿教育机构所必需的物质基础。因此，生产的社会化带来了幼儿教育的社会化，幼儿教育机构由此诞生了。

（一）外国幼儿教育机构的产生

1. 奥柏林的“编织学校”

法国新教派牧师奥柏林（J. F. Oberlin，1740—1826 年）于 1776 年创设了“编织学校”。在幼儿教育史上，人们一般都把奥柏林的编织学校看作是近代幼儿教育设施的萌芽。“编织学校”是以 3 岁以上的幼儿为对象的保育所，专门在农忙季节收容幼儿和学童。这所学校有两名指导教师，一名任手工技术指导，另一名任文化、游戏方面的指导，并挑选年龄大些的女孩作“助教”工作。“编织学校”的教学内容包括：标准法语、宗教赞美歌、格言和童话故事、采集和观察植物、绘画、地理（本地区的、法国的和欧洲的地理与地图知识）和游戏等。除此之外，“编织学校”还对学童进行缝纫、纺织编织方法的传授，并教给学童历史、农村经济常识等方面的知识。

2. 欧文的“幼儿学校”

19 世纪英国空想社会主义思想家和教育家罗伯特·欧文（Robet Owen，1771～1858 年）于 1816 年创办的新兰纳克幼儿学校（后改名为“性格形成学园”），是英国也是世界上最早的幼儿教育机构。欧文在改造新兰纳克纺织厂的过程中，采取的主要教育措施有：为 2～5 岁儿童设立幼儿游戏场，接收刚会走路的儿童，请热爱孩子的青年女子担任幼儿保姆，帮助幼儿发展健康的体格和良好的品德；为 5～10岁的儿童提供免费入小学学习的条件；为 10 岁以上的童工、青工设立业余学习班；为成人举办实用知识讲座；等等。1816 年，欧文将以上各种教育形式加以合并，使之成为一个统一的教育机构，正式命名为“新兰纳克性格陶冶馆”（也称性格形成学园），而幼儿学校就是其中的一个部门。幼儿学校招收 1～6 岁的幼儿，分两部分：1～3 岁儿童为一部分，3～6 岁儿童为一部分。但实际上幼儿学校是以 3～6 岁孩子的保育为中心的，仅 1816 年幼儿学校就招收了 200 多名 3～6 岁的儿童。

3. 世界上第一个幼儿园的诞生

1837年福禄培尔在德国的勃兰根堡设立的幼儿学校，专门招收3～7岁的幼儿。1840年幼儿学校正式取名为幼儿园(Kindergarten)，意为让儿童像自然万物在花园中一样自由茁壮地成长，这是世界上第一所幼儿园。为此福禄培尔被世界誉为“幼儿园之父”。福禄培尔认为，教育能发挥幼儿内在的生命力。怀着这样的教育理念，他在德国布兰肯堡创办了一个“保姆养成所”。为了保姆们有实习的场所和对象，他集合了村里40名6岁以下的幼儿，同时成立了一所“游戏与作业教育所”。在他的幼儿园里，游戏是幼儿的主要活动，幼儿通过他特制的玩具——“恩物”来学习，幼儿得到体力、语言、认识、想象力、创造力等多方面的发展。福禄培尔创建的幼儿园是第一所真正意义上的幼儿教育机构。之后，幼儿园的名称被全世界普遍采用，幼儿园迅速传到欧洲其他国家和美国。

(二)我国幼儿教育机构的产生

我国最早的幼儿教育机构是1903年(光绪二十九年)秋在湖北武昌创办的湖北幼稚园。癸卯学制颁布后，1904年清政府将其改名为武昌蒙养院，也叫武昌模范小学蒙养院。当时民族危机深重，救亡图存的呼声响遍中国大地，一些先进人物纷纷向西方寻求救国的真理，学习西方的教育制度。当时两湖总督张之洞在湖北执掌政务期间，在他的推动下，兴起了创办新式学校的热潮，之后又在长沙、北京、上海相继成立了蒙养院。当时的这些幼儿教育机构完全抄袭日本，带有半封建半殖民地教育的特点。

二、幼儿教育机构的发展

(一)国外幼儿教育机构发展

1. 幼儿教育机构数量增加

随着现代化生产的发展，幼儿园数量迅猛增长，尤其是入小学前一年的教育。如法国、日本、美国、苏联等的幼儿园普及很快，入园率都在90%以上。不过，由于世界各国经济水平、教育政策、文化传统、生活习惯等的不同，幼儿入园率差别较大，幼儿园发展速度也参差不齐。

2. 幼儿教育机构的类型多样化

随着现代社会文明的飞速发展，特别是科学技术的发展，生产力大大提高，世界性的竞争加剧。各国为了出人才，早出人才，普遍重视幼儿教育。根据幼儿生理、心理及年龄的不同特点，除了为一般儿童开办的托儿所、幼儿园外，还有专门为照顾、教育和治疗残疾儿童开办的“残疾儿童中心”(加拿大等)，为弱智或聋哑儿童开办的特殊幼儿园(德国等)，为超常儿童开设的“天才儿童幼儿学校”(如美国哥伦比亚大学师范学院)。为了满足不同家庭对托幼机构教育与服务的不同需求，除了比较正规的托儿所、幼儿园以外，还有许多因地制宜、灵活方便的社会教育机构，如英国的“游戏小组”“玩具图书馆”，法国的“小小俱乐部”等。根据幼儿在园时间的长短，有寄宿制、全日制、半日制、记时制、季节性甚至临时看管性的各种类型的机构，如日本开办了临时托儿所，家庭主妇临时出门购物，或是母亲突然生病或其他紧急情况发生时，家长可把孩子送到这里寄托几个小时。根据经费来源的不同，有政府提供经费的非营利性的公立机构，也有私人、社会团体或企业创办的符合政府办学标准、经费独立、自己管理的营利性私立机构。托幼机构类型多样化，一方面适应和满足了不同家庭的需要；另一方面也创造了各种条件，使更多的幼儿接受教育。

3. 幼儿教育机构的教育质量日益受到重视

从 20 世纪 80 年代开始，各国把为家庭和幼儿提供高质量的幼儿教育作为托幼机构追求的目标，一些国家的幼儿教育工作者试图编制出一套评价工具或标准系统，作为相对统一的尺度来评价各种不同类型的托幼机构的教育质量，例如，美国早期教育协会(NAEYC)颁布了一个关于高质量的托幼机构教育的认证标准(1984 年颁布，1991 年修改)，这个标准以及作为这个标准的核心概念——发展适宜性教育(DAP)在全世界影响相当广泛。在此推动下，各国都加强了对托幼机构教育质量的评价与研究工作。托幼机构教育质量评价，是幼儿教育从理论到实践、从观念到行动转化的一座桥梁，关注托幼机构的质量，已成为当代幼儿教育发展的一种新的趋势。

(二)我国幼儿园教育机构的发展

1. 旧中国幼儿园教育的发展

在半殖民地半封建的旧中国，由于内外战火不断，政治动乱，经济停滞，政府根本不重视幼儿教育，导致幼儿教育发展极其缓慢。据统计，1947 年全国仅有幼稚园 1301 所，绝大部分都附设在小学或师范学校内，分布在沿海大城市。而且，如著名教育家陶行知先生尖锐抨击的那样，幼儿园害了三种大病：一是外国病；二是花钱病；三是富贵病，幼儿园完全成了外国文化侵略的工具和富贵人的专用品，劳动人民是不可能享用的。

可喜的是在这一时期，在中国共产党领导下的农村革命根据地、抗日民主根据地和解放区里，出现了一批适应战争环境和解放区、根据地政治经济特点的各种类型的托幼组织，如边区儿童保育院和托儿所等，成长了一支新型的保教人员队伍，为我国幼儿教育事业的发展积累了宝贵经验，为以后新中国社会主义幼儿教育事业奠定了良好的基础。

1927 年，在陶行知领导下先后在南京郊区燕子矶、晓庄、和平门、迈皋桥等地创办了我国第一批乡村幼稚园。同时，还出现了一些实验幼稚园，如 1923 年，陈鹤琴在南京创设了我国第一所实验幼稚园，即私立南京鼓楼幼稚园。

幼稚园制度建立后，在陈鹤琴等一大批幼儿教育领域的优秀教育家、教师的推动下，在全国范围内开展了以探索建立中国化、科学化幼儿教育为中心的实验改革，涌现出一大批各具特色的幼稚园，如厦门集美幼稚园、南京高等师范附属小学幼稚园、北京香山慈幼院、南京鼓楼幼稚园、南京燕子矶幼稚园等，从它们各自的办园特色中可以反映出当时中国幼稚教育发展的特点和形势。

2. 新中国幼儿园教育的发展

1949 年 10 月，中华人民共和国成立了。国家从帝国主义手里彻底收回了教育权，幼儿教育也以老解放区教育经验为基础，借助苏联经验，进行了整顿、改造和发展。首先，在办园方向上，旧型幼儿园逐渐转为向工农子女敞开大门，为国家建设服务，让普通劳动人民的子女成为幼儿园的受教育者。幼儿园在教育幼儿的同时，极大地解放了妇女劳动力，成为支援国家建设、为工农服务不可缺少的一支力量。从此，保育教育幼儿、方便家长参加社会主义建设成为我国幼儿园教育的双重任务。其次，在教育思想上，新中国幼儿教育改革旧的教育思想、内容和方法，批判旧教育中存在的封建、买办、崇洋的思想，废除了宗教色彩的内容与活动，学习苏联先进的幼儿教育理论和经验，为建立新教育打下了基础。另外在教育目标上，提出新中国的幼儿园要遵循党的教育方针，对幼儿进行初步的体、智、德、美全面发展的教育，使幼儿的身心“在入小学前获得健全的发育”(政务院,《关于改革学制的决定》，1951 年)。在这一目标的指导下，幼儿园具体的教养目标、各年龄班的教育任务等也都重新进行了规定。

“文化大革命”前的 17 年中，幼儿园数量大增，1965 年的幼儿园数量比 1950 年增加了 10 倍；幼儿园教师队伍也基本建立起来；幼儿园教育的各项规章制度大体确立，一个社会主义幼儿教育的新体系基本形成。不过在发展中因为经验不足，也走过不少弯路。如学习苏联的经验时，犯了生搬硬套的错误；批判旧教育思想时，把合理的部分也一起否定了；1958 年的大跃进中急躁冒进，盲目发展幼儿园，造成大起大落等。

1966 年至 1976 年“文化大革命”时期，我国幼儿教育遭到了严重的破坏。在十年浩劫中，幼儿园教育被“左”的路线统治，广大教师受到批判打击，幼儿身心发育受到摧残，教育、教学完全陷入混乱。1976 年 10 月，党中央拨乱反正，掀开了我国历史的新篇章。我国幼儿教育在经过了这一严峻的考验之后，也以更成熟、更坚定的步伐，开始进入新的发展历程。

1978 年，党的十一届三中全会召开，我国社会主义建设进入了崭新的历史阶段。随着经济的持续发展和改革开放，幼儿教育机构的发展也出现了重大变化。主要表现在：

①入园幼儿大大增加。统计数据表明，1995 年我国在园幼儿比率为 28.7%（联合国教科文组织，《世界教育报告》，1998 年），3～6 岁的幼儿尚有 71.3%未入园。显然，我国还不能够为高达 70%以上的幼儿提供接受正规幼儿教育的机会。1992 年，中国政府正式颁布的《九十年代中国儿童发展规划纲要》（以下简称《规划纲要》）规定，到 20 世纪末“3～6 岁幼儿入园（班）率达到 35%”；“各省（自治区、直辖市）、各地（州、市）和 90%的县要有一种以上儿童校外教育、文化、科技、体育、娱乐等活动场所，使 90%儿童（14 岁以下）的家长不同程度地掌握保育、教育儿童的知识”。这就是说，到 20 世纪末，即使实现了《规划纲要》的目标，也还将有 65%的 3 岁以上幼儿及大多数 3 岁以下幼儿不可能在正规的幼儿教育机构中接受教育。我国地域广阔，条件各异，因各地社区、家庭、幼儿园的特点及实际情况的不同，而出现了多种形式的合作。社区幼儿教育委员会、家庭教育辅导站、牧区儿童游戏点、巡回辅导站、儿童玩具图书馆等多种有效合作形式。

②幼儿教育机构取得了蓬勃的发展。据统计，2009 年，全国幼儿园总数已达 13.41 万所，其中，民办幼儿园的总数已达到 8.34 万所，占全国幼儿园总所数的 62.2%。到 2010 年全国幼儿园总数达到 15 万所，在园幼儿数达到 2977 万人，越来越多的学龄前幼儿有了接受教育的机会。

1996—2000 年“九五”期间，幼儿园数量呈缓慢下降趋势，从 1996 年的 18.73 万所减少到 2000 年的 17.58 万所，减少了 1.15 万所，下降了 6.14 个百分点；2000—2001 年间，幼儿园数量从 17.58 万所锐减到 2001 年的 11.17 万所，一年间减少了 6.41 万所，是“九五”期间幼儿园减少总数的 6 倍；“十五”期间，幼儿园数量呈现缓慢回升的趋势，五年间回升了 1.27 万所，但 2005 年的幼儿园数量较 1996 年仍少 6.29 万所。

“九五”期间，教育部门办的幼儿园呈现缓慢增长态势，从1996年的2.52万所增长至2000年的3.52万所。其中，1996年至1999年持续增长；2000年较1999年减少491所；2001年骤增至5.57万所，较2000年增长了2.05万所；随后四年中，教育部门办的幼儿园数量不断减少，2001年到2004年维持在5万所左右，但2005年又出现急剧下降现象，较上年减少了2.19万所。其他部门办的幼儿园数量则呈现持续下降态势，从1996年的2.19万所减少至2005年的0.58万所。“九五”期间，集体办的幼儿园数量持续减少；2001—2004年间数据出现空缺，因而无法得知“十五”期间的变化情况。社会力量办的幼儿园数量总体呈现持续上升趋势，十年间增加到了4.44万所。

1996年集体办的幼儿园占幼儿园总数的60%以上，其他性质分别占总数的10%～15%。“九五”期间，集体办的幼儿园所占比率逐年下降，社会力量办园呈现逐年增长的趋势，十年间，从13%增长至55%。其他部门办园所占比率变化相对较小，总体呈现减少的趋势。“九五”期间，教育部门办园所占比率逐年上升，2001年剧增，占幼儿园总数的49.85%；“十五”期间，其比例逐渐下降，2005年出现骤减，从2004年的40%降至2005年的20%。

总的来说，集体办园、其他部门办园呈现下降趋势；社会力量办园比重日益增加，这是幼儿园发展的趋势。

③幼儿教育走上规范化法制化的轨道。“文化大革命”后，为恢复和发展幼儿教育，首先恢复建立了从中央到地方的各级幼儿教育领导机构；其次，教育部制定颁发了一系列拨乱反正的文件，如《城市幼儿园工作条例》(1979)，《幼儿园教育纲要》(1981)，《关于进一步办好幼儿学前班的意见》(1986)等，使广大幼儿教育工作者重新明确了幼儿教育的方向。1989年6月，国家教育委员会为了加强幼儿园的科学管理，提高保育和教育质量，制定颁发了《幼儿园工作规程(试行草案)》(以下简称《规程》)，并于1996年6月正式施行。《规程》在总结我国幼儿园教育已有成果的基础上，进一步拉开了改革的序幕。《规程》不仅明确地规定了幼儿园的保教目标、任务，而且用专门的章节对幼儿园教育从原则到活动的组织、教育的形式、方法等作了规定，规定中充分体现了正确的教育观、儿童观，十分重视幼儿的身心发展规律和特点以及幼儿园教育工作的规律，极大地推进了我国幼儿园教育的科学化、规范化。1989年8月，为了加强幼儿园的管理，促进幼儿教育事业的发展，经国务院批准，国家教育委员会颁布了《幼儿园管理条例》，这是新中国成立以来，经国务院批准颁发的第一个幼儿教育法规。该条例用法规的形式规定了幼儿园的任务、管理以及保育教育工作，并明确了各级地方政府在幼儿园的发展、管理等方面的责任，使我国幼儿教育管理从此步入了法制化轨道。

2001 年 7 月，我国教育部颁发了《幼儿园教育指导纲要(试行)》，它就《规程》中有关“幼儿园的教育”这一部分内容做出了更为具体的规定。这些法规的颁布与实施，进一步推动了我国幼儿教育的规范化。

2010 年 7 月，国务院颁发《国家中长期教育改革和发展规划纲要(2010—2020 年)》，其中提到积极发展学前教育，到 2020 年，普及学前一年教育，基本普及学前两年教育，有条件的地区普及学前三年教育，重视 0～3 岁婴幼儿教育。

2010 年 11 月，国务院颁发了《国务院关于当前发展学前教育的若干意见》。为贯彻落实党的十七届五中全会、全国教育工作会议精神和《国家中长期教育改革和发展规划纲要(2010—2020 年)》，积极发展学前教育，着力解决当前存在的“入园难”问题，满足适龄儿童入园需求，促进学前教育事业科学发展，提出了十条意见，又简称“国十条”。

【学以致用】

你对苏霍姆林斯基的做法如何评价?

苏霍姆林斯基曾记录过这样一则真实的故事。在帕夫雷什中学校园的花房里，开出了一朵硕大的玫瑰花，全校师生都非常惊讶，每天都有许多同学来看。这天早晨，苏霍姆林斯基在校园里散步，看到幼儿园的一个 4 岁女孩在花房里摘下了那朵玫瑰花，抓在手中，从容地往外走。苏霍姆林斯基很想知道这个小女孩为什么摘花，他弯下腰，亲切地问：“孩子，你摘这朵花是送给谁的? 能告诉我吗?”小女孩害羞地说：“奶奶病得很重，我告诉她学校里有这样一朵大玫瑰花，奶奶有点不相信，我现在摘下来送给她看，看过我就把花送回来。”听了孩子天真的回答，苏霍姆林斯基的心颤动了，他领着小女孩，在花房里又摘下了两朵大玫瑰花，对孩子说：“这一朵是奖给你的，你是一个懂得爱的孩子；这一朵是送给奶奶的，感谢她养育了你这样好的孩子。”

第二节 幼儿教育思想的发展

【头脑风暴】

石子换糖的启示

苏霍姆林斯基讲过这样一个故事：他小时候住在一间杂货铺附近，每天都能看到大人把某种东西交给杂货铺老板，然后换回自己需要的物品。有一天，他想出了一个坏主意，将一把石子递给老板“换”糖，杂货铺主人迟疑片刻后收下了石子，然后把糖“换”给了他。苏霍姆林斯基说：“这个老人的善良和对儿童的理解影响了我终身。”这位杂货铺老板不是教育家，但他拥有教育者的智慧：他没有用成人的逻辑去分析孩子的行为，而是用宽容维护了一个幼小的尊严。这是对生命的深刻理解和尊重。

案例启示：苏霍姆林斯基之所以成为享誉世界的大教育家，与他的素养有关、与他的勤奋有关、与他对生命的深刻理解与尊重更有关。而后一点，我们能否说是杂货店老板在他幼小的心灵里播下了种子？在某种意义上，我们能否说是杂货店老板成就了一个伟大的教育家？作为教育者，怎样给予学生以生命的影响值得我们深思！

有人说“树大自然直”，幼儿不需要教育，长大后就能够成为栋梁之材。我们应该怎样教育和引导幼儿？你的观点是什么？

抚养后代，可以说是出自人类的天性；而教育后代，则出自人类对教育价值的认识。古今中外，人们都十分重视儿童的早期教育，一些思想家、教育家提出了关于儿童教育的宝贵的幼儿教育思想，其中的某些思想对现在的幼儿教育仍具有指导意义。

一、早期的幼儿教育思想

(一)国外早期的幼儿教育思想

1. 柏拉图的幼儿教育思想

柏拉图是古希腊屈指可数、闻名遐迩的大哲学家，他既是苏格拉底的直接继承者，又是著名哲学家亚里士多德的重要思想影响者。在其流芳后世的《国家篇》和《法律篇》中，他关于幼儿教育、女子教育、音乐文艺教育、体育及军事教育等思想对古希腊及后世的教育均产生了重要的影响。

(1)论早期教育及任务

在西方教育史上，柏拉图是最早提出学前教育思想的人。他重视幼儿的教育，这也是柏拉图教育思想中一个十分突出的特点。柏拉图认为对儿童的教育开始得越早越好。“凡事开头最重要，特别是生物，在幼小柔嫩的阶段，最容易受陶冶，你要把它塑成什么形式，就能塑成什么形式。”他甚至主张胎教，“我们同时应该甚至在孩子出生以前就着手这一工作：待产的妇女必须接受为了有利于未出生的孩子所需要的那种训练。”

幼儿教育的主要任务在于对儿童施加合适的影响，在柏拉图看来，应着重于道德行为的熏陶，以形成良好的品质。他认为，人生来皆具行善禀赋，弃恶从善乃是人的本性，而个人是否这样做，关键在于首先要具有对善恶的辨别能力。

在幼儿道德熏陶的具体做法上，柏拉图强调要利用儿童善于模仿这一天赋本性，从小就让他们模仿那些一生忠诚、勇敢、虔诚、节制的英雄伟人的言行，使他们从小到老一生连续模仿，最后成为习惯，习惯成为第二天性，在一举一动，言谈思想方法上都受到影响。反之，凡与贤人勇士道德标准不相符合的言行，则严格防止儿童去参与或仿效。

(2)重视音乐及体育教育

柏拉图特别重视对儿童的音乐文艺教育和体育教育。他认为"教育就是用体操来训练身体，用音乐来陶冶心灵，教育要先教音乐后教体操，将故事包括在音乐里"。古代希腊重要的文化生活是听民间艺人弹着竖琴演说史诗故事，故"音乐"一词包括音乐、文学等义，相当于现在的"文化"一词。

他认为儿童阶段的文艺教育至关重要。"一个儿童从小受了好的教育，节奏与和谐浸入了他的心灵深处，在那里牢牢地生了根，他就会变得温文有礼；如果受了坏的教育，结果就会相反。"他认为，一切种类的音乐、诗歌和艺术的教育目的都在于陶冶人的道德情操，培养人的道德品格，音乐教育的最后目的在于达到对美的爱。

(3)提倡女子教育

柏拉图的教育思想中不仅非常重视对男子的教育，而且提倡给女子以同样的教育，他是西方第一位主张"男女平等"的思想家，他用动物作比方，以此来证明男女应受同等教育。

2. 卢梭的幼儿教育思想

卢梭(J. Rousseau 1712 — 1778)法国启蒙思想家、教育家。他反对传统的封建教育，认为人的禀赋都是善良的，如果顺应天性发展，罪恶就可以消灭，教育就是使儿童归于自然。他是自然主义教育的主要代表人物之一。

(1)强调幼儿教育必须遵循自然

针对传统的封建旧教育残害人性和违反自然的弊病，卢梭明确提出了教育要"归于自然"，即教育要服从自然的永恒法则，尊重、适应并促进儿童身心的自然发展。他强调说："大自然希望儿童成人以前就要像儿童的样子。如果我们打乱了这个次序，就会生成一些早熟的果实，它们长得既不丰满也不甜美，而且很快就会腐烂……儿童是有他特有的看法、想法和感情的；如果想用我们的看法、想法和感情去代替他们的看法、想法和感情，那简直是最愚蠢的事情。”

(2)强调根据幼儿的特点进行教育

卢梭强烈批评封建旧教育不顾儿童天性的发展，抹杀了儿童与成人的区别，强调应当根据儿童的特点进行教育。他提出儿童期是“理性睡眠时期”。他认为：“由于所有一切都是通过人的感官而进入人的头脑的，所以人的最初的理解是一种感性的理解，正是有了这种感性的理解作基础，理智的理解才得以形成，所以说，我们最初的哲学老师是我们的脚、我们的手和我们的眼睛。”因此，儿童期要以感觉教育为主，在对儿童进行智力教育之前要先发展他们的感觉能力和充实他们的感觉经验。

(3)强调让儿童在活动中学习

不同于封建旧教育一味让儿童通过“念书本”学习，卢梭强调让儿童在活动中学习，让儿童完全自由地进行活动，通过各种活动，促进儿童感官的发展，丰富他们的感性经验并作为理性活动的基础。“多给儿童以真正的自由少让他们养成驾驭别人的思想”；“多让儿童自己动手，少要别人替他们做事”。

(4)提出“自然后果法”

以自然教育理论为依据，卢梭反对体罚，提出了“自然后果法”，他说“我们不能为了惩罚孩子而惩罚孩子，应该使他们觉得这些惩罚正是他们不良行为的自然后果”。例如，一个性情暴烈的儿童打坏了他所使用的家具时，不要忙着给他另外的家具，而要让他感觉到没有家具的不方便。通过自然后果法，儿童将会认识到，什么是对的，什么是错的，什么是应当做的，什么是不应当做的。

卢梭的自然教育完全冲破了封建教育的枷锁，影响了后世的许多著名教育家和儿童心理学家如裴斯泰洛齐、杜威、蒙台梭利等，促进了儿童观和教育观的巨大变革，实为开创新教育的一个重大的里程碑，极大地推动了近现代幼儿教育理论的发展。

(二)我国早期的幼儿教育思想

1. 颜之推的幼儿教育思想

颜之推(531—约595)，字介，祖籍山东临沂。在其晚年，他集平生学识、世事见闻，以及立身处世、教子治家等经验，著书《颜氏家训》，其中共20篇，意在训诫本族子弟，肃正儒家门风。该书一出，即被后世人们奉为家教良范，广为流传。

(1)及早施教，勿失时机

颜之推认为成人应该充分利用幼年这个良好的时机，及早对儿童进行教育。

早施教可以收到良好的效果，并为一个人一生的发展奠定良好的基础。他说："当及婴稚识人颜色、知人喜怒，便加教诲，使为则为，使止则止。"并借用孔子说过的"少成若天性，习惯成自然"，以及谚语"教妇初来，教子婴孩"的说法来表明这一观点。颜之推强调早期教育，甚至认为如果条件允许可实行胎教。他提及古代圣王的胎教方法："怀子三月，出居别宫，目不邪视，耳不妄听，音声滋味，以礼貌节之。"

(2)守道崇德，勤俭自立

颜之推说："君子当守道崇德，蓄价待时。"自然，颜之推是把道德教育作为了儿童教育的基本任务和内容。所谓"生子咳啼"即需"明孝仁礼义，导习之矣"。在早期教育阶段就需进行道德启蒙，教给孩子做人的道理。早期的道德养成，"习若自然，卒难洗荡"，可使一生受益。否则，错过道德教育在早期的实施，恶习一旦养成，便难以矫正。"至有识知，谓法当尔。骄慢已习，方复制之，捶挞而死无威，忿怒日隆而增怨，逮于成长，终为败德。"颜之推曾以现身说法称："吾家风教，素为整密。昔在龆龀，便蒙诲诱。每从两兄，晓夕温情；规行矩步，安辞定色，锵锵翼翼，若朝严君焉。赐以优言，问所好尚，励短引长，若不恳笃。"可见，他对于自己早期所受有益教育的感悟是以伦理规范的教育为主的。

(3)慈严相济，均爱勿偏

对于儿童教育，颜之推意识到了情感在儿童教育中的作用。儿童对于那些在情感上亲近的人才易于信服，因此"禁童子之暴謔，则师友之诫不如傅婢之指挥"。颜之推强调成人对于儿童需要爱护，他说："骨肉之爱，不可以简，简则慈孝不接。"然而，他又辩证地看到，单纯的爱的投入而无教育的严格规训，则是不可以的，主张对待儿童应"威严而有慈"。他说："吾见世间，无教育而有爱，每不能然；饮食运为，恣意所欲，宜诫翻奖，应诃反笑，至有识别，谓法当尔。"这里，他指出，许多父母对孩子从小在生活方面任其所为，不加管束，应训诫的反而赞赏，应制止的反而戏笑，结果等孩子该懂事时，竟把错误当正确的，不明是非。所以，"父子之严，不可以狎"，"狎则怠慢生焉"，对待儿童必须避免溺爱，需有严格的要求。颜之推格外强调成人必须正确地对待孩子的优点和缺点过失，切不可一味张扬其优点，而遮掩或包庇其过错，否则就会失于教义，贻误其一生，甚至招致祸端。

在合理运用情感性的早教原则上，颜之推还提出了均爱教育的主张，即父母对待所有子女应一视同仁给予同样的爱护与关注，不可偏宠。"贤俊者自可赏爱，顽鲁者亦当矜怜"，如果偏宠偏爱，则客观上必会助长其骄横怠慢的习气，最终会是"虽欲厚之，更所以祸之"，而且也会因为缺乏公平公正，导致见爱者意气日横，见憎者心不能平，使得人际关系不睦，各生怨恨。

(4)风化熏染，陶冶品性

颜之推非常重视环境教育对于儿童的习染作用，强调儿童的品性形成于风化熏染的过程中。“人在少年，神情未定，所与款狎，熏泽陶染，言笑举对，无心于学，潜移暗化，自然似之。”因此，长辈应为幼童营造一个良好的成长氛围，为其树立良好德行的榜样。颜之推说：“夫风化者，自上而行于下者也，自先而施于后者也。是以父不慈则子不孝，兄不友则弟不恭，夫不义则妇不顺矣。”他还提出成人应注意使儿童接触社会生活中有益的人与事，说：“是以与善人居，如入芝兰之室，久而自芳；与恶人居，如入鲍鱼之肆，久而自臭也。墨翟悲于染丝，是之谓矣。”这里的“墨翟悲于染丝”，指的是墨子说过的：人性如素丝，环境如染缸，“染于苍则苍，染于黄则黄，所入者变，其色亦变”。

(5)虽在孩稚，便渐督正

颜之推认为儿童时期是学好语言的关键时期，教育幼童学好语言是成人的重要责任，并认为在儿童时期学语言不应强调方言，而需重视通用语言，以减少语言的社会交往中出现如“指马之谕，未知孰是”的状况。他自己就是这样做的。他说：“吾家儿女，虽在孩稚，便渐督正之，一言讹替，以为己罪，云为品物，未考书记，不敢辄名。”教给幼童的语言、词汇及发音须清晰明确而无误，避免在一开始就以讹传讹，以致日后难以纠正。

2. 王守仁的幼儿教育思想

王守仁(1472—1529)，汉族，浙江余姚人。王守仁关于儿童教育的论述，主要见于他任南赣巡抚时所作的《训蒙大意示教读刘伯颂等》和《教约》(合称《社学教条》)以及言论录《传习录》中。

(1)儿童教育必须顺应儿童的性情

王守仁认为：“大抵童子之情，乐嬉游而惮拘检，如草木之始萌芽，舒畅之则条达，摧挠之则衰痿。”因此对儿童进行教育，必须注意顺导儿童性情，使它们趋向鼓舞，中心喜悦，这样进步自然不会停止，就像春风滋润草木花卉，没有不生机勃发的，自然而然地一天天长大。反之，如同遭遇冰霜的花木，“生意萧索，日就枯槁”。

(2)教育要考虑儿童的可接受性，量力施教

王守仁认为，教育者必须根据儿童这种“精气日足，筋力日强，聪明日开”的成长过程，循序渐进地进行教育，不可揠苗助长。将循序渐进的原则应用到教学中，必然要求教育者在确定教学内容时，注意量力而施，符合儿童的认识发展水

平。为此，他要求指导儿童读书不能读得过多。如果教学内容过多，要求过量，超出学生的接受能力，不仅会加重学生负担，使其视学习为“厌苦”之事而不乐为，而且也会影响学生对知识的理解和掌握。

(3)教育应关注儿童个体差异，因材施教

王守仁认为：“人的资质不同，施教不可躐等”，教育者对儿童施教，不仅要考虑儿童认识发展水平的共性特征，而且还要注意个体发展水平的差异，针对每个学生的个性差异，因材施教，就像良医之治病，对症下药，方可药到病除。王守仁认为，因材施教的目的在于使受教育者“各成其材”，他说“因人而施之，教也，各成其材矣，而同归于善”。他认为每个儿童都有其长处，教育者如能就其长处加以培养，就可以使他们某一方面的才能得到发展。

王守仁的儿童教育思想反对“小大人式”的传统儿童教育方法和粗暴的体罚等教育手段，要求顺应儿童的性情，根据儿童的接受能力施教，具有自然主义教育倾向，这是难能可贵的。

二、近现代的幼儿教育思想

(一)国外近现代的幼儿教育思想

1. 福禄倍尔的幼儿教育思想

福禄倍尔(Fredrich Froebel，1782—1852)，德国教育家，幼儿园运动的创始人。他创办了世界上第一个幼儿园，而且创立了一整套幼儿教育理论和相应的教育方法、教材、玩具等。由于他的实践和理论建树，幼儿教育理论形成了独立的体系，幼儿园教育也成为教育中的一个独立的领域。他提出的主要幼儿教育思想有：

(1)论人的发展

福禄倍尔认为儿童生而具有各种能力，儿童天赋能力的发展是有其内在规律的；教育的目的就在于发展儿童的天赋；一切教育都必须遵循自然法则进行，既要适应儿童内在的发展规律，又要考虑儿童生长的自然环境。

福禄倍尔又说，儿童的自我活动是发展的基础和动力。这种自我活动是由儿童的个人兴趣、愿望所引起的，而不是来自外界的刺激。教师不应束缚、压制儿童的天性，而应唤起儿童的学习兴趣，使其主动地参与活动，充分表现自我。

(2)幼儿教育的意义

福禄倍尔极为重视儿童的教育。他认为，婴儿期是生活的时期，幼儿期则是学习和教育的时期；这个时期的教育影响人的一生，儿童对自然、社会及家庭的初步认识是在这个时期形成的；如果儿童的发展在这个时候受到伤害，则以后的弥补就异常困难。因此，真正的人的教育在这个时期就开始了。

福禄倍尔认为，家庭在幼儿期的教育中具有重要作用，因为儿童的教育此时完全托付给了父母和家庭。家长应特别努力，从小培养儿童的活动本能。为了指导母亲们正确地教育自己的子女，福禄倍尔特意为她们编写了《慈母曲及唱歌游戏集》。但是，鉴于大多数父母或成人没有受过教育的训练，不懂得教育方法，难以胜任幼儿教育的工作，福禄倍尔建议将儿童送到专门的学前教育机构——幼儿园中接受教育。

(3)幼儿教育的内容

第一，游戏。

福禄倍尔认为，儿童的天性是在活动中发展的，因而活动在儿童的生活和教育中居重要地位；幼儿活动的主要表现形式为游戏，它是儿童生活的一个重要组成部分，因而，游戏也是学前教育的一个主要内容。

在福禄倍尔看来，游戏并不仅仅是一种消遣，还可以增强幼儿的体质，开发儿童的智力，培养儿童优秀的品质。经过长期的实践和探索，福禄倍尔设计了一系列游戏活动，并借助他为儿童特制的玩具——恩物来进行。

福禄倍尔认为，自然界是上帝对人类的恩赐，要让儿童认识大自然，就必须以大自然为基础制作各种玩具。恩物就是成人恩赐给儿童的玩具物品。

福禄倍尔制作的恩物主要有六种。前两种是最基本的，由六个不同颜色的小球和立方体、球体、圆柱体组成，供 3 岁以前的儿童使用，借此让儿童认识事物的颜色、形状及其关系。后四种为积木式的立方体，供 3～7 岁儿童使用，旨在训练儿童对各种几何图形的认识，发展他们的想象力和创造力。

第二，作业与劳动。

作业是福禄倍尔学前教育的又一重要内容，是儿童进行的各种手工制作活动。福禄倍尔为儿童设计了一系列作业，如纸工、厚纸工、模型制作等，并为儿童提供了各种作业材料，如针、剪刀、纸等，让儿童利用这些作业材料制作某种物件。

2. 蒙台梭利的幼儿教育思想

玛丽亚·蒙台梭利(1870—1952)，意大利人，是欧洲“新教育”运动中一位重要的代表人物，是继福禄倍尔后又一位杰出的幼儿教育家。她于 1907 年在罗马贫民区创办了一所“幼儿之家”。在那里，蒙台梭利采用了特殊的教育方法，进行了举世闻名的教育实验，创造了教育的奇迹。以她的名字命名的教育方法——蒙台梭利教学法传遍了全世界。蒙台梭利因此而被誉为20世纪初的“幼儿园改革家”。今天，世界各国都有蒙台梭利幼儿园，并运用她的教育思想、方法、教具进行教育。她的主要幼儿教育观点有：

(1)论教育原则和环境教育

蒙台梭利要求彻底改变旧式教育那种压抑儿童本性，限制儿童自由活动的做法，她提倡新教育应让儿童过一种自然、自由的生活，成人应尽量少去干扰儿童，而让儿童充分地自由活动。她要求新教育应本着自由的原则进行，要重视儿童发展的内在力量，在儿童的自由活动中，促使其潜能得以提高。她建议兴办新型的学校教育，为儿童的身心发展提供一个良好的环境。

蒙台梭利在她的“幼儿之家”里精心设计了这样一种环境：“幼儿之家”有专门为儿童设计的活动室和休息室。为了有利于儿童的自由活动，活动室和花园相连，儿童可以自由地在花园中玩耍，随时都可以自由地进出活动室和休息室，室内的桌椅也很轻巧，可以按照儿童的意愿随便搬动，还可以搬出花园里去。活动室是“幼儿之家”最重要的场所，各个活动室里都放着一个矮柜，里面放有许多种教具，供儿童自由选择、随意取用。墙上挂着黑板，儿童可以在上面绘画、写字，墙上还贴着儿童喜爱的各种图片，并经常更换内容。活动室的一个角落还铺有地毯，儿童可在地毯上活动。

蒙台梭利认为，儿童的内在潜能是在环境的刺激、帮助下发展起来的，是个体和环境之间互相作用的结果。新式教育应当包括教师、环境和儿童三个因素，三者之间彼此都应发生作用，而这个环境是个“有准备的环境”，即通过成人的帮助，提供给儿童一个适合其发展的环境。对于新生婴儿，最好的环境就是父母本身。对“有准备的环境”，她提出了这样的标准和要求：一是必须是有规律的、有秩序的生活环境；二是能提供美观、实用，对幼儿有吸引力的生活设备和用具；三是能丰富儿童的生活印象；四是能为幼儿提供感观训练的教材或教具，促进儿童智力发展；五是能让儿童独立地活动，自然地表现，并意识到自己的力量；六是能引导儿童形成一定的行为规范。

另外，蒙台梭利还谈到自由和纪律的关系问题。她认为，给儿童以极大的活动权利，并不意味着允许儿童可以恣意妄为。“自由”不是放纵，纪律应该是一种主动的纪律，而不是强迫形成的。

(2)论感官教育

蒙台梭利强调感官教育的重要性：第一、幼儿正处在各种感觉敏感期，这时加强感官的教育，可以不失时机地使感官得到最充分的发展；第二、感官训练是形成认识能力的第一道大门，通过感官训练，可以使抽象的东西具体化、精确化，有利于发展幼儿对事物的观察力和辨别力。所以，只有通过感官的训练，才能使智力得到发展。

蒙台梭利设计了一套“感官练习材料”(也称蒙台梭利练习材料)，其中包括用于培养听觉、视觉、嗅觉、触觉等感觉能力的材料，这些材料又以触觉培养为主。这套材料具有以下特点：第一、按照用途分为不同的种类，每一类分别训练某一种感觉；第二、在各种材料使用时，要求尽可能地排除其他感官的干扰，以使所训练的感官得到的印象尽可能纯正、清晰；第三、教具具有控制、纠正错误的功能。

这套感官训练材料活动性强，容易引起儿童的兴趣和好奇心，有助于促进幼儿的智力发展。但是也有两点不足之处：第一、她的感觉训练是孤立进行的，即她孤立地训练幼儿的各种器官，某个活动只用来专门联系某种特定的感觉，割裂了各种感觉之间的内在联系；第二、其感官教育采取的方法有机械、呆板、枯燥乏味倾向，儿童长期利用感官教育进行训练，容易受到操作顺序的束缚，不利于儿童想象力和创造力的培养。

3. 苏霍姆林斯基的幼儿教育思想

苏霍姆林斯基(1918—1970)是苏联著名教育理论家和教育实践家。为了深入地了解每个孩子在知觉、思维等方面的特点，并且能够在孩子们开始正式读写之前先发展他们的知觉、感受、观察、思考能力和身体素质，苏霍姆林斯基决定让孩子们提前一年来到学校，开始他们的学前教育生涯。苏霍姆林斯基将此看作是自己在自然条件下进行的一项长期的教育实验，他的实验形成了许多闪光的教育思想，积累了丰富的实践经验，为当时和后世教育者留下了宝贵的教育思想和经验财富，在世界范围内产生了广泛的影响。

(1)了解孩子及家庭

苏霍姆林斯基认为，儿童是“正在进入认识世界、创造世界、进入人际关系的世界中的活生生的人”，他们具有独特的思维方式和接受事物的方式，有自己的精神生活，他们具有富于探索和善于发现的天性。真正的教育者应具有深入儿童精神世界的本领，既不能把孩子过于理想化，给他们妄加一些美妙的特性，也不能不考虑他们在感知和情感方面所具有的鲜明、细腻和天真的特性。苏霍姆林斯基认为，要想很好地了解孩子，就要很好地了解家庭。

(2)强调走进大自然

苏霍姆林斯基把带领孩子们走进大自然称为到活的语言和思维的源头去“旅

行”，认为大自然是一本世界上最美妙的书，它是丰富多彩的现象和无限美的儿童智慧的源泉。孩子们在没打开书本读第一个词之前，应先读几页大自然的书。他说：“到田野、到公园去吧，要从源泉中汲取思想，那里有生命活力的水会使你的学生成为智慧的探索者，成为寻求真知、勤于治学的人，成为诗人。”

孩子们越接近大自然和周围世界，他们的语言也就越丰富生动。没有自然美景对儿童想象力的激发，没有孩子对大自然的细致观察和凝神体验，孩子们的语言怎么会鲜明、贴切而丰富多彩呢？大自然对孩子的影响不会自发产生，孩子们在自然中不只是愉快地散步，而恰恰是学习知识、产生问题和学会思索的过程，苏霍姆林斯基称为“思维课”。在“思维课”上，孩子们观察什么，周围什么现象将成为他们思想的源泉，教师事先应有认真的考虑，如教师事先可以确定在春、夏、秋、冬各季适合于儿童观察和思考的各种自然事物和现象，以帮助儿童了解自然，促进儿童思维和语言能力的发展。

(3)重视善和美的情感教育

苏霍姆林斯基非常重视对孩子进行善和美的教育，认为善良之情应当在孩子童年的心中扎下根来。但善良的孩子不会从天而降，而应通过教育加以培养。他强调在人生的早期实施培养善和美的情感教育的重要性，“如果在童年培养不出善良情感，那就永远培养不起来了”。

在进行善和美的情感教育时，苏霍姆林斯基还特别注重集体的力量，他说，集体的爱抚和善良情感，集体的良好意愿，是一股多么巨大的力量。它犹如汹涌的巨浪，把那些最不易动感情的人也触动了。

(4)加强艺术教育

苏霍姆林斯基注意将绘画活动和发展儿童的语言结合起来，鼓励幼儿大胆讲述自己的绘画作品。观察、描绘大自然，为孩子们提供表现自己的独特感受、获得自我肯定的机会；而讲述自己的绘画，则在不知不觉间发展了孩子们的语言。

苏霍姆林斯基也非常重视音乐对儿童发展的作用，认为音乐是又一重要的思想源泉，是自我教育的有力手段。童年不能没有游戏和童话，同样也不能没有音乐。他指出，音乐教育首先是培养人，而不是培养音乐家的。

(二)我国近现代的幼儿教育思想

1. 陶行知的幼儿教育思想

陶行知(1891—1946)是中国现代教育史上著名的人民教育家。陶行知是农村幼儿教育事业的开拓者，他在南京郊区首创了中国第一所乡村幼儿园——南京燕子矶幼稚园。在教育救国思想的影响下，他毕生从事对旧教育的改革，推行生活教育、大众教育，为我国教育做出了重大贡献。在教育实践中，他创立了生活教育理论和教、学、做合一的教育方法。在幼儿教育方面，他的主要幼儿教育观点有：

(1)“生活教育”理论

“生活教育”理论是陶行知教育思想的理论体系，最初是以乡村教育的形式出现的，后来陶行知将其作为一种与传统教育、旧教育、富人教育相对立的新教育和穷人的教育。

第一，“生活即教育”。

陶行知指出：“生活教育是生活所原有，生活所自营，生活所必需的教育。教育的根本意义是生活之变化。生活无时不变，即生活无时不含有教育的意义。”既然生活教育是人类社会原来就有的，那么生活便是教育，所谓“过什么生活便是受什么教育；过好的生活，便是受好的教育，过坏的生活，便是受坏的教育”。他还指出，“生活教育与生俱来，与死同去。出世便是破蒙；进棺材才算毕业”。

第二，“社会即学校”。

陶行知认为自有人类以来，社会就是学校，如果从大众的立场上看社会是大众唯一的学校，生活是大众唯一的教育。统治阶级、士大夫为何不承认此，是因为他们有特殊的学校给他们的子弟受特殊的教育。陶行知反对这种特殊的不平等的教育，提出“社会即学校”，以此来推动大众的普及教育。

陶行知提出“社会即学校”，在于要求扩大教育的对象、学习的内容，让更多的人受教育。他指出：“我们主张‘社会即学校’，是因为在‘学校即社会’的主张下，学校里的东西太少，不如反过来主张‘社会即学校’，教育的材料、教育的方法、教育的工具、教育的环境等都可以大大地增加，学生、先生可以多起来。”陶行知提出“社会即学校”的主张和“生活即教育”一样，也在于反对传统教育与生活、学校与社会相脱节、相隔离。他认为“学校即社会，就好像把一只活泼的小鸟从天空里捉来关在笼里一样。它要以一个小的学校去把社会所有的一切东西都吸收进来，所以容易弄假”。而且这种教育在“学校与社会中间造成了一道高墙”，把学校与社会生活隔开了。陶行知提出“社会即学校”是“要把笼中的小鸟放到天空中使它任意翱翔”，是要拆除学校与社会之间的高墙，“把学校里的一切伸展到大自然里去”。

(2)教、学、做合一的教育方法

陶行知认为“教、学、做是一件事，不是三件事。我们要在做上教，在做上学”。他用种田为例，指出种田这件事，要在田里做的，便须在田里学，在田里教。在陶行知看来，“教、学、做合一”是生活法，也是教育法，它的含义是教的方法根据学的方法，学的方法要根据做的方法，“事怎样做便怎样学，怎样学便怎样教。教而不做，不能算是教；学而不做，不能算是学。教与学都以做为中心”。由此他特别强调要亲自在“做”的活动中获得知识。

(3)解放儿童的创造力

陶行知指出：“儿童的生活，是一面社会的镜子。”他认为好的幼儿教育要使儿童自己创造出自己的乐园。这是陶行知极力提倡对儿童进行创造教育的真谛。他是我国创造教育的首创者。

陶行知认为儿童有很强的创造力，儿童的创造力是人的才能之精华。发挥加强培养这种创造力，便是教育的任务。教育的作用是启发解放儿童的创造力。陶行知认为，发现了儿童有创造力，认识了儿童有创造力，就须进一步把儿童的创造力解放出来。具体他曾提出六大解放：一是解放儿童的头脑；二是解放儿童的双手；三是解放儿童的眼睛；四是解放儿童的嘴巴；五是解放儿童的空间；六是解放儿童的时间。

陶行知认为培养儿童创造力的措施有：一是给予充分的营养；二是养成良好的习惯；三是因材施教；四是发扬民主。

2. 陈鹤琴的幼儿教育思想

陈鹤琴先生是我国著名的儿童教育家。他于1923年创办了我国最早的幼儿教育实验中心——南京鼓楼幼稚园，创立了“活教育”理论，一生致力于探索中国化、平民化、科学化的幼儿教育道路。他还开创了我国儿童心理的科研工作，是我国以观察实验法研究儿童心理发展的最早的学者之一。他先后在江西和上海创办省立、国立实验幼师和幼专，为我国幼儿教育师资培训事业做出了不可磨灭的贡献。陈鹤琴开创了我国儿童心理、学前教育的科学研究工作，并促使家庭教育科学化、幼儿师范教育系统化。他的主要观点如下：

(1)活教育理论

第一，目的论。

陈鹤琴指出活教育的目的就是“做人、做中国人、做现代中国人”。这样的人应该具备的条件是：一要有强健的身体；二要有建设的能力；三要有创造能力；四要有合作的态度；五要有服务的精神。抗战胜利后，他进一步提出“做人、做中国人、做世界人”“爱国家，爱人类，爱真理”的要求，这说明陈鹤琴的活教育目的论不仅体现了他的爱国主义精神，也反映了他放眼世界的胸怀。

第二，课程论。

陈鹤琴指出：“大自然、大社会，都是活教材。”陈鹤琴认为大自然、大社会才是活的书、直接的书，应该向大自然、大社会学习，获取知识经验。

第三，方法论。

活教育方法论的基本原则是"做中教、做中学，做中求进步"。活教育重视直接经验，他认为"做"就能与事物发生直接接触，就获得了直接的经验，就知道了做事的困难，就认识到事物的性质。

(2)教学原则

根据"心理学具体化，教学法大众化"的指导思想，他提出了活教育的17条教学原则，即凡儿童自己能够做的，应当让他自己做；凡儿童自己能够想的，应当让他自己想；你要儿童怎样做，应当教儿童怎样学；鼓励儿童去发现他自己的世界；积极的鼓励，胜于消极的制裁；大自然、大社会是我们的活教材；比较教学法；用比赛的方法来增进学习的效率；积极的暗示，胜于消极的命令；替代教学法；注意环境，利用环境；分组学习，共同研究；教学游戏化；教学故事化；教师教教师；儿童教儿童；精密观察。

以上17条教学原则可以综合概括为活动性原则、儿童主体性原则、教学法多样化原则、利用活教材原则、积极鼓励原则和教学相长的民主性原则等，其基本精神已为当代心理学和教育学的科学研究所证实。

(3)论家庭教育

陈鹤琴所著的《家庭教育》以及30年代后陆续发表的《怎样做父母》等论文论述了家庭教育的科学化、民主化、游戏化、艺术化。这些论著既有理论也有实践，融生理学、心理学、教育学、社会学、美学等基本知识于一体，涉及儿童家庭教育的方方面面，可说是具有中国特色的儿童家庭教育"百科全书"。陈鹤琴的家庭教育思想，主要有以下内容：一是把家庭教育作为关系到国家前途、命运的大事；二是要把科学地了解儿童作为实施家庭教育的依据；三是要把教育功能自然地渗透于家庭生活的各个方面。

(4)"五指活动"思想

陈鹤琴提出的幼稚园课程思想，包括"五指活动"。陈鹤琴说："五指，是活的，可以伸缩，互相联系……课程是整个的、连贯的。依据儿童身心的发展，五指活动在儿童生活中结成一个教育的网，有组织、有系统，合理地编织在儿童的生活上。"五指活动的五个方面是：一是健康活动，包括饮食、睡眠、早操、游戏、户外活动、散步等；二是社会活动，包括朝夕会、周会、纪念日集会、每天的谈话及政治常识等；三是科学活动，包括栽培植物、饲养动物、认识环境等；四是艺术活动，包括音乐(唱歌、节奏、欣赏)、图画、手工等；五是语言活动，包括故事、儿歌、谜语、读法等。

【学以致用】

在福禄倍尔、蒙台梭利、苏霍姆林斯基、陶行知、陈鹤琴五位儿童教育家中，选择其中的一位，谈谈教育家的幼儿教育思想对我们从事幼儿园教育工作有何启示？

【课外拓展】

让孩子回归自然的怀抱

——感悟苏霍姆林斯基大自然教育思想

苏霍姆林斯基是苏联著名的教育家，也是20世纪世界最著名的教育家之一。他促进少年儿童个性和谐发展的教育思想，对中国的教育产生过深刻的影响，而在苏霍姆林斯基的教育思想中，大自然教育思想是贯穿整个和谐教育的动人旋律。

苏霍姆林斯基始终把儿童置身于大自然中，坚持人与自然的和谐发展。他告诉人们，人的大脑是大自然的杰作，人的身体健康、智力开发、思维发展、道德养成、情操陶冶、美感培养、劳动能力锻炼等一刻也不能脱离自然——特别是在儿童时代。他坚信大自然是美育的重要源泉；从赞美家乡自然美景到称颂祖国山川原野，都是德育教育的有效途径；花草树木、阳光空气、风霜雨露，是养心健身之宝；变幻万千的自然现象，则是训练观察、思维、语言表达能力的极好手段。

虽然时代的脚步早已迈入21世纪，人与自然和谐发展的呼声越来越高涨，但是我们不得不承认的现实是——教育正在远离自然，孩子们的生活正在远离自然：土地已被混凝土覆盖；少得可怜的草坪又被写着“禁止入内”的不锈钢护栏圈了起来；孩子们每天背着书包在硬地和尘嚣中穿行，离开的是一个笼子一样的家，到达的是一个充斥着化学制剂味的校园；空气里只有汽车尾气、工厂烟尘以及都市喧嚣的嘈杂，而唯独缺少了青草的气味和泥土的芳香。孩子们的生活是忙碌的，因为他们每天要奔走在书本与课堂、运动场与舞蹈室、电视机与计算机之间，因为他们每天要读书、要写字、要画画、要学琴……而在这些美其名曰“素质教育”的活动中，我们唯独没有看见孩子们有去大自然的时间。

我们的孩子，从出生到长大，他们的脚板从来就没有真正意义上地触摸过生他养他的土地，因此，他们就没有了对土地的感情。因为没有观察就没有了解，没有了解就没有热爱，所以他们对于自然的情感才会严重缺失。为什么当今的孩子普遍缺乏同情心？那是因为他们远离了大自然。

这就使我们更加急迫地遥望真正的教育，遥望苏霍姆林斯基的大自然教育思想。我们一方面感叹，苏霍姆林斯基始终没有消退自然的本色，始终保持着儿童般的好奇；另一方面我们感叹他的大自然教育思想能把自然和孩子、和教育的关系理解得如此透彻，结合得如此完美。阅读他关于大自然教育的文章，我们会从心底发出慨叹——这才是真正的教育！

（资料来源：湖北黄石市有色小学．程文忠 《中国环境报》2006—4—24）

第三节　我国幼儿教育制度的发展

【头脑风暴】

《国家中长期教育改革和发展规划纲要(2010—2020年)》第二轮公开向社会征求意见时，没人料到，特别是那些动笔起草《教育规划纲要》的专家学者没有料到，“幼儿园入学难、入园贵”居然成为高过高考、高过择校的突出问题。初夏时节，北京一位高龄老太太为给其重孙争得一个入园名额，不顾年事已高，也搬起躺椅加入了旷日持久的排队大军，似乎对这一问题的严重性做出了更加形象、更加有力的注释。

你对此问题如何看待？要解决现实问题，必须先了解我国幼儿教育制度的发展历程。

一、蒙养院制度的确立

中国近代幼儿教育制度，是随着新教育制度的产生而确立的。蒙养院是中国最早的幼儿教育机构，它同新的学校体系同时产生。

1902年，管学大臣张百熙起草了《钦定学堂章程》，也称“壬寅学制”，但未施行。1903年，张百熙、荣庆、张之洞又重新制定学堂章程，即《奏定学堂章程》，也叫癸卯学制，于1904年1月颁布执行。该学制包括《奏定初等小学堂章程》《奏定高等小学堂章程》《奏定中学堂章程》《奏定高等学堂章程》《奏定大学堂章程》以及《奏定蒙养院章程及家庭教育法章程》，学制将整个教育过程分为三段七级。第一段为初等教育，规定蒙养院设立在这一阶段中。

《奏定蒙养院章程及家庭教育法章程》(以下简称《章程》)，是癸卯学制的一部分，它是中国第一个幼儿教育法规。

二、培养师资，兴办幼稚师范学校

为适应在中国开展幼儿教育的需要，帝国主义着力于幼稚师资的培养。一方面他们本身需要教师；另一方面可以为中国公私立蒙养院提供师资，更有效地影响中国幼儿教育。训练幼儿师资的主要途径有：吸引中国人出国留学，直接接受国外幼稚教育的专业训练；开办幼稚师范教育；派师资任教于中国幼教机构。

1904年，中国颁行癸卯学制后，帝国主义加速在中国开办幼稚师范学校，如苏州景海女学幼稚师范科、浙江杭州私立弘道学幼师科等。一些教会大学也开始培养幼教师资，如基督教教会于1905年在北京开办了华北教育会协和女书院，内设两年制的幼师科，至1911年并入燕京大学，成为教育学系的幼稚师范专修科。其他大学、女子大学也都分别设立过幼稚教育系科或专业组，培养高层次的幼儿教育人才。1913年基督教会全国大会议案提出，教会要设立幼稚园，同时也要设立培养幼稚人才的学校，招收教外学生，以补充官立幼稚园的师资。

三、蒙养园制度的建立

1912年9月，教育部公布《学校系统令》，称“壬子学制”，不久，教育部又陆续颁发了各种学校令，与“壬子学制”结合，称为“壬子癸丑学制”，这个学制一直实行到1922年。

壬子癸丑学制规定，幼儿教育机构的名称为蒙养园。它是学制体系上的教育机构，但与大学院(今研究生院)一样，不占学制年限，并未单独成为学制系统中的一级。它是其他教育机构的附属部分，附属在小学和女子师范学校、女子高等师范学校内。尽管还没有摆脱附属的地位，但已纳入真正教育机构之中，而不设于育婴堂、敬节堂内，这标志着幼儿教育地位的提高。

四、幼稚园制度的确立

“五四”运动后，在美国教育的影响下，一批爱国民主教育家推动了教育改革的热潮。改革的综合体现就是学制改革。在资产阶级教育和教育团体的推动下，1922年9月，教育部召开学制会议，通过《学制改革系统案》，11月公布《学校系统改革令》，又称“壬戌学制”或“新学制”。

该学制根据“七项标准”制定。这七项标准是：①适应社会进化之需要；②发挥平民教育精神；③谋个性之发展；④注意国民经济力；⑤注意生活教育；⑥使教育易于普及；⑦留各地方伸缩余地。

这个学制不再采用日本的模式，而是受美国实用主义教育思想的影响，采用美国的“六·三·三”制的框架。小学六年，初中三年，高中三年。

幼儿教育方面，这个学制规定，在小学下设幼稚园，“幼稚园收受六岁以下之儿童”，并把幼稚园正式列入学校系统，改变了以前蒙养院和蒙养园在学制中没有独立地位的状况，确定了幼儿教育机构在学制系统中作为国民教育第一阶段的地位。

新学制的颁布，促进了我国幼儿教育的发展，江西、浙江等地率先开设幼稚园，以后全国各省市幼稚园不断发展，并且不断向农村发展。1927 年在陶行知的领导下先后在南京郊区燕子矶、晓庄、和平门、迈皋桥等地创办了我国第一批乡村幼稚园。同时，还创办了一些实验幼稚园，如 1923 年，陈鹤琴在南京创设了我国第一所实验幼稚园，即私立南京鼓楼幼稚园。

五、幼稚园课程标准的颁布

1929 年 9 月《幼稚园课程暂行标准》拟定完成，并由教育部令各省市作为暂行标准试验推行。1932 年 10 月教育部正式公布《幼稚园课程标准》，1936 年又修正一次。这个“标准”，是我国第一个自己制定的统一的幼稚园课程标准。

《幼稚园课程标准》分幼稚教育总目标、课程范围、教育方法要点三部分。

关于幼稚教育总目标，“标准”指出：增进幼稚儿童身心的健康；力谋幼稚儿童应有的快乐和幸福；培养人生基本的优良习惯(包括身体、行为等各方面的习惯)；协助家庭教养幼稚儿童，并谋家庭教育的改进。

《幼稚园课程标准》是我国第一个由国家颁布的幼稚园课程标准，它建立在幼稚园制度已经确定、幼稚园数量迅速增长和各种实验活动开展的基础之上的，它是由我国专家和学者在总结自己实践的基础上，吸收和借鉴了西方幼儿教育思想与教育方法而形成的，因此它既体现了民族性，又体现了洋为中用的精神。

该“标准”具有中国化、科学化的特点，它要求寓知识于娱乐之中，其教育内容和方法，都比较符合儿童的接受能力，符合儿童的年龄特点和教育的要求，因此有较强的科学性。在教育内容上，对儿童进行多方面训练，不仅开发儿童的智力、身体、德性、美感，而且注意了儿童社会化的培养。在教育方法上，灵活多样，运用团体、分组和个别的方式，组织儿童的各种活动，儿童的活动有相当的自由。教育目标也比较灵活，除一般要求外，还有最低限度的要求，以适应不同地区、不同幼稚园发展不平衡的状况。

六、幼稚园师资的培训

1922 年学制规定师范学校和女子师范学校可附设幼稚师范科，但在相当长的时间内，幼稚师范教育还没能得到人们应有的重视。1928 年，在全国教育大会上，陶行知、陈鹤琴分别提出开设幼稚师范和在普通师范中设幼师科的提案，经过讨论通过。1928 年全国教育会议以后，幼稚师范教育得到一定发展，幼稚教育的师资不断增加。1929 年，全国幼稚园教职员为 1580 人，到 1936 年，增长到 2607 人。在此期间公立幼稚师范科有了一定的发展，私立幼稚师范也不断出现，还出现了省立实验幼稚师范和国立幼稚师范专科。

七、内务部颁发的《托儿所组织条例》

幼儿教育作为解放妇女的重要措施在根据地创建初期就受到了中国共产党的高度重视。1934 年 2 月苏区中央人民政府内务部颁布了《托儿所组织条例》(以下简称《条例》)来推动幼儿教育的发展。这是红色政权颁布的第一部关于幼儿儿童教育的文件，具有指导性、纲领性作用。《条例》对组织托儿所的目的、儿童入托的条件、托儿所的上级领导机构、托儿所的班额、保教人员的编制及标准、环境、设备、经费、托儿所的管理，保教人员的职责、托儿所的作息时间等都做了详细的规定。

八、陕甘宁边区政府关于保育儿童的决定

1941 年 1 月陕甘宁边区政府工作报告中，将儿童保育作为中心工作。同年又颁发了《陕甘宁边区政府关于保育儿童的决定》(以下简称《决定》)。《决定》的主要内容有：

(一)建立管理(保育行政)组织

在边区民政厅设保育科，各县市政府第一科添设保育科员一人，区县政府内添设保育员一人(暂由乡妇联兼任)，专司孕母、产妇、儿童的调查、登记、统计、卫生奖励、保护等工作。

(二)保育人员的训练

规定边区民政厅卫生处应协同民政厅保育科于 1941 年 3 月前开办保育人员

训练班。抽调文化程度较高之男女六十人，给以短期之训练。使其明了产妇卫生、助产接生、儿童保育等基本知识。毕业后，派到各县设办短期训练班，使得1941年内边区每一个乡均有一个以上脱离生产的保育员。

(三)建所的具体条件

一个机关团体学校有婴儿五人以上者，应设立托儿所；五人以下者，可和数单位共设托儿所；不足五人又无单位合设者，设窑洞安置婴儿，并对窑洞的安全、卫生提出了要求。

此外《决定》还对孕母、产妇的保健待遇，保姆的待遇等做了十分具体的规定。

该《决定》是继《条例》之后革命根据地的又一重要幼儿教育法规文件，它对抗战时期和解放战争时期的幼儿教育都具有极大的推动作用。

九、新中国成立后规定了幼儿教育的性质、任务和发展方针

(一)幼儿教育的性质

1951年10月1日，政务院命令公布施行《关于改革学制的决定》，产生了新中国第一个学制。此学制共5个部分。第一部分，幼儿教育；第二部分，初等教育；第三部分，中等教育；第四部分，高等教育；第五部分，各级政治训练班。

新学制规定实施幼儿教育的组织为幼儿园，幼儿园收3周岁到7周岁的幼儿，使他们的身心在入小学前获得健全的发育。1951年颁布的这个学制规定中，幼儿教育被列入学制体系之中，成为小学教育的基础。学制还规定幼儿园应在有条件的城市首先建立，然后逐步推广。至此，自1922年壬戌学制定名而沿用了30年的“幼稚园”，从此改称为“幼儿园”，并开始了它的新生命。

(二)幼儿教育的任务

幼儿园教育的任务是：根据新民主主义教育方针教养幼儿，使他们的身心在入小学前获得健全的发育；同时减轻母亲抚育幼儿的负担，以便母亲有时间参加政治生活、生产劳动、文化教育活动等，并规定幼儿园应对幼儿进行初步的全面发展的教养工作。

(三)幼儿教育的发展方针

1951年，教育部制定了《幼儿园暂行规程》(以下简称《暂行规程》)和《幼儿园暂行教学纲要》(以下简称《暂行纲要》)，并于1952年3月将这两个试行草案颁发至全国试行。《暂行规程》与《暂行纲要》的制定和试行，明确了幼儿园的双重任务

和教养并重的方针，强调了幼儿园教育的目的性和计划性以及各科教学的思想性、系统性和科学性，为全面改革旧教育，逐步建立社会主义幼儿教育新体系奠定了良好的基础。

十、社会主义建设新时期幼儿教育制度的发展

（一）召开全国幼教工作会议

1978年10月，国务院批准由国家教育委员会召开了全国幼儿教育工作会议。会议明确提出幼儿教育是社会主义教育事业的重要组成部分，是学校教育的预备阶段，同时又是一项社会公共福利事业，各级政府都应重视幼儿教育事业的改革和发展。会议肯定了动员和依靠社会各方面的力量，有计划、有步骤、多渠道、多形式地发展幼儿教育事业的方针。会议提出要端正办园的指导思想，批判已经出现的无视幼儿身心发展特点和幼儿教育规律的倾向，主要表现为：小学化、成人化的倾向；过早地专长定向培养；重视课堂教学而不寓教育于各种活动之中；只重视智力的开发而忽视体、德、美的健康发展等。

这次会议，是教育部门召开的第一次有关幼儿教育的专门会议，对理顺关系，明确分工，加强领导，积极发展幼儿教育具有极为重要的意义。

（二）颁布学前教育法规

1980年11月，卫生部颁发《城市托儿所工作条例（试行草案）》，共5章28条，包括总则、婴幼儿卫生保健工作、婴幼儿教养工作、组织编制及工作人员职责、房屋和设备等。

1981年6月，卫生部妇幼卫生局颁发《三岁前小儿教养大纲（草案）》（以下简称《教养大纲》）。《教养大纲》根据3岁前小儿身心发展的特点，提出了托儿所教养工作的任务：培养小儿在体、智、德、美几方面得到发展，为造就体魄健壮、智力发达、品德良好的社会主义新一代打下良好基础。

1989年6月，国家教育委员会令第2号发布《幼儿园工作规程（试行）》（以下简称《规程》），1990年2月1日起施行。《规程》共10章60条，包括总则，幼儿园招生编班，幼儿园卫生保健，幼儿园教育，幼儿园园舍、设备，幼儿园工作人员，幼儿园经费，幼儿园与幼儿家庭，幼儿园管理工作及附则。《规程》的颁布，对加强幼儿园内部的科学管理，提高保育和教育质量无疑起着重要的作用。

1989年9月，国家教育委员会令第4号发布《幼儿园管理条例》（以下简称《条例》）。该《条例》于1989年8月经国务院批准，于1990年2月1日起施行。《条例》共6章32条，包括总则、举办幼儿园的基本条件和审批程序、幼儿园的保育

和教育工作、幼儿园的行政事务、奖励与处罚及附则。

此《条例》是在以往有关法规基础上形成的，是经国务院批准颁发的自新中国成立以来第一个幼儿教育法规，它将对幼儿园的管理和发展进行宏观调控，以加强对幼儿教育事业的领导。

《幼儿园工作规程(试行)》于1989年6月颁布，经过7年的试行和经验总结，于1996年6月由国家教育委员会(现教育部)正式发布《幼儿园工作规程》(以下简称《规程》)。《规程》是在我国社会转型、经济改革日益深入的时期，为适应社会变革的需要，为建立有中国特色的社会主义幼儿教育而制定的。《规程》遵照《中华人民共和国教育法》的精神，总结了十多年来我国幼儿教育改革的成果和经验，吸收了国内外幼儿教育的新思想、新观念，对我国幼儿园教育的目标、任务、教育原则、组织教育活动的方式等作出了一系列规定。与过去的文件相比，《规程》更加关注教育如何去促进每一个幼儿真正得到发展，更强调个体差异、因人施教、幼儿个性的健康发展；强调促进每个幼儿在不同水平上的发展；强调教育环境的创设；强调教育活动要灵活地运用集体、小组、个别的形式；强调活动过程的重要性；等等。《规程》推动了我国幼儿教育的科学化、规范化，使幼儿教育改革进入了更深的层次。在《规程》指导下，通过全国幼儿教育工作者的努力，我国幼儿教育正跟随着世界幼儿教育的潮流，向着新世纪飞奔。

十一、新世纪幼儿教育制度的发展

国务院在2001年5月29日发布的《关于基础教育改革与发展的决定》中指出："学前教育以政府办园为骨干，积极鼓励社会力量举办幼儿园"；"积极鼓励企业、社会团体和公民个人对基础教育捐赠"；"大力发展以社区为依托，公办与民办相结合的多种形式的学前教育和儿童早期教育服务"。

教育部为进一步贯彻第三次全国教育工作会议和全国基础教育工作会议精神，落实《国务院关于基础教育改革与发展的决定》，推进幼儿园实施素质教育，全面提高幼儿园教育质量，颁布了《幼儿园教育指导纲要(试行)》，2001年9月起试行。《幼儿园教育指导纲要(试行)》是根据党的教育方针和《幼儿园工作规程》制定的，是指导广大幼儿教师将《幼儿园工作规程》的教育思想和观念转化为教育行为的指导性文件。

2003年3月4日，国务院办公厅在转发教育部等十部门(单位)《关于幼儿教育改革与发展的指导意见》中指出："地方各级人民政府要加强公办幼儿园建设"；"积极鼓励和提倡社会各方面力量采取多种形式举办幼儿园"；"今后5年(2003—2007年)幼儿教育改革的总目标是：形成以公办幼儿园为骨干和示范，以社会力量兴办幼儿园为主体，公办与民办、正规与非正规教育相结合的发展格局。根据城乡的不同特点，逐步建立以社区为基础，以示范性幼儿园为中心，灵活多样的幼儿教育形式相结合的幼儿教育服务网络”。

2010年11月，国务院为贯彻落实党的十七届五中全会、全国教育工作会议精神和《国家中长期教育改革和发展规划纲要(2010—2020年)》，积极发展学前教育，着力解决当前存在的“入园难”问题，满足适龄儿童入园需求，促进学前教育事业科学发展，颁布了《国务院关于当前发展学前教育的若干意见》，把发展学前教育摆在了更加重要的位置。

综上所述，幼儿教育必须按照教育规律办事。一定的社会政治、经济、文化制约和影响幼儿教育的发展，而幼儿教育反过来又作用于一定的社会政治、经济和文化的发展。幼儿教育既有教育功能，还有政治功能、文化功能及促进人的发展的功能。为此，幼儿教育要主动适应、主动面向、主动服务于社会主义市场经济，在充分发挥教育功能的同时，还要充分发挥经济功能，以使自己更好地与社会主义市场经济相适应，并求得彼此协调发展，双向启动。

从以上幼儿教育发展概况中，不难看出幼儿教育事业的变迁与社会发展息息相关。具体表现在以下几个方面：

(一)幼儿教育与社会生产力的关系

1. 幼儿教育的发展规模与速度受生产力发展水平所制约

首先，生产力的发展可促使幼儿教育专门机构的产生。资本主义的大机器生产，使社会生产力有了极大的提高，这便为幼儿教育专门机构的产生提供了经济基础，而要使大量妇女安心地从事生产，就要使幼儿有人照顾和管理，于是高度发展的社会生产力又提出了建立幼儿教育专门机构的需求。这样，幼儿教育的专门机构便产生了。

其次，幼儿教育专门机构发展的规模与速度受着生产力发展水平的制约，经济发达的国家幼儿教育事业发展较快。发达国家的幼儿入园率远远高于不发达国家的幼儿入园率。

2. 生产力发展水平制约着幼儿教育的部分内容与手段

幼儿园的教育内容和手段在很大程度上是随着生产力的发展而发展的。在幼儿园初创时期，教育要求很低，因此幼儿园的教育内容和手段也是十分单调的，如教幼儿念《圣经》，做简单的手工等。随着社会生产力的提高，社会对人才提出了一定的要求，幼儿园的教育要求随之提高，在教育内容与手段上逐渐变得丰富多彩，如增加了许多德育、智育、体育和美育的内容，教育中采用许多新型的教育用具，教育方法也在不断更新。

3. 幼儿教育能促进社会生产力的发展

幼儿教育虽受生产力制约，但又具有促进和影响生产力发展的作用。幼儿教育不能为生产力发展直接提供人才资源，但是通过发展幼儿的智能，培养幼儿的优良品德和强健的身体，可以为造就一代新人打下基础，提高劳动力的素质，最终达到提高生产力的目的。

(二)幼儿教育与社会政治和经济制度的关系

1. 社会政治制度、经济制度通过政府立法及制定的方针、政策决定着幼儿教育的性质、发展规模与速度

社会政治和经济制度对幼儿教育的要求是通过政府立法、管理而体现出来的，国家制定一系列方针、政策，反映社会对幼儿教育的要求和兴办幼儿教育的可能，控制幼儿教育的发展、招收对象和培养目标等。

2. 幼儿教育对社会政治、经济制度具有积极作用

幼儿教育虽受社会政治经济制度的制约，但它对社会政治经济制度也有积极作用，这种作用是通过为社会培养一定的人才来实现的。

幼儿园的教育是基础教育的基础，人们按照某种思想体系对幼儿进行早期灌输和教育，使他们能及早地形成较完整而坚定的世界观，容易成为一个阶级的中坚分子，在维护和巩固一定的社会政治经济制度中发挥重要的作用。一定的社会政治经济制度须有大批能干的统治人才、管理人才和劳动者，才能存在与发展。幼儿教育参与培养各种人才，直接为政治经济制度服务。

总之，幼儿教育的发展受到多种社会因素的制约，受社会生产力、政治和经济制度的制约，同时幼儿教育也促进着社会的繁荣、进步。

【学以致用】

最近一两年幼儿教育出现了入园难，入园贵的现象，请结合幼儿教育与社会发展理论分析其原因，并提出解决此现象的对策。

【课外拓展】

国务院关于当前发展学前教育的若干意见

国发[2010]41 号

各省、自治区、直辖市人民政府，国务院各部委、各直属机构：

为贯彻落实党的十七届五中全会、全国教育工作会议精神和《国家中长期教育改革和发展规划纲要(2010—2020 年)》，积极发展学前教育，着力解决当前存

在的“入园难”问题，满足适龄儿童入园需求，促进学前教育事业科学发展，现提出如下意见。

一、把发展学前教育摆在更加重要的位置。学前教育是终身学习的开端，是国民教育体系的重要组成部分，是重要的社会公益事业。改革开放特别是新世纪以来，我国学前教育取得长足发展，普及程度逐步提高。但总体上看，学前教育仍是各级各类教育中的薄弱环节，主要表现为教育资源短缺、投入不足，师资队伍不健全，体制机制不完善，城乡区域发展不平衡，一些地方“入园难”问题突出。办好学前教育，关系亿万儿童的健康成长，关系千家万户的切身利益，关系国家和民族的未来。

发展学前教育，必须坚持公益性和普惠性，努力构建覆盖城乡、布局合理的学前教育公共服务体系，保障适龄儿童接受基本的、有质量的学前教育；必须坚持政府主导，社会参与，公办民办并举，落实各级政府责任，充分调动各方面积极性；必须坚持改革创新，着力破除制约学前教育科学发展的体制机制障碍；必须坚持因地制宜，从实际出发，为幼儿和家长提供方便就近、灵活多样、多种层次的学前教育服务；必须坚持科学育儿，遵循幼儿身心发展规律，促进幼儿健康快乐成长。

各级政府要充分认识发展学前教育的重要性和紧迫性，将大力发展学前教育作为贯彻落实教育规划纲要的突破口，作为推动教育事业科学发展的重要任务，作为建设社会主义和谐社会的重大民生工程，纳入政府工作重要议事日程，切实抓紧抓好。

二、多种形式扩大学前教育资源。大力发展公办幼儿园，提供“广覆盖、保基本”的学前教育公共服务。加大政府投入，新建、改建、扩建一批安全、适用的幼儿园。不得用政府投入建设超标准、高收费的幼儿园。中小学布局调整后的富余教育资源和其他富余公共资源，优先改建成幼儿园。鼓励优质公办幼儿园举办分园或合作办园。制定优惠政策，支持街道、农村集体举办幼儿园。

鼓励社会力量以多种形式举办幼儿园。通过保证合理用地、减免税费等方式，支持社会力量办园。积极扶持民办幼儿园特别是面向大众、收费较低的普惠性民办幼儿园发展。采取政府购买服务、减免租金、以奖代补、派驻公办教师等方式，引导和支持民办幼儿园提供普惠性服务。民办幼儿园在审批登记、分类定级、评估指导、教师培训、职称评定、资格认定、表彰奖励等方面与公办幼儿园具有同等地位。

城镇小区没有配套幼儿园的，应根据居住区规划和居住人口规模，按照国家有关规定配套建设幼儿园。新建小区配套幼儿园要与小区同步规划、同步建设、同步交付使用。建设用地按国家有关规定予以保障。未按规定安排配套幼儿园建设的小区规划不予审批。城镇小区配套幼儿园作为公共教育资源由当地政府统筹安排，举办公办幼儿园或委托办成普惠性民办幼儿园。城镇幼儿园建设要充分考虑进城务工人员随迁子女接受学前教育的需求。

努力扩大农村学前教育资源。各地要把发展学前教育作为社会主义新农村建设的重要内容，将幼儿园作为新农村公共服务设施统一规划，优先建设，加快发展。各级政府要加大对农村学前教育的投入，从今年开始，国家实施推进农村学前教育项目，重点支持中西部地区；地方各级政府要安排专门资金，重点建设农村幼儿园。乡镇和大村独立建园，小村设分园或联合办园，人口分散地区举办流动幼儿园、季节班等，配备专职巡回指导教师，逐步完善县、乡、村学前教育网络。改善农村幼儿园保教条件，配备基本的保教设施、玩教具、幼儿读物等。创造更多条件，着力保障留守儿童入园。发展农村学前教育要充分考虑农村人口分布和流动趋势，合理布局，有效使用资源。

三、多种途径加强幼儿教师队伍建设。加快建设一支师德高尚、热爱儿童、业务精良、结构合理的幼儿教师队伍。各地根据国家要求，结合本地实际，合理确定生师比，核定公办幼儿园教职工编制，逐步配齐幼儿园教职工。健全幼儿教师资格准入制度，严把入口关。2010年国家颁布幼儿教师专业标准。公开招聘具备条件的毕业生充实幼儿教师队伍。中小学富余教师经培训合格后可转入学前教育。

依法落实幼儿教师地位和待遇。切实维护幼儿教师权益，完善落实幼儿园教职工工资保障办法、专业技术职称(职务)评聘机制和社会保障政策。对长期在农村基层和艰苦边远地区工作的公办幼儿教师，按国家规定实行工资倾斜政策。对优秀幼儿园园长、教师进行表彰。

完善学前教育师资培养培训体系。办好中等幼儿师范学校。办好高等师范院校学前教育专业。建设一批幼儿师范专科学校。加大面向农村的幼儿教师培养力度，扩大免费师范生学前教育专业招生规模。积极探索初中毕业起点五年制学前教育专科学历教师培养模式。重视对幼儿特教师资的培养。建立幼儿园园长和教师培训体系，满足幼儿教师多样化的学习和发展需求。创新培训模式，为有志于从事学前教育的非师范专业毕业生提供培训。三年内对1万名幼儿园园长和骨干教师进行国家级培训。各地五年内对幼儿园园长和教师进行一轮全员专业培训。

四、多种渠道加大学前教育投入。各级政府要将学前教育经费列入财政预算。新增教育经费要向学前教育倾斜。财政性学前教育经费在同级财政性教育经费中要占合理比例，未来三年要有明显提高。各地根据实际研究制定公办幼儿园生均经费标准和生均财政拨款标准。制定优惠政策，鼓励社会力量办园和捐资助园。家庭合理分担学前教育成本。建立学前教育资助制度，资助家庭经济困难儿童、孤儿和残疾儿童接受普惠性学前教育。发展残疾儿童学前康复教育。中央财政设立专项经费，支持中西部农村地区、少数民族地区和边疆地区发展学前教育和学前双语教育。地方政府要加大投入，重点支持边远贫困地区和少数民族地区发展学前教育。规范学前教育经费的使用和管理。

五、加强幼儿园准入管理。完善法律、法规，规范学前教育管理。严格执行幼儿园准入制度。各地根据国家基本标准和社会对幼儿保教的不同需求，制定各种类型幼儿园的办园标准，实行分类管理、分类指导。县级教育行政部门负责审批各类幼儿园，建立幼儿园信息管理系统，对幼儿园实行动态监管。完善和落实幼儿园年检制度。未取得办园许可证和未办理登记注册手续，任何单位和个人不得举办幼儿园。对社会各类幼儿培训机构和早期教育指导机构，审批主管部门要加强监督管理。

分类治理、妥善解决无证办园问题。各地要对目前存在的无证办园进行全面排查，加强指导，督促整改。整改期间，要保证幼儿正常接受学前教育。经整改达到相应标准的，颁发办园许可证。整改后仍未达到保障幼儿安全、健康等基本要求的，当地政府要依法予以取缔，妥善分流和安置幼儿。

六、强化幼儿园安全监管。各地要高度重视幼儿园安全保障工作，加强安全设施建设，配备保安人员，健全各项安全管理制度和安全责任制，落实各项措施，严防事故发生。相关部门按职能分工，建立全覆盖的幼儿园安全防护体系，切实加大工作力度，加强监督指导。幼儿园要提高安全防范意识，加强内部安全管理。幼儿园所在街道、社区和村民委员会要共同做好幼儿园安全管理工作。

七、规范幼儿园收费管理。国家有关部门2011年出台幼儿园收费管理办法。省级有关部门根据城乡经济社会发展水平、办园成本和群众承受能力，按照非义务教育阶段家庭合理分担教育成本的原则，制定公办幼儿园收费标准。加强民办幼儿园收费管理，完善备案程序，加强分类指导。幼儿园实行收费公示制度，接受社会监督。加强收费监管，坚决查处乱收费。

八、坚持科学保教，促进幼儿身心健康发展。加强对幼儿园保教工作的指导，2010年国家颁布幼儿学习与发展指南。遵循幼儿身心发展规律，面向全体幼儿，关注个体差异，坚持以游戏为基本活动，保教结合，寓教于乐，促进幼儿健康成长。加强对幼儿园玩教具、幼儿图书的配备与指导，为儿童创设丰富多彩的教育环境，防止和纠正幼儿园教育“小学化”倾向。研究制定幼儿园教师指导用书审定办法。建立幼儿园保教质量评估监管体系。健全学前教育教研指导网络。要把幼儿园教育和家庭教育紧密结合，共同为幼儿的健康成长创造良好环境。

九、完善工作机制，加强组织领导。各级政府要加强对学前教育的统筹协调，健全教育部门主管、有关部门分工负责的工作机制，形成推动学前教育发展的合力。教育部门要完善政策，制定标准，充实管理、教研力量，加强学前教育的监督管理和科学指导。机构编制部门要结合实际合理确定公办幼儿园教职工编制。发展改革部门要把学前教育纳入当地经济社会发展规划，支持幼儿园建设发展。财政部门要加大投入，制定支持学前教育的优惠政策。城乡建设和国土资源部门要落实城镇小区和新农村配套幼儿园的规划、用地。人力资源和社会保障部门要制定幼儿园教职工的人事(劳动)、工资待遇、社会保障和技术职称(职务)评聘政策。价格、财政、教育部门要根据职责分工，加强幼儿园收费管理。综治、公安部门要加强对幼儿园安全保卫工作的监督指导，整治、净化周边环境。卫生部门要监督指导幼儿园卫生保健工作。民政、工商、质检、安全生产监管、食品药品监管等部门要根据职能分工，加强对幼儿园的指导和管理。妇联、残联等单位要积极开展对家庭教育、残疾儿童早期教育的宣传指导。充分发挥城市社区居委会和农村村民自治组织的作用，建立社区和家长参与幼儿园管理和监督的机制。

十、统筹规划，实施学前教育三年行动计划。各省(区、市)政府要深入调查，准确掌握当地学前教育基本状况和存在的突出问题，结合本区域经济社会发展状况和适龄人口分布、变化趋势，科学测算入园需求和供需缺口，确定发展目标，分解年度任务，落实经费，以县为单位编制学前教育三年行动计划，有效缓解“入园难”。2011 年 3 月底前，各省(区、市)行动计划报国家教育体制改革领导小组办公室备案。

地方政府是发展学前教育、解决“入园难”问题的责任主体。各省(区、市)要建立督促检查、考核奖惩和问责机制，确保大力发展学前教育的各项举措落到实处，取得实效。各级教育督导部门要把学前教育作为督导重点，加强对政府责任落实、教师队伍建设、经费投入、安全管理等方面的督导检查，并将结果向社会公示。教育部会同有关部门对各地学前教育三年行动计划进展情况进行专项督查，组织宣传和推广先进经验，对发展学前教育成绩突出的地区予以表彰奖励，营造全社会关心支持学前教育的良好氛围。

国务院

二〇一〇年十一月二十一日

第二章　幼儿教育与儿童发展

【教学目标】

明确儿童发展、儿童观的含义；掌握科学儿童观的内涵；理解幼儿教育与儿童发展的关系；树立正确的儿童观，保障儿童的基本权益；初步形成热爱幼儿的职业情感。

第一节　儿童发展的内涵和特点

【头脑风暴】

图 2-1

图 2-2

对比图 2-1 和图 2-2 两张图片，你有何想法？你认为幼儿园的哪种做法是正确的？为什么？

儿童发展既是一切教育活动的出发点，也是一切教育活动的归宿。这一点决定了儿童在教育教学活动中的重要性，也反映了儿童在教育过程中应当具有的主体地位。因此，正确认识儿童发展是教育工作的前提。

一、儿童发展的内涵

儿童发展，是指儿童身体与心理方面有规律地进行量变与质变的过程。其中身体的发展，是指儿童机体的正常生长和发育，包括形态的增长和功能的成熟。心理的发展，是指儿童的认知、情感、社会性、个性等方面的发展。

儿童发展的内涵主要包括以下内容：

(一)儿童的发展建立在其生物遗传素质的基础上

个体的生物遗传素质，指的是儿童个体从亲代的遗传基因中得到的、同时具有人类和个体特性的生物机体因素。正是这一生物因素所特有的对内外环境刺激的自我调节机制，不停地创造了儿童生命过程中的种种变化。如机体形态、结构、感官特征和神经系统的结构和机能等特点。但是，遗传素质为儿童的发展只提供了一种潜在的可能性，我们说它只是一种潜在的发展可能性，这是因为一方面遗传素质所具有的发展能力，并不会确定地转变为儿童发展的现实。因为儿童的身体和心理的发展变化，都离不开必要的外界条件。身体的发展要从外界吸收营养成分，而心理的发展，更需要有适当的外界刺激，才能调动起儿童机体的自我调节机制，使儿童获得某些发展。

另一方面，遗传素质转变为发展现实的过程，也并不是一种完全取决于外在影响性质的过程，遗传素质自身蕴涵着生物特点的自身演变规律。外界刺激并不能改变儿童机体的成熟规律，恰恰相反，这些规律却在一定程度上，制约着外部刺激可否转变为儿童发展的因素。只有那些顺应了儿童发展规律、可以与儿童自我调节机制产生相互作用的外在刺激，才能在儿童的发展过程中起作用。所以，旨在引导儿童发展的教育活动，就必须把尊重儿童发展的规律作为教育实践的重要原则。例如，训练一个七个月的儿童爬行是完全可能的，但这时训练他走，则由于机体的构造和机能尚未成熟，不仅不可能也无益处。

(二)儿童的发展依赖于儿童的主体活动

儿童的发展既不是一种先天存在于儿童机体内等待发现和发掘的结构或功能，也不仅仅是完全由外在环境刺激的性质所决定的一种反映模式。儿童的发展，是作为一个生物和社会个体的儿童运用自我调节机制的活动结果，也就是说，儿童主体的活动是儿童发展的源泉。幼儿是在与环境积极地相互作用的过程中实现自身的发展的，这一相互作用过程就是活动。

儿童的主体活动，是指儿童依据自我调节的能力水平，对与自己有关系、也有意义的内外刺激进行反应的过程。在这一反应过程中，主体原有的发展水平和主体赋予外界刺激的意义，是制约活动的关键性因素。新生儿对语言内容不会产生反应；食物对饥饿的人更有意义。能够引起儿童反应的外界刺激，是那些儿童认为与己有关，愿把它们和自己原有的反应结构联系起来——或纳入原有结构，或用以改变原有结构的外部刺激。把外在刺激与自己原有反应结构之间建立联系，是儿童活动的实质。儿童与这种刺激形式的相互作用过程，就是儿童主体的活动。所以，坐在教室里的学生，虽然都参加了课堂教学这一活动过程，但只有那些对课堂活动内容进行加工——认知、思考、与自己原有经验建立联系等的学生，课堂活动才会对他们的发展产生影响。这也是我们提倡教育活动要调动学生的积极性、注重学生的感受和发挥学生的主体性等原则的原因。

(三)实现发展是儿童的权利

实现发展是儿童的权利，这种观念在当代已经成为一种世界性的共识。以往人们对儿童生存的关注，主要集中在对儿童的生命保护和健康保障方面。1989年年底联合国大会通过的《儿童权利公约》明确提出了儿童“发展的权利”问题和保障措施。儿童发展的权利越来越受重视，也得到很多的支持，重要措施之一就是向他们提供教育机会。1990 年 9 月“世界儿童问题首脑会议”通过的《儿童的生存、保护和发展世界宣言》指出：“最优先地重视儿童的权利、儿童的生存以及儿童的保护和发展。”“为所有儿童，不论他们的背景和性别，提供教育机会；使儿童做好准备以参与生产性就业和终身学习的机会，即通过职业培训，使儿童能在一种支持性的、培育性文化环境中长大成人。”在获得发展是儿童的基本权利，接受学校教育成为实现儿童发展权的重要保障的前提下，受教育也就当然地成为儿童的权利之一。我国《未成年人保护法》第 14 条规定：学校应当尊重未成年人受教育的权利，不得随意开除未成年学生。承认和尊重儿童的发展权、受教育权，有助于我们理解学生在实践中的地位、作用等问题，处理好师与生、教学内容与学生发展、教育活动与学生发展等的关系。

二、儿童发展的特点

儿童的发展包括身体发展和心理发展两方面，是儿童生理成熟与其个性心理品质形成与变化的复杂过程。在这里，生理成熟是指儿童个体作为一个生物体，其生理结构和生理机能的发展是一种纯粹的生物性演变过程。而个性心理品质的形成和演化过程，却是一个以个体的生理成熟为基础，并与其生理机能的发展混为一体、互为表里的过程。生理机能是人的外在心理品质和行为表现的内部生理机制。

人类作为一种生物体，有其自身发展变化的生物学特点，而人类个体的发展变化，作为生物性个体与环境条件相互作用的结果，也必然受到人类发展特点的制约，表现出特有的规律性。儿童发展的规律性，就是在儿童随其年龄增长、身体和心理变化中普遍存在的特点。概括而言，儿童发展表现出如下五种普遍特点。

(一)顺序性

在儿童的发展过程中，无论其身体的发展和心理的发展，都表现出一种稳定的顺序。例如，儿童身体发展方面，就整体结构的发展而言，其顺序是头部首先得到发展，而后是躯干和四肢的发展，这也是为什么孩子越小，其头部在身高中所占比例越大的原因。在骨骼与肌肉的协调发展中，首先得到发展的是大骨骼与大肌肉，而后才是小骨骼与小肌肉群的发展与协调。所以，儿童行动能力的发展中，依照着翻身、坐、站、走和跑，然后才有可能出现写字、绘画等精细动作这样一种不变的顺序。儿童的认知和思维能力的发展，遵循着先具体后抽象的秩序。在儿童身心发展过程中，所表现出的这种顺序是固定不变的。先前的发展变化，又是其顺序序列中紧随其后的发展和变化的基础，顺序性所具有的这一特点，使儿童身心发展成为一种连续的、不可逆转的过程。

(二)不平衡性

不平衡性，是指在儿童发展过程中身体和心理发展并不完全协调、统一的现象。儿童在其连续不断的发展过程中，身心发展的速度并不是完全与时间一致的匀速运动，在不同的年龄段，其发展的速度和水平是有明显差异的。一般认为，新生儿(出生第一年)与青春期(13、14 岁～15、16 岁)，是儿童身心发展的两个高速发展期。就儿童发展的整体而言，生理成熟是先于心理成熟的。十几岁的孩子就其身体发育来看，已经很接近成人的水平了，而其心理的成熟程度，却要比成人低得多。但就某个具体方面而言，也有可能表现心理能力不受生理成熟条件控制的情况。例如，3～5 岁儿童的语言掌握能力和记忆能力，往往优于成年人的水平。

(三)阶段性

儿童发展的阶段性，是指在儿童发展的连续过程中，在不同年龄阶段会表现出某些稳定的、共同的典型特点。这些特点无论从表现方式上、发展速度上，以及发展的结构方面，与其他阶段相比较，都会具有相当不同的特征。这种情况，又被称为儿童发展的年龄特征。例如，在学龄前的幼儿阶段，幼儿认识事物的能力，主要的特点是易于形成与实物相对应的、单个的概念，而到了儿童时期，儿童的认识能力，已发展到了可以了解和掌握事物间联系的程度，但是这种联系的建立，在一定程度上，还要依赖于具体事物的帮助。只有到了青年时期，人的认识能力才开始以抽象概念为基础，逻辑思维才成为人的认识能力的根本性特点。

(四)个别差异性

发展的个别差异性，是指在儿童发展具有整体共同特征的前提下，个体与整体相比较，每一位儿童的身心发展，在表现形式、内容和水平方面，都可能会有自己的独特之处。这种表现于个体发展方面的差异性，来源于个体遗传素质和生活环境的差别。例如，同样年龄的儿童，在身高方面有明显的高矮之分。同年龄的儿童，也会由于他们各自神经过程灵活性的差别，在学习中表现出注意力的持久性、知觉的广度方面的差异。儿童发展过程中表现出的个别差异性，虽然在一定程度上受到生物因素的影响，但更多的结果还是来自环境和教育的差别。而且环境和教育的影响，还能对遗传素质的优势与不足起到一定发挥与弥补作用。俗话所说的“勤能补拙”，就是对二者关系的一种经验总结。这一规律也是实行因材施教、“长善救失”教育原则的基础。

(五)分化与互补的协调性

儿童的各种生理和心理能力的发展、成熟，虽然依赖于明确分化的生理机能的作用，但在总体发展水平方面，却又表现出一定的机能互补性特点，以协调人的各种能力，使其尽可能地适应自己的生活环境。这种协调性，是具有生理缺陷的儿童发展的重要保障，使这些儿童不至于因某种生理机能的缺陷，而严重地阻碍其整体发展水平的实现。这一规律，也是对残疾儿童进行教育的重要依据。例如，对于听力障碍的儿童，可以通过发展其对人讲话时口型变化的精细感知能力，来与对方沟通；而听力正常的人的这种潜在能力，往往被更容易实现交流的其他方式所抑制了。

以上这五种规律性的特点，从总体上概括出了儿童身心发展过程中的本质性表现。从总体上把握儿童身心发展的规律，我们还可以发现这些规律所反映出的一些更为深刻的内容，即儿童的生理成熟先于其心理的成熟；每一年龄阶段儿童发展水平、特点的充分实现，将有助于其后的发展，否则，下一阶段的发展将会受到一定阻碍；儿童的身心发展，归根结底是儿童个体的发展，尊重和顺应儿童个体发展的差异性，是促进儿童整体发展水平提高的根本途径。

【学以致用】

美国教育家杜威在其《学校与社会》一书中说道："如果要对农场和花园里的动物、植物有真正的认识，只能通过主动地接近它们并照料它们而获得。任何通过提供信息来上的实物教学课都不可能让儿童获得一丝这样的真正认识。与日常活动的接触及对所熟悉活动的兴趣造就了一种感性生活，而这种感性生活的活跃性和充实性是学校中为了训练而进行的感觉训练所不能匹及的。"①

请结合本节内容的学习谈谈你对这段话的理解。

【课外拓展】

向孩子们进行的或可能进行的种种道德教育，差不多都可以归纳成如下的一套对话。

老师：不应该做那件事情。

孩子：为什么不该做那件事情？

老师：因为那样做是很不好的。

孩子：不好！有什么不好！

老师：因为你那样做。

孩子：我做了禁止做的事情，有什么不好？

老师：你不听话，就要遭受惩罚。

孩子：我会偷偷地做。

老师：会有人暗暗注意你。

孩子：我藏起来做。

老师：你会受到盘问。

孩子：那我就撒谎。

老师：不应该撒谎。

孩子：为什么不应该撒谎？

老师：因为撒谎是很不好的。

---

① ［美］贾珀尔·L. 鲁普纳林等主编．学前教育课程．黄瑾等译．上海：华东师范大学出版社，2011，13.

等等。

这会形成一个难以避免的循环。走出这个循环吧！孩子不会懂得这一套。这种教法哪能有很大的用处？辨别善恶，明白人的种种天职的道理，不是一个孩子的事情。

大自然希望儿童在成人以前就要像儿童的样子。如果我们打乱了这个次序，我们就会造成一些早熟的果实，它们长得既不丰满也不甜美，而且很快就会腐烂：我们将造就一些年纪轻轻的博士和老态龙钟的儿童。儿童有他特有的认识、思考和感情方式；再也没有比用我们的方式去代替他们的方式更为愚蠢的事情了；我宁愿让一个孩子到10岁的时候长得身高5尺，也不愿他有什么判断力。事实上，在这种年龄，理性对他有什么用处？它不过是儿童体力发展的枷锁。对孩子们讲体力，对成年人讲理性，这才是自然的次序。

（资料来源：[法]卢梭著，彭正拥译《爱弥儿》2011年第2版第43～44页）

第二节　儿童观与儿童发展权益保障

【头脑风暴】

教育学之父夸美纽斯曾经说过："儿童比黄金更为珍贵，但是比玻璃还脆弱。"卢梭也说："世界上还有哪一种生物比他更柔弱、更可怜、更易受到他周围的一切的摆布，而且是如此需要怜惜、关心和爱护呢。"幼儿无论在生理上还是心理上都处在发育阶段，是一个未成熟者、脆弱者，需要成人特别的保护和细心的培育，需要全社会呵护其身心的成长。同时，儿童也具有不可替代的存在价值。蒙台梭利曾说："儿童自身具有某种东西，一旦被发现，它就能帮助成人解决他们自己的个人和社会问题。"杜威也说："关于专门应付特殊的科学和经济问题的能力的发展，我们可以说，儿童应该向成人方面发展。关于同情的好奇心、不偏不倚的敏感性和坦率的胸怀，我们可以说，成人应该像儿童一样生长。这两句话都是同样正确的。"

（资料来源：李季湄. 幼儿教育学基础(第2版)[M]. 北京：北京师范大学出版社，2017：123.）

想一想，为什么儿童既是脆弱的又具有极大的存在价值？

儿童是什么？对这个问题的回答反映了人们对儿童的了解，体现了人们对儿童的认识与看法，即儿童观。儿童观的形成受社会的政治经济的制约，受传统文化思想、哲学、社会学、生理学、心理学的影响，特别是儿童发展理论的影响。

对儿童发展的看法不同，儿童观不同，教育儿童的内容、方法以及具体任务也不同，就有了不同的教育观。树立正确的儿童观才能开展好教育工作。

一、儿童观

(一)儿童观的含义

“儿童”一词，最早从西方引进，中国人更习惯把儿童称为“孩子”。儿童期从什么时候开始，在生理学界大致有四种看法：一是始于出生时；二是始于概念(怀孕的母亲关于儿童的概念)；三是始于胎动初觉；四是始于婴儿期结束后。[①]而关于儿童期的下限，大致有两种分法：一种是广义的界定，泛指法定成人年龄以下的人；另一种是根据心理学界对儿童的阶段划分，即分为婴儿期、幼儿期、儿童期、少年期、青年初期(或青春期)，当人们在使用这种分法时，较多地把儿童期的下限界定在儿童期或少年期。

由联合国1989年11月20日大会通过的《儿童权利公约》规定：“儿童是指18岁以下的任何人，除非对其适用之法律规定成年年龄低于18岁。”我们从广泛意义上一般采用这个时间规定。

《儿童权利公约》由联合国1989年11月20日大会通过，是有史以来最为广泛认可的国际公约。《儿童权利公约》阐述了应赋予所有儿童的基本人权：生存的权利；充分发展其全部体能和智能的权利；保护他们不受危害自身发展的权利；以及参与家庭、文化和社会生活的权利。《儿童权利公约》通过确立各国政府在为本国儿童提供卫生保健、教育、法律和社会服务方面所必须达到的最低标准，从而保护这些权利。中国政府于1992年批准加入《儿童权利公约》，并与各人民团体、国际组织、新闻媒体以及个人共同努力，把本公约规定的义务从单纯意向角度上的宣言转变成为改善所有中国儿童的生活的具体行动方案。《儿童权利公约》于1992年4月1日开始在我国正式生效。

儿童观是对儿童及儿童发展的认识和看法。它具体涉及儿童身心发展的特点，儿童期的意义与价值，儿童的权利和地位，教育与儿童之间的关系等问题。儿童观问题从根本上来说是人类社会对于人类自身不成熟的幼体的生存和发展持什么看法的问题。在这个意义上，儿童观是人类自我意识中的重要内容，从一个时代或一种文化的儿童观那里，我们可以大致看到处于该时代的人类或发展该文

① Georffey Scarre，Children，Parents and Polities，Cambridge University Press. 1989，25。

化的种族其自我意识发育到了何种程度。[①]

(二)儿童观的历史演变

1．古代的儿童观

(1)远古时代的儿童观：儿童是氏族或父母的公共财产，可以任意处置

在远古时代至原始氏族社会时期，由于人类自我意识处在极低下的水平，还谈不上有人类自我意识意义上的儿童观。但是为了种族的生存与繁衍，原始人对于幼小的个体还是非常关心并予以教育的，其出发点是这些幼小的个体是氏族部落的未来成员。但是由于经济的或迷信的因素影响，存在着杀婴、弃婴的习俗，从而反映出当时客观上存在着这样一种“儿童观”：儿童是氏族或父母的公共财产，可以任意处置。

现代人种学家根据对现存原始部落的考察，在许多原始部落中，人们不将新生婴儿当作人，而被视作父母或氏族的隶属品。在这些部落中还流行杀婴、弃婴(特别是残疾婴儿)等现象。究其原因，可能是由于认识能力低下，迷信、朦胧的宗教意识或宗教目的所使然。研究原始思维的法国著名学者列维布留尔指出，甚至连害怕被丈夫遗弃，也可成为原始人杀婴的原因。[②]

(2)中国先秦与西方古希腊、罗马时期的儿童观：儿童是父母的私有财产

中国先秦和西方古希腊、罗马时期从总体上来说，在民众意识里是没有注重儿童的地位和权利的，人们并不尊重儿童，而是把儿童当作私有财产，任意处置，杀婴、弃婴之风盛行。但在学术理论中，我们也可以找到后世种种儿童观的先声。

中国古代最伟大的教育家孔子说：“性相近也，习相远也。”(《论语·阳货》)其意思是说：人性本来是相近的，后天的习染使之产生了差异。孔子是儒家的宗师，他只是提出人(包括儿童)在本性上是相近的，并未提出是善相近，还是恶相近，这的确为后人留下了发挥的空间。但是孔子强调“习”，即强调后天的教育对于儿童的重要影响。

(3)中西方中世纪的儿童观：“原罪说”和“预成论”

“原罪说”的儿童观认为，由于人类的祖先亚当及夏娃不听上帝的话，偷吃了伊甸园的禁果，因此染上“原罪”，并遗传给子子孙孙，儿童生来本性倾向邪恶，故须严加管束。

---

① 刘晓东．儿童教育新论．南京：江苏教育出版社，2000，1。

② [法]列维布留尔．原始思维．丁田译．北京：商务印书馆，1994，335。

“预成论”的儿童观则与古代自然科学(特别是与人体有关的自然科学)落后以及成人中心主义有关。它认为，儿童与成人仅有尺寸大小、知识多寡的区别，而否认二者在身心特征上的重大差异，因此主张像对待成人一样对待儿童。

在“理能杀人”的封建时代，成人都没有把自己看作是人，更何况是对儿童。在漫长的封建社会里，人们“对儿童多不能正当理解，不是将他当作缩小的成人，拿‘圣经贤传’尽量的灌下去，便将他看作不完全的小人，说小孩子懂得什么，一笔抹杀，不去理他”①。综览中世纪中国童蒙教材《三字经》《百家姓》《千字文》《童蒙训》《小学》等无不渗透封建道德伦理说教，为的是从小就把儿童训练成为具有封建道德品格的人。教育中从来不惜动用“夏楚”二物，“棒头下出孝子”“三天不打，上房揭瓦”都是封建儿童观的反映。

2. 近代的儿童观

(1)儿童是“白板”

17世纪英国哲学家洛克在《教育漫话》中，把儿童看作是生来就没有原罪、纯洁无瑕的“白板”。“白板说”否定了基督教“原罪说”的儿童观，反映了资产阶级人性解放的思想。洛克反对对儿童的体罚，“普通对于儿童有一种贪便取巧的惩罚方法，就是鞭打儿童，这是一般教师所知道的或想到的管理儿童的唯一工具，是教育上最不适用的一种办法。”②

(2)自然主义的儿童观

从18世纪初开始，法国兴起了启蒙运动。针对封建专制和宗教蒙昧主义，启蒙思想家提出“自由、平等、博爱”的口号，歌颂人类的理性精神，其杰出代表是卢梭。他认为要尊重儿童，尊重儿童期的价值，珍视儿童短暂的童年生活，承认儿童的发展由内在机制控制，必须让儿童按“自然”的进程去发展。其自然主义儿童观的基本内容是：

儿童作为人，具有人的根本特性：儿童首先作为“人”而具有人的根本特性。正是这种人的本性，构成了儿童发展的前提。

把儿童看作儿童：儿童首先是人，应当把儿童当人来看待，但儿童又与成人不同，因而还应当把儿童当作儿童看待。

---

① 周作人．艺术与生活——儿童的文学，转引自刘晓东著．幼儿教育新论．南京：江苏教育出版社，2000，49页。

② [英]约翰·洛克．教育漫话．傅任敢译．北京：教育科学出版社，2000，28页。

3. 现代的儿童观

20 世纪以来，随着对儿童研究的深入，人们才开始真正了解儿童所具有的特点、儿童发展的潜能等，重视儿童基本权益的保护及其发展与教育问题。《儿童权利宣言》《儿童权利公约》《儿童生存、保护和发展世界宣言》和《执行 90 年代儿童生存、保护和发展世界宣言行动计划》等为保护儿童的权利与福利，为促进全世界对儿童生存、保护与发展的关心和重视订立了一系列的国际准则。这些公约与宣言深刻体现了现代社会以人为本的儿童观：要求保护儿童的生命与健康，为他们提供基本的营养、居住、娱乐和医疗的条件；为儿童提供平等的教育机会，使每一个孩子都能得到良好的教育，获得身体、认知、社会性、情感等各方面的和谐发展；教育者和儿童在人格上是平等的，教育者虽受社会委托向儿童进行教育，但是必须尊重儿童的人格、意愿和兴趣，不得虐待、歧视和剥削儿童；儿童是学习的主体，教育者应该帮助、支持儿童获得主动的学习与发展。

(三)科学儿童观的内涵

科学的儿童观主要包括以下几点：

①儿童的发展是生物因素和社会因素多层次的相互结合、相互作用的过程；

②发展不是孤立地、静止地由于某一因素的作用而发展，而是由多种因素参与其中的动态发展过程；

③儿童是发展的主体，是在主体与客体相互作用的过程中，主动地发展而不是被动地发展。

④儿童具有发展的潜力，在适当的教育和环境的相互作用下，有可能最大限度地发展儿童的潜力；

⑤每个儿童都是独特的个体，发展水平和速度不同，兴趣和爱好不同，不可能以年龄或班级为标准来武断划分；

⑥儿童通过活动而发展，在对物体的操作和与人的交往中发展知识、能力和个性，而不是坐着、只通过听或看教师的说和做而发展；

⑦儿童身心各方面是一个整体，对他们进行体、智、德、美几方面的教育也是相互联系的，应使儿童从小获得初步的全面的发展，而不要孤立地只偏重某一方面的发展；

⑧儿童是权利的主体。每个儿童都拥有发展权、受教育权等，这些权力应受到尊重和保护。

1959 年 11 月 20 日第十四届联合国大会通过了《儿童权利宣言》，肯定了儿童和成人一样，应当得到人的尊重，享有生存、生活和学习的权利。成人和社会应当保障儿童的这些权利。

1989年联合国大会一致通过了《儿童权利公约》，为儿童权利的保护订立了一套全面的国际法律准则。

在过去的传统中儿童总被人们看作是宝贵的东西，但没有被看作是权利主体。人们还没有普遍认识到儿童是有能力的，他们有自己的观点和想法，应该像其他人一样得到尊重，应该拥有“权利”。

二、儿童发展权益及其保障

儿童是不同于成人的正在发展中的社会成员，他们享有不同于成人的许多特殊的权利，如生存权、受教育权、受抚养权、参与权等，这反映了人类对儿童在社会中的地位和权利的认可与尊重。但是，儿童毕竟是稚嫩、弱小的个体，他们对自己权利的行使还必须通过成人的教育和保护才能实现。家庭、学校、社会应当保障儿童的合法权益不受侵犯。

(一)儿童基本权益

1. 儿童的生存权

生存权包括生命安全权和生活保障权。

大多数父母都很关心孩子的生存状态，包括采用母乳喂养，照料患病儿童，争取最好的医疗条件，保证孩子身体健康，提高儿童的营养标准，指导儿童的社会行为以防止意外伤害。但是，也有个别父母严重侵犯儿童的生存权。根据我国《未成年人保护法》规定，凡侵犯未成年人的人身权利构成犯罪的、负有抚养义务而拒绝抚养的、溺婴及弃婴的行为将被追究法律责任。

2. 儿童的受保护权

受保护权在《儿童权利公约》里包括三部分内容：反对一切形式的儿童歧视，每一个儿童将得到平等对待；保护儿童一切人身权利及关于处于危机、紧急情况下的儿童保护；脱离家庭的儿童保护。

在我们国家，“保护儿童”的口号日益深入人心，但是，对保护儿童什么以及怎样保护儿童，我们还缺少明确的认识，结果常常无意识地造成对儿童权利的忽略和侵犯。例如：在城市的学校里，农村孩子比城市孩子更容易受到歧视；对儿童的容貌、形体的不当评价属于歧视；对学习成绩较差的儿童的歧视。

又如，不尊重儿童隐私。对一些家长、教师来说，儿童没有隐私可言，看孩子的日记是经常的事。当然，你读到这里的时候会说，我的孩子还小，还不会记日记呢！但孩子终究会长大，到那时，想知道孩子心里在想什么，最好不要用看日记这一招。私拆孩子的信件也是对孩子的不尊重。

其他的，如对儿童照料不周，对儿童进行有辱人格的惩罚，让孩子承担过重的家庭责任、社会责任，利用、剥削儿童这些都是没有尊重儿童的权利。

3. 儿童的发展权

儿童发展权是指儿童拥有充分发展其全部体能和智能的权利。在《儿童权利公约》里，发展权利主要指信息权、受教育权、娱乐权、文化与社会生活的参与权、思想和宗教自由、个性发展权等。其主旨是要保证儿童在身体、智力、精神、道德、个性和社会性等诸方面均得到充分的发展。

在发展权里，我们要特别提到信息权、受教育权和娱乐权。儿童有权使用大众传播媒介，以获得有益其身心健康的信息和资料。对教师和家长来说，重要的是如何根据孩子身心发展的需要为他提供有益的信息。保护同年龄、生活在不同环境中的每个孩子都有自己的特殊需要。教育者的任务是了解这些需要，为孩子提供有益身心发展的信息，而不应该对孩子封锁信息，或者只要求孩子接触家长自己喜欢的信息，忽略孩子自身的需要和选择。

(二)儿童基本权益的保障

1. 了解儿童的权益是尊重和保护儿童权益的必要前提

成年人不是单纯的对孩子生活的照料者、思想行为的教导者和控制者，更是孩子快乐生活环境的创造者和健康成长的引领者，要充分认识孩子自身的价值和能力，促进孩子主动发展。在这方面，父母、老师、乃至成人社会所有的人转变观念，提高保护未成年人权利的能力是非常重要的。国家层面对儿童权利、儿童福利的法律、政策的实施，有赖于全社会的成年人共同努力。

2. 树立正确的儿童观才能有效保障儿童权益

站在尊重和保护儿童权利的立场上认识孩子，有这样几个基本点：孩子是人，是一个生命体——他们享有生存的权利；孩子是发展中的人，儿童阶段是不可能省略或跳跃的阶段——他们享有发展的权利；孩子是弱小的、不成熟的人，是特殊的权利主体——他们享有受保护的权利；孩子是独立的人，不是成年人的附庸和实现自身理想的工具——他们享有参与的权利。联合国《儿童权利公约》规定的儿童权利有几十种，我国的《未成年人保护法》明确规定“未成年人享有生存权、发展权、受保护权、参与权等权利”。这些法律规定所体现的是与传统的儿童观有着根本区别的一种全新的儿童观，这就是把孩子看作是有能力的、积极主动的权利主体，他们拥有权利并可以行使自己的权利。

3. 尊重儿童的主体地位是保障儿童权益的核心

人人都渴望被理解、尊重，实现自我价值，所以只有尊重儿童主体地位，才能保障儿童权益。在当前社会活动中，儿童的主体地位并没有很好地得到解决，这是影响儿童权益保障的主要原因。成人世界在活动中以“主宰者”的身份出现，与孩子不是朋友关系、知心人的关系，而多是教育者与被教育者的关系、管理者与被管理者的关系。在活动过程中，许多成人往往包办代替，超出“职责”范畴，对孩子的活动过多干涉，让儿童的思维随成人走。最终科学的儿童观无法在现实世界中体现，儿童仍然是一种“被存在”，儿童权益的保障成为一句空话。

【学以致用】

“请你帮个忙好吗?”

美术活动快要结束了，已经完成的小朋友们先进行离园前的整理工作，没画完的小朋友继续在画，B老师在整理刚刚美术活动之后小朋友们的作品。

“老师，老师，画掉了。”B老师一看，果然好多画都掉到了地上，本来老师想自己捡，手都伸下去，突然她像想起什么似的，抽回了手，笑着对那个小朋友说：“××，请你帮个忙好吗？你帮老师把地上的画捡起来，和老师一起把它们整理好可以吗?”“当然可以啊!”××很兴奋地说，立刻就帮忙干了起来。可是孩子毕竟是孩子，收拾的时候难免出错，把老师原来已经整理好的按顺序排好的画都给弄乱了……但是B老师看到这种情况，并没有生气，还是笑着对××小朋友说：“没关系，你帮老师的忙，老师应该谢谢你啊！现在你仔细看看老师是怎么整理的，来，其他画好的小朋友也都来看看，可以怎么整理?”说完，就把其他已经完成绘画的小朋友召集过来，开始教他们怎么按顺序将画排好……

老师教完后，我看了一下时间，已经过去了半个小时，本来如果她自己捡，自己整理一分钟就可以做完，可是现在却持续了半个小时，我问B老师：“为什么不自己捡呢?”

她说：“平常这个孩子很少主动说话，上课也很少表现，今天刚好有机会，一定要抓住，让她有个表现的机会……”[①]

请分析B教师具有怎样的儿童观？此儿童观是否正确？

---

① 郑晞．小议儿童观．文教资料．2009(11)，155～156。

【课外拓展】

未成年人的权利

生存权是指未成年人享有其固有的生命权、健康权和获得基本生活保障的权利。具体包括未成年人享有生命权、医疗保健权、国籍权、姓名权、获得足够食物、拥有一定住所以及获得其他生活保障的权利。

发展权是指未成年人享有充分发展其全部体能和智能的权利，包括未成年人有权接受正规和非正规的教育，有权享有促进其身体、心理、精神、道德等全面发展的生活条件。未成年人的发展包括身体、智力、道德、情感、社会性等多方面的发展。

受保护权是指未成年人享有不受歧视、虐待和忽视的权利，包括保护未成年人免受歧视、剥削、酷刑、暴力或疏忽照料，以及对失去家庭和处于特殊困境中的未成年人的特别保护。受保护权旨在减少未成年人在生存和发展过程中的不利因素。

参与权是指未成年人参与家庭和社会生活、就影响他们生活的事项发表意见的权利。成年人应尊重未成年人的看法。参与权旨在使未成年人了解自身的处境，并发展其表达和处事能力。

（资料来源：1. 全国人大内务司法委员会未成年人保护法修订起草组：《未成年人保护法学习读本》，中国民主法制出版社 2007 年版，第 43 页。2.《儿童权利公约》。3.《未成年人保护法》）

第三节　幼儿教育与儿童发展的关系

【头脑风暴】

5 岁小神童上一年级 3 个月后被劝退

5 岁的张天宇被人称作小神童，小小年纪认识近 1000 个字，讲起《水浒》《三国》故事头头是道，小学一二年级的趣味数学题也不在话下，认识他的人都说这个孩子太聪明了。今年 9 月，张天宇被爸爸提前一年送进了一所热门小学读一年级，原以为这么聪明的孩子早上学肯定没问题，可谁知上个星期小神童竟被学校劝退了，校长建议他回幼儿园再待 1 年，锻炼一下“秩序感”。[①]

① http://edu.sina.com.cn/zhongkao/2009-12-07/1601229006.shtml

你认为校长做得对吗?

幼儿教育是一种社会实践活动，其实践对象是学龄前儿童，其科学依据则是儿童生理、心理发育和发展的规律。幼儿教育与儿童发展之间存在一个相当复杂的相互依赖、相互制约的、动态的互动过程。儿童在生理或心理发展上的进步，既是其自身潜在因素的现实化，也为更进一步的幼儿教育活动提供了前提条件。简言之，幼儿教育受儿童发展的制约；而科学的幼儿教育又可以进一步地促进儿童发展。

一、影响儿童发展的因素

儿童的发展受遗传、环境、教育与儿童自身的能动性等多因素的影响，是多种因素相互作用的结果。片面强调或夸大某一方面而否认、贬低其他方面都不能科学地解释儿童的身心发展。

(一)遗传是影响儿童发展的生物因素

1. 遗传和遗传素质

遗传是指生物借助于繁殖行为，在遗传物质的作用下，亲代人性状(形态、结构、机能)又在子代表现的现象。在遗传学上，特指遗传物质从上代传给下代的现象。“遗传”这个概念着重表达的是生物亲代与子代之间繁衍的内在机制。

遗传素质是指在遗传机制的作用下，子代个体在母体内已经形成，并从母体降生时就已具有了的包含着发展可能性的新生个体的解剖生理特点。“遗传素质”这个概念着重表达的是新生个体已经成形、已经具有了的解剖生理特点。

2. 遗传在人的身心发展中的作用

(1)遗传从生物可能性上影响着儿童发展。在遗传基因的作用下，人作为生命个体在母体内孕育成胎儿，胎儿娩出时就具有了遗传素质，如机体的构造、形态、感官和神经系统的特点等。这些遗传素质正是人的身心发展必不可少的物质前提。没有这些物质前提，人的身心发展根本无从谈起。

(2)遗传不能最终决定个体发展的方向、内容和水平。遗传提供的是人的身心发展的物质前提，是人的身心发展的一种生物可能性，但可能性只是一种潜在的东西，不等于现实性。如果没有后天的环境和教育提供使这种可能性变为现实性的条件，这种发展的可能性本身，也将泯灭。

(3)遗传对个体发展的影响，具体表现为：遗传素质的成熟水平制约着个体身心的发展水平；遗传素质的个别差异在一定程度上制约着个体的身心发展差异。

(4)遗传素质本身虽不能在个体发展过程中予以改变，但它具有很大的可塑性。

(二)环境是影响儿童发展的外部条件

环境是指影响人的身心发展的全部外在因素的总称。对于环境，可按不同的标准作出不同的分类。按环境本身的内容分，可分为自然环境和社会环境。

就对儿童发展的影响来说，自然环境的影响是不能忽视的。自然环境中的大气层、重力场、生态、植被等宏观因素，是人类生存的基本条件。目前，全球性自然资源的过量开采，工业废气对大气的污染，工业废水对水源的污染，森林的滥伐，生物圈中许多生物已经绝种和濒临绝种等，威胁着人类本身的生存。面对这种情景，基于人与自然的整体性乃是人类存在的基本因素这样一个客观真理，我们必须确立生态意识，如实地承认自然环境对儿童发展的影响。

在影响儿童发展的环境中，社会环境是更为直接的重大因素。这些环境因素，因为不是专门为人的发展服务而组织起来的，它们对儿童的影响带有随机的、偶然的、零碎的正负交错的性质。但是，这是社会环境中的“大气候”，从宏观上决定着儿童发展的水平和内容。

(三)教育是影响儿童发展的起主导作用的因素

教育(指学校教育)是专门为儿童发展而有意组织起来的特殊活动，它对儿童发展起主导作用。

所谓教育对儿童发展起主导作用，其基本含义，一是从影响力的大小讲，比起遗传素质和自发的社会环境的影响，教育对人的发展的影响力来得大；二是从影响的结果讲，教育能把遗传所提供的人的发展的可能性和环境为人的发展所提供的后天条件充分地运用起来，促进人的身心的发展。这是由教育本身的特点决定的。因为教育是有目的、有计划地专门为人的发展组织起来的，它对人的发展的影响，是依据科学原理来进行的。同时，教育活动的进行，由受过专业训练、懂得教育科学规律的教师在其中起主导作用。

当然，教育在人的身心发展中真正要起主导作用是有条件的。首先，教育必须遵循人的身心发展的规律。其次，既然儿童心理发展的内部动力是社会和教育向儿童提出的新要求所引起的新需要与已有发展水平之间的矛盾，那么，要使教育起主导作用，必须激发学生的求知欲和上进心，使社会和教育的要求成为他们自身的需要，并采取有效手段，引导他们不断解决新的矛盾。最后，教育必须建立学校与社会的联系。应当让学生有计划有目的地接触社会，在接触中了解社会、认识社会，增长对不良影响的抵抗能力，锻炼才干。同时，学校应当努力用良好的教育影响抵制社会对学生的不良影响，尽可能地把社会的不良影响减低到最小程度。

(四)儿童的主观能动性是儿童发展的内部动力

主观能动性又称自觉能动性、意识能动性，是指在认识世界和改造世界的过程中有目的、有计划、积极主动的有意识的活动能力。对于儿童个体来说，环境和教育，都还只是促进其身心发展的外因，外因需要通过内因而起作用，内因就是儿童个体自身的主观能动性。这种主观能动性的具体表现形态有学习上的进取精神、强烈的求知欲望、参与各种学习活动的积极态度、迫切的心理动机和高度的责任感，等等。儿童的主观能动性的作用表现在：

(1)个体的主观能动性是其身心发展的动力。只有外部环境的客观要求转化为个体自身的需要，才能发挥环境和教育的影响。个体身心发展的特点、广度和深度，主要取决于其自身的主观能动性的高低。在个体的发展过程中，人不仅能反映客观环境，而且也能改造客观环境以促进自身的发展。

(2)儿童的主观能动性是通过活动表现出来的。离开儿童的活动，遗传素质、环境和教育所赋予的一切发展条件，都不可能成为儿童发展的现实。所以，从个人发展的各种可能变为现实这一意义上说，人的身心发展是通过活动来实现的，个体的活动是个体发展的决定性因素。

二、幼儿教育与儿童发展的关系

(一)幼儿教育影响儿童的发展

幼儿教育通过保育和教育，影响和制约着儿童的身心发展。

1. 幼儿教育影响儿童身体发展

身体发展是儿童发展的重要组成部分，它是实现儿童全面和谐发展的基础。身体素质不仅包括儿童身体各个器官、各个组织的正常生长发育，没有身体缺陷，而且包括开朗、乐观、坚强等健康的心理品质以及对环境条件及变化的较快的适应能力和对疾病的抵抗能力。对幼儿来说，身体正处于生长发育迅速、旺盛的阶段。3～6 岁的幼儿正是机体组织和器官都在不断发育成长的重要时期。他们骨骼中的软组织、水分和有机物含量较多，弹性大，但坚固性差，易弯曲变形。肌肉中水分也较多，蛋白质和无机物较少，富有弹性但力量弱，耐力差。由于胸廓狭小，呼吸肌力量弱，因此呼吸表浅，频率快，肺活量小。然而，幼儿期的大脑发展迅速。他们好奇、好动、好模仿，什么都想去试一试。可是，由于身体的其他方面的发育还不成熟，他们在模仿和运动中常常缺乏灵敏性和协调性。同时幼儿的心理发展还很不稳定，意志较薄弱，感知、记忆、想象、思维、言语能力都相对较低，社会性较差，兴趣爱好、特长表现不明显，对问题的判断能力差，容易出现注意力不易集中做事不能持久等情况。因此，必须为儿童发展提供特殊的教育环境，适宜的环境对幼儿发展具有一定的促进作用，而幼儿园的体育启蒙教育更是适合幼儿心理特征，且能设置适宜的教育环境，对幼儿的身体发展起到积极作用。

(1)幼儿教育通过专门性户外体育活动发展学前儿童身体。所谓专门性户外活动指以提高单个体育技能为目的所开展的户外活动。通过这种目标专门化的体育活动来一步步提高幼儿的体育技能，增强幼儿的体质，使幼儿身体得到健康的发展。

(2)幼儿教育通过综合性户外体育活动发展学前儿童身体。以提高一个体育技能目标为中心，其他各项体育项目参与其中，就是所谓综合性户外体育活动。比如，户外体育活动“小兔摘柿子”就是以练习幼儿立定跳远，提高幼儿双脚的力量为主要目标，而在活动过程中，又设定了钻、爬、双腿跳等一系列活动，从而让幼儿在全身都得到运动的基础上，开展目标活动“立定跳远”。通过综合性户外体育活动学前儿童的身体各部分得到了运动和锻炼，身体得到了更高层次的发展。

(3)通过户外区域体育活动发展学前儿童身体。户外区域体育活动是以区域化的形式将户外专门体育活动和户外综合体育活动结合起来，即将各种体育技能像室内区域活动一样划分成不同发展目的的区域。在户外区域体育游戏活动开展后，幼儿通过钻爬区提高钻爬能力；通过投掷区，投掷能力得到了提升；通过跳跃区，跳跃能力得到了发展等，而各项能力的提高又让幼儿的健康体格得到了增强，为健康体魄的建立打下了良好基础。

2. 幼儿教育对于儿童的社会性、人格品质发展的重要性

社会性、人格品质是个体素质的核心组成部分，它是通过社会化的过程逐步形成与发展的。幼儿期是个体社会化的起始阶段和关键时期，在后天环境与教育的影响下，在与周围人的相互作用的过程中，婴幼儿逐渐形成和发展着最初、也

是最基本的对人、事、物的情感、态度，奠定着行为、性格、人格的基础。研究和事实均表明，6 岁前是人的行为习惯、情感、态度、性格雏形等基本形成的时期，是儿童养成礼貌、友爱、帮助、分享、谦让、合作、责任感、慷慨大方、活泼开朗等良好社会性行为和人格品质的重要时期；并且，这一时期儿童的发展状况具有持续性影响，其影响并决定着儿童日后社会性、人格的发展方向、性质和水平；同时，儿童在学前期形成的良好的社会性、人格品质有助于儿童积极地适应环境，顺利地适应社会生活，从而有助于他们的健康成长、成才。

儿童社会性、人格的健康发展需要成人提供良好、适宜的教育环境。高质量的幼儿教育对于儿童社会性、人格的发展具有积极的促进作用。

3. 幼儿教育对于人的认知发展的重要性

幼儿期是人的认知发展最为迅速、最重要的时期，在人一生认识能力的发展中具有十分重要的奠基性作用。研究表明，婴幼儿具有巨大的学习潜力，比如，婴儿在 3 个月时便能进行多种学习活动；1 岁婴儿能学会辨认物体的数量、大小、形状、颜色和方位；幼儿具有很强的模仿力、想象力和创造力。幼儿期还是个体心理多方面发展的关键期。在关键期内，个体对于某些知识经验的学习或行为的形成比较容易，而如果错过了这一时期，在较晚的阶段上再来弥补则是很困难的，有时甚至是不可能的。同时，幼儿期还是人的好奇心、求知欲、想象力、创造性等重要的非智力品质形成的关键时期。

处于幼儿期的儿童虽然发展变化迅速，具有巨大的学习潜力，但是这种发展特点只是说明了婴幼儿具有很大的发展“可能性”。要将这种发展的可能性变为现实性，需要成人提供适宜于儿童发展的良好环境，尤其是良好的教育影响。已有研究证明，早期教育对于儿童认知发展具有重要影响。单调、贫乏的环境刺激和适宜的学前教育的缺乏，会造成儿童认知方面的落后，而为儿童提供丰富的感性经验并给以积极的引导、帮助和教育则能够促进其认知的发展。

(二)幼儿教育要受儿童发展的制约

幼儿教育能影响儿童的发展，但是，幼儿教育要发挥这种作用，必须遵循儿童的发展规律，违背儿童身心发展特点的幼儿教育是不能起到正面的促进作用的。

1. 幼儿教育要以儿童为主体

儿童是教育的对象。在教育过程中，教师有目的、有计划、有组织地对幼儿施加影响，能够促进幼儿的全面健康发展。教师的作用对幼儿来说是外部影响，幼儿要通过自身的活动来接受这些影响。因此，教师必须以幼儿为主体，以儿童为中心。

首先，教师要尊重幼儿。一方面，教师要尊重他们的人格和权利，了解他们的兴趣和需要，听取他们的想法，使他们充分感受到自己是活动的主人；另一方面，幼儿在智力结构、发展速度、个性特征等方面各不相同，教师要平等地对待他们，关注个别差异，促进每个幼儿富有个性地发展。

其次，把幼儿看成教育的主体，并不是放任幼儿自由地发展。教师要明确《幼儿园教育指导纲要(试行)》中对幼儿教育的目标和要求，真正成为幼儿学习活动的支持者、引导者、合作者，有目的、有计划、科学地对幼儿施加影响，促进每个幼儿全面健康和谐地发展。

2. 幼儿教育要符合儿童的年龄特征

不同年龄阶段的儿童具有不同的年龄特征，教育要符合儿童的年龄特征。比如，幼儿在出生后第一年中身高和体重增长最快，身体各器官的结构和功能也处在不断发育成熟的过程中。此时，婴儿的身体虽然在快速生长，但十分娇弱。在教养过程中，成人要精心呵护，合理喂养。三岁的儿童身心都开始成熟和充实起来，个性也逐步开始发展。这时的教育要注意以下几个方面：利用多种方式，如游戏、日常生活和多种操作活动来锻炼幼儿的观察力、记忆力、想象力、注意力和思维能力，促进他们认知能力的发展；创设条件鼓励儿童与不同年龄阶段的孩子交往，并教育他们学习与他人交往和相处的方法；充分利用一日生活的各个环节，帮助他们学习做力所能及的事情，培养其良好的生活自理能力和习惯。

3. 幼儿教育要遵循儿童发展的规律

儿童的身心发展有一定的顺序性和阶段性，前一阶段是后一阶段的基础和条件，后一阶段是前一阶段的扩展和延续，阶段间有着内在的、本质的、必然的联系。儿童的身心发展是一个从简单到复杂、从低级到高级的连续不断的演进过程。学前教育必须遵循这个规律，符合儿童的生理特征和接受水平，善于选择儿童身心发展的最佳期进行，促进儿童健康的成长和发展。

儿童身心发展具有稳定性和可变性。如思维发展的阶段和顺序以及每阶段的变化过程和速度在大体上是稳定的、共同的。但由于环境和教育在儿童身上起作用的情况不尽相同，在儿童心理发展的过程和速度上，彼此之间存在一定的差距，这就是可变性。儿童身心发展的稳定性和可变性的关系，是共性和个性的关系。教育既要以儿童身心发展的年龄特征为依据，又要考虑到个别差异性，对不同儿童要区别对待，因材施教。

【学以致用】

不让孩子输在起跑线上，半岁婴儿去读"早教班"？

王娟今年 27 岁，6 个月前生下女儿后，辞职在家做全职妈妈。几天前，王娟和朋友聊天得知，许多朋友都把襁褓中的孩子送到专业早教机构，希望在科学的教育方法下，让孩子的潜能得到最大限度的开发。被送去"上学"的孩子中，大的两岁，小的才 5 个月。王娟丈夫闻讯后，不顾各种早教机构少则几千元多则上万元的高额收费，强烈要求送 6 个月大的女儿去"上学"。

王娟想让女儿随性成长，又担心在竞争激烈的社会中，女儿会输在起跑线上。为此，她犹豫不决。

如今"不让孩子输在起跑线上"成为很多家长的座右铭，你是如何看待这个观点？如果你是王娟，你会送 6 个月的孩子去读"早教班"吗？

【课外拓展】

伟大的哲学家康德认为"人只有通过教育才能成为人"，"教育一方面是把某些东西教给人；另一方面还要使某些东西靠其自身发展出来；因此人不可能知道，在他身上自然禀赋到底有多大"。"有些父母为他们的孩子说话早熟而感到高兴。但一般说来，这样的孩子后来就不会有什么大成就。一个儿童的聪慧必须是孩子式的聪慧，而不能是对成人的盲目模仿。如果一个儿童满口成年人的那种道德说教，那就完全超出了他的年龄的规定，而是一种纯粹的模仿。他只应该具有儿童的知性，而且不能过早地表现出来，这样一种早熟的孩子决不会长成一个真正有见地的、具有开明知性的成年人。"

（资料来源：[德]依曼努尔·康德．论教育学[M]．赵鹏，何兆武译．上海：上海世纪出版集团，2005.39～40.）

第三章　幼儿园教师

【教学目标】

了解幼儿教师的地位与作用、幼儿教师的职业特征；幼儿园良好师幼关系的影响因素与建构要点；掌握幼儿教师需要具备的职业素养；能利用各种教育资源促进自身素质的提高；热爱幼儿园教育工作和幼儿教育事业。

第一节　幼儿园教师的职业特点和社会地位

【头脑风暴】

一年一度的幼儿师范学校招生工作即将开始了。张红是一名应届初中毕业生，听其他同学说，上幼儿师范学校可好玩了，能学唱歌、舞蹈、绘画，还能学钢琴呢，这对从小就喜欢唱歌跳舞，文化学习成绩平平的张红来说极具吸引力，她与爸爸妈妈商量，想报考幼儿师范学校。爸爸持反对意见说："读哪个学校不好呀，要去当个娃娃头，在别人的眼里就是一个高级保姆。"妈妈态度则不同，她认为一个女孩子当幼儿教师就不错，风吹不着，雨淋不着，工作又轻松，没什么压力，带着孩子玩玩就行了，再说现在国家又这么重视幼儿教育，幼儿园还急缺教师，将来幼师毕业了，就业形势好，不愁找不着工作。

幼儿园教师究竟是怎样的一个职业？它又有哪些职业特点？幼儿教师应有的社会地位又是怎样的呢？

一、幼儿园教师的职业特点

幼儿园教师从事幼儿教育工作，根据教育目的和培养目标，指导幼儿开展各项活动，并且照顾他们的饮食、睡眠、餐点，促进他们在身体、品德、认知和行为习惯及审美方面的发展。因此，幼儿教师和其他职业相比，具有其自身的特点。

(一)劳动对象的主动性和幼稚性

1. 劳动对象的主动性

在幼儿教师的劳动中，幼儿是劳动的对象。幼儿是一个有意识的人，一个主动发展的人。在教师对幼儿施加影响的教育过程中，幼儿既是"教"的客体，又是"学"的主体。幼儿不是被动地接受教师的教育影响，而是通过自身内部作用来主动选择和接纳外部的影响，形成自己的经验和知识结构，发展自己的思想感情。

劳动对象所具有的主动性使幼儿教师的劳动比较复杂，幼儿教师必须了解幼儿，针对每个幼儿的发展水平，激起幼儿主动活动的兴趣，调动幼儿的积极性。因此，幼儿园教师要把教育工作建立在了解幼儿的基础之上，向幼儿施加适当的教育影响，并需考虑幼儿的反馈，调节自己的教育内容和方法，这样才能使劳动取得较好的效果。

2. 劳动对象的幼稚性

幼儿教师的劳动对象不仅具有主动性，而且具有幼稚性。幼儿教师劳动的对象是3～6、7岁的儿童。他们慢慢在长大，刚能独立地行动，刚能用语言表达自己的愿望和思想感情，他们的思维还处在具体运算阶段，知识经验还很少，许多事物还是第一次认识，许多行动还是第一次尝试，他们用属于自己的目光来看待周围的一切，充满着天真、幼稚。

因此，幼儿教师要了解幼儿，尊重幼儿的兴趣和愿望，从幼儿的角度出发来考虑教育的内容和方法，才能很好地引导幼儿从原有的水平向前发展。由于教育对象的幼稚性，幼儿第一次获得的印象是比较深刻的，幼儿的可塑性是比较大的，幼儿对教师信赖的程度很大，幼儿教师的一言一行对幼儿有很大的影响，这一时期的教育对幼儿以后的发展具有重要作用。

(二)劳动任务的全面性和细致性

1. 劳动任务的全面性

幼儿教师劳动任务是根据教育目的和培养目标，向幼儿进行体育、智育、德育、美育几方面的教育，使他们身心健康地成长，为入学打下良好的基础。体育对幼儿特别重要，教师对幼儿的保护、保育、照料他们的生活是幼儿教育工作中极为重要的部分，并在这一过程中向幼儿进行教育，保教结合是幼儿教师教育工作的重点。

在幼儿园里，幼儿教师要全面负责幼儿的整个活动，不仅要照料幼儿的生活起居，饮食睡眠，要指导他们进行身体锻炼，关心他们的身心健康，还要指导他们开展游戏，上课、劳动、散步等各项活动，促进他们在智力、情感、社会等方面的发展。可以说，幼儿教师承担着母亲、教师和朋友的职责。幼儿教师劳动任务的全面性，还表现在关心本班的全体幼儿，又针对他们不同的个性，关心和引导他们，使集体中的每个幼儿都能得到健康的发展。

2. 劳动任务的细致性

幼儿教师的劳动任务是非常细致的。幼儿独立生活能力比较差，教师要细致地照料他们吃、喝、拉、撒、睡等生活的各个方面，幼儿的知识、智能都是通过教师的启发诱导从而激发他们对周围环境的兴趣和求知欲而发展起来的。幼儿的品德和行为习惯的形成也是在教师的具体示范、反复说明和提醒下逐步培养起来的。幼儿的身体健康情况以及情绪方面微小的变化，也都是在教师细心的观察下被发现，而获得及时处理，可见幼儿教育工作是一项非常细致的工作。

(三)劳动过程的创造性

1. 教学内容的创造性

幼儿教师劳动的对象是来自不同的家庭背景的幼儿，入园前经历着不同的抚养和教育，他们具有不同的兴趣、爱好和性格，有着不同的发展水平。加之我国幅员辽阔，地区的自然环境和生活条件的差别很大，幼教机构又有多种类型，因此教育的具体内容应因时因地制宜。

由于劳动对象的差异以及劳动条件的不同，教师必须针对具体情况，开展教育工作，这种劳动是一种创造性的过程。教师要根据班级和每个幼儿的特点，考虑本园的社会环境和自然环境，结合季节条件，要创造性地制定本班的教育活动计划，要选择和设计适合的教育内容和方法。在一日的教育过程中，还面临着一系列的问题，需要教师创造性地处理，比如晨间活动要提供什么新的游戏材料，怎样增加早操的运动量，怎样吸引幼儿多活动，怎样引导他们开展其他游戏，怎样对他们进行个别教育工作。

此外还有一些随时出现的事，比如天突然下雨，或者幼儿园门口停了一辆救火车等，教师都需要机智及时地处理和解决，许多幼儿教师在自己创造性的教育实践中逐渐形成自己的教育风格。

2. 劳动手段的创造性

当前幼儿教育正处在教育改革的进程中，培养幼儿的创造性又是幼儿教育的重要任务之一，因此，对教师劳动的创造性提出了更高的要求。任何劳动都需要一定的手段，使用一定的工具，以作用于劳动对象。教师运用一定的教育手段，把自己的活动传导到劳动对象上去，教师的劳动手段带有很大的主体性的特点，同时教师的劳动具有强烈的示范性。

随着教育这种实践活动的发展，教育过程中的手段越来越具有独立性，脱离教育者而存在。但在这同时还应该看到，教师在使用这种独立于教育者而存在的教育手段时，还必须经过一个主体化的过程，也就是首先要教育者自己去掌握它们，比如教师要掌握理解消化教材、教科书等，只有这样才能使教育手段与教育对象发生相互作用。这种主体化的过程与劳动者对劳动工具、手段的掌握在性质上有所不同。劳动者可以操纵和使用某种工具，但劳动者主体的智能水平并不一定要达到在劳动工具中所物化了的水平。而教师对教材等的使用却不然，教师必须把凝集在教材中的智能，甚至情感和世界观等完全转化为主体的智能、情感和世界观，甚至还要求超过它们的范围和水平，这样才有可能在劳动过程中使用他的劳动手段。

幼儿教师劳动手段的主体性对幼儿教师提出了很高的要求。幼儿教师应有较完美的个性、一定的教育技能和素养，广泛的知识，而且又是绘画、音乐、文学的多面手，才能充分发挥身教的作用。

二、幼儿园教师的社会地位

(一)当代幼儿园教师的角色定位

幼儿教师是影响幼儿发展的“重要他人”，她的角色定位引起社会各方面的关注。《幼儿园工作规程》、《幼儿园教育指导纲要》、《幼儿教师专业标准》等各类法律法规文件都对幼儿教师的角色提出了要求和任务。幼儿教师是履行幼儿园保教工作职责的专业人员，是以幼儿为教育对象，以幼儿教育为职业的专业工作者。由于幼儿的身体、认知、情感、社会性等各方面正处在从不成熟迈向初步发展的过程中，因此幼儿教师必须承担起幼儿的养护者、沟通幼儿与社会的中介者、幼儿学习的支持者等多种角色。此外，幼儿教师还要成为家长的合作者。

1. 幼儿教师是幼儿的养护者

幼儿是发展中的个体，身心发展水平较低，自主学习能力较弱，情绪情感上具有很强的依恋心理。幼儿的心理行为特点，要求幼儿教师不只作为教学工作者，还是幼儿生活的养护者。“养护”不仅指对幼儿生理、生活上的照料，而且包含着对其良好情绪情感、健康人格、个性品质、社会性品质与行为等多方面心理发展予以积极的关注与呵护。作为养护者，教师需要给予幼儿以鼓励、支持、宽容、理解、尊重。“养护者”关键体现在两方面：一是幼儿权利的保障者。幼儿具有主动活动、学习与发展的能力，幼儿的发展过程是其“内在潜力”得以不断展示的过程。因而教育的首要任务就是激发和促进幼儿“内在潜力”的发现，并按其规律获得自然的和自主的发展。幼儿教师应努力成为幼儿权利实现的保障者。二是为幼儿发展创设适宜的气氛与环境。适宜的气氛与环境对幼儿身心发展与“内部潜能”的开发具有重要作用。教师的职责是给幼儿提供适宜的“有准备的环境”，这种环境不仅包括物质环境，如创造有规律、有秩序的生活环境，提供有吸引力的、美的、适用的设备和用具等，而且还包括对幼儿心理健康发展而言更为重要的精神环境，如允许幼儿独立地活动，自然地表现；是幼儿能意识到自己的力量，丰富幼儿的生活体验，促进幼儿智力的发展，培养幼儿积极的社会性行为。幼儿教师应成为这一“有准备的环境”的创设者、维护者与管理者，使这个环境舒适、温馨、安全、有序。

2. 幼儿教师是沟通幼儿与社会的中介者

幼儿园是幼儿最早接触的家庭以外的社会环境，教师是幼儿学习社会行为规范和人际交往，体验社会角色和彼此情感，初步学习适应社会生活的引路人。

幼儿对于社会的认识，对社会规范、要求的掌握，社会行为、社会性品质的形成与发展等都离不开教师的指导。幼儿教师是沟通幼儿与社会的中介者，是使之接触、了解社会，并开阔其视野，使其走向社会生活的重要引路人。幼儿对社会积极的认知、态度与情感体验都是在与幼儿教师的交往中完成的，幼儿园教育活动的大部分内容都与幼儿的社会生活相联系，如走向社会、体验社会生活的活动，如超市购物、搭乘公交车、参观动物园等各种活动都是在幼儿教师的引导下开展的。幼儿教师还可以提供各种与社会生活相关的教育活动，如中秋节、教师节、妇女节、儿童节、我爱我家、我爱幼儿园等，这些活动不仅为幼儿的认知发展特别是社会认知发展提供了坚实的基础，而且有利于培养幼儿良好的情绪情感、交往态度、能力与行为，如爱心、责任心、自制力、规则意识等。另外，幼儿教师在日常生活中与幼儿的交往，在教育教学中的教导、引导、要求等，更是影响幼儿对社会的认知、情感态度与行为的重要方面。

同时，教师是幼儿班集体的领导者，在教师的领导下，班级建立起自己共同活动的目标，每个幼儿服从集体的共同行为规范，互相开展行为的评价，形成良好的班级文化氛围。在这个过程中，教师的教育思想、专业知识、教育素养、教风教态都起着非常重要的作用。

此外，教师也是班级活动的组织者，教师组织思想认识各异、需要和兴趣不同的幼儿通过共同的学习生活和园内、园外丰富的集体活动，使幼儿充分体会人际交往中的真诚和理解，激发幼儿热爱集体、热爱人生的思想感情，为幼儿走向更为广阔的社会生活奠定基础。

3. 幼儿教师是幼儿学习的支持者

我们已经面临一个教育的新时代，让学习者掌握学习方法，学会学习，学会思考，学会生活，学会创造，已成为教育的共识，这就意味着幼儿教师不再只是知识的传授者，更应该成为幼儿学习的支持者。做孩子学习的支持者，幼儿教师要学会用心倾听孩子的心声，善于发现孩子内心的需求。幼儿的内在需求是幼儿学习的动力和前提，教师要关注幼儿的行为表现和想法并对其进行解读，要以幼儿的视角去分析和理解幼儿行为表现背后的原因、想法及所反映的幼儿的核心需求，做到"以幼儿为本"。幼儿教师要为幼儿的学习创造适宜的环境，激发幼儿的学习欲望，同时放手让幼儿自主活动、自主学习、主动发展，形成积极的学习态度，掌握有效的学习方法，并从中获得学习的乐趣。当幼儿在学习过程中遇到困难时及时关注并提供适宜的帮助。

4. 幼儿教师要成为家长的合作者

幼儿园是幼儿首次离开家庭接受教育的场所。幼儿年龄小，家庭对其发展有很大的影响力，幼儿教师和家长都是幼儿身心发展的重要力量，虽然有人说幼儿教师是"白天里的妈妈"，但家长和幼儿教师的角色依然存在一定的差异，详见下表：

幼儿教师作为专业工作者要成为幼儿家长的合作者，要积极引导、影响他们，并相互学习交流，使家庭教育能与幼儿园教育配合一致，共同担负起促进幼儿发展的任务。

表 3-1　幼儿家长与教师角色的差异

角色本质	父母	幼儿教师
功能范围	全面、无限度	特定、有限度
关爱程度	强	弱
依附程度	适度依附	适度疏离
理性	适度非理性	适度理性
自发性	适度自发性	适度目的性
偏爱性	偏爱	公平
责任范围	个人	集体

注：(此表根据丽莲·凯兹《与幼儿教师对话》略作调整，南京师范大学出版社，2004 年，166 页)

(二)幼儿园教师的权利与义务

我国《教育法》、《教师法》规定："教师享有法律规定的权利，履行法律规定的义务，忠诚于人民的教育事业。"教师职业享有的社会权利除了一般的权利外，主要是职业本身所赋予的专业方面的权利，包括在遵守有关法律法规基础上的教育教学、科学研究、学术交流等方面的自由和自主权。

1. 我国幼儿教师的权利

(1)进行保育教育活动，开展保育教育改革和实验的权利；

(2)从事科学研究、学术交流，参加专业的学术团体，在学术活动中充分发表意见的权利；

(3)指导幼儿的学习和发展，评定幼儿成长发展的权利；

(4)按时获取工资报酬，享受国家规定的福利待遇以及寒暑假带薪休假的权利；

(5)参与幼儿园民主管理的权利；

(6)参加进修或者其他方式的培训的权利。

2. 我国幼儿教师的义务

(1)遵守法律和职业道德，为人师表；

(2)贯彻党的教育方针，遵守规章制度，执行幼儿园保教计划，履行聘约，完成工作任务；

(3)按国家规定的保教目标，组织、带领幼儿开展有目的有计划的教育活动；

(4)关心、爱护全体幼儿，尊重幼儿人格，促进幼儿的全面发展；

(5)制止有害于幼儿的行为或其他侵犯幼儿合法权益的行为，批评和抵制有害于幼儿健康成长的现象；

(6)不断提高思想政治觉悟和教育教学业务水平。

作为一个公民和专业教育工作者，幼儿教师应当为从事这种神圣的职业而自豪，应珍惜和保护自己的权利，认真履行自己的义务，为幼教事业的发展贡献自己的光和热。

三、幼儿园教师与幼儿的关系

师幼关系是教师与幼儿之间的人际交往关系，是一种心理上的关系，良好的师幼关系有利于教育教学工作的顺利进行，有利于幼儿一生的健康和幸福生活，对幼儿一生的发展具有难以估量的重要影响。幼儿教师在教育教学实践中应该与幼儿取得平等地位，并尽量做到与幼儿心理同步，充分发挥教师与幼儿的积极性，让幼儿的身心得到健康发展。

(一)教师与幼儿的相互关系及其影响因素

1. 教师与幼儿的相互关系

(1)教育者与受教育者的关系。

在幼儿园的教育教学中，教师承担着对幼儿传授知识和经验的重担，幼儿作为受教育者，接受着从教师那里传授来的知识、经验。作为教师，在向幼儿传授各种知识、技能及获取知识技能的方法和能力的同时，还应将自己对教学的深入探索、执著追求的精神和热忱的工作态度，随着教学内容一道带给幼儿，以拨动、引导、激起幼儿情感上的共鸣。这不仅有利于激发和培养对每门学科的共鸣，而且能进一步陶冶幼儿的学习和生活，甚至可以影响到幼儿的一生。

(2)保育者与被保育者的关系。

幼儿教师在对幼儿施加教育影响的同时要关注幼儿一日生活的护理以及卫生、清洁、消毒等工作。保教结合，保为先，教在后。在确保幼儿身体和生命的安全和健康的前提下，教育才有实际意义。

(3)长幼关系。

一个好的教师首先应当热爱孩子，接近孩子，善于和孩子交朋友。因为这是做好幼教工作最基本的前提，是幼教艺术的基础，也是幼儿教师在教育实践中起决定作用的一种品质。苏霍姆林斯基说过：“教育技巧的全部奥秘在于教师如何热爱孩子。”幼儿都有一颗敏锐的心灵，能够辨别教师对他们的情感和态度。教师只有把爱心献给孩子，孩子才能积极地接受教师的教育，从而获得愉快与满足。

教师也因此而达到教育孩子的目的。另外教师还应该理解幼儿的喜、怒、哀、乐，尊重孩子的愿望，这是形成良好师幼关系的重要条件。

(二)影响教师与幼儿关系的因素

1. 文化

幼儿园是孩子学习、生活、交际的主要场所，当校园文化环境对孩子们产生潜移默化的影响、教职工们将校园长期积累形成的价值观落实到自己与孩子日常接触的言行举止中去时，孩子们就成为了校园文化主旋律中的一个个音符，通过丰富多彩的活动，演绎成校园文化的特色。一所幼儿园是否具备可持续发展力，园风是关键；一所幼儿园是否具有健康的园风，幼儿园文化是根本；而一所幼儿园是否具有浓厚的文化氛围，教师文化是基石，幼儿文化是特色。

2. 国家政策

国家政策是国家为了某种目的而采取的政治措施。国家对幼儿园政策的每一次重大变革都会增强幼儿教师对幼教事业的信心和决心。近年来，我国出台各项文件大力发展学前教育事业，幼儿园教师会从中得到更大的实惠，从而促进新型的师幼关系的形成。

3. 教师人格素养

每个人都有独特的性格特征，其中优良的性格特征影响到人与人之间的关系，具有自信、合群、坚韧、宽容、踏实、自尊等性格特征的幼儿教师更容易与幼儿保持良好的关系。

4. 幼儿的个性特征

幼儿自身的个性特征是影响师幼关系的重要因素，幼儿气质的内向或外向直接关系到他们与教师的互动质量。事实证明，开朗、外向且行为积极的幼儿受到教师关注与反馈的机会多，而比较内向、不爱表现的孩子得到的关注和反馈少。

(三)良好师幼关系的建构

1. 良好的师幼关系的重要意义

(1)课程改革和园本课程的建构需要建立优质的师幼关系。《幼儿园教育指导纲要》中明确指出："教师应成为幼儿学习活动的支持者、合作者、引导者。"因此建立民主、平等、和谐、合作、互动的新型师生关系是课程改革的重要任务之一。幼儿教师应重新定位，以新的身份投入到教育中，本着尊重、平等、自主的原则，关注幼儿的兴趣和感受，支持幼儿的探索和操作。同样，在园本课程建构中，最关键的因素是人，教师和幼儿形成了自由表达、通融理解、开放民主的氛围，就有助于探索建构园本课程，实现真正意义上的自主探究学习。因此建立一种新型师幼关系是非常迫切和重要的。

(2)良好的师幼关系是教育的前提和关键。幼儿园教育是通过师幼关系借助其他物质条件和手段，达到一定的教育效果的活动，整个教育过程需要一个良好的感情基础，所以师幼之间应形成良好的关系。在幼儿园，教师如能以平等的身份走进幼儿的内心世界，关爱、理解、支持、赏识幼儿，幼儿就会喜欢老师，愿意亲近老师，主动与老师交流、对话，这样才能确保教育的顺利进行，所以优质的师幼关系是教育的关键。

2. 良好师幼关系的建设策略

教育家陶行知先生说过："为营造一个适合孩子身心和创新能力发展的环境，必须建立民主、平等的师幼关系。"建立这种良好的师幼关系有以下几个策略：

(1)创设平等自由、宽松愉快的心理环境。《纲要》提出："教师的态度和方式应有助于形成安全、温馨的心理环境。"经验告诉我们，孩子对于想亲近的教师更乐意说出自己的心里话，有了烦恼困难也愿意倾诉，对于批评建议也更容易接受，所谓"亲其师而信其道"也。因此，教师应该给幼儿创设一个宽松、自由的心理环境，这也是建立优质师幼关系的必要条件。

(2)尊重信任幼儿，把幼儿看作是独立的个体。渴望尊重是人皆有之的一种心理需求，幼儿和成人一样需要他人的尊重和信任。《纲要》提出：教师首先要把幼儿做为一个独立个体的人来看待，要尊重幼儿的人格、尊重幼儿的需求、尊重幼儿的体验。因此幼儿教师应该把孩子真正看作是一个"独立的人"，充分尊重信任孩子，努力成为孩子的伙伴，倾听孩子的心声；在各项活动中让孩子充分按照自己的意愿去活动，尊重孩子的决定，给孩子创造一块自主发展的空间，让幼儿自己去经历和体验；关注孩子们在师幼互动中的体验，多关注一下孩子们那些让人感到不可思议的表现，并去探究他们行为的理由。从而让幼儿感受到教师的尊重和信任，这样既有利于建立良好的师幼关系，又能让幼儿轻松愉快、无拘无束，更好地投入到活动中去。

(3)欣赏肯定幼儿，让幼儿拥有更多的自信。欣赏和赞美别人是一门艺术，在幼儿园，幼儿们都渴望得到老师的关注和肯定。幼儿教师是一位老师，可在孩子的眼里，有时是朋友，有时是妈妈，对于不同的孩子，需要幼儿教师从不同的角度去欣赏，去挖掘他们身上微小的闪光点，让孩子们从老师的赞扬和鼓励中变得更加自信。

(4)通过互动促进优质师幼关系的形成。卢梭提出："儿童有他自己的看法、想法和感情的，如果想用我们的看法、想法和感情去代替他们的看法、想法和感情，那简直是最愚蠢的事情……"因此，真诚地面对每个孩子是教师与幼儿实现对话的基础。

首先，倾听幼儿心声，建立平等的对话关系。教师与孩子应产生对话互动。这里所说的"对话"，主要是指师幼之间平等的心灵沟通。这种"对话"，要求教师和幼儿的心灵彼此敞开，并随时接纳对方的心灵。因此这种双方的"对话"同时也是一种双方的"倾听"。

其次，大胆放手，给幼儿探索和发展的空间。好奇、好问、好动是孩子的天性，所以幼儿的探索行为会随时发生。我们应大胆放手，积极鼓励幼儿的探索行为，同时，我们还必须根据幼儿的需要，及时作出反映，调整指导策略，成为幼儿探索活动的支持者、合作者、引导者，促进幼儿发展。

最后，互相学习，师幼共同发展。现代社会是一个信息时代，幼儿从家庭、社会、媒体等各方面获得的信息越来越丰富多彩、千变万化，有时面对幼儿的提问我们都会感到不知所措，这就要求教师和幼儿共同学习和提高。

(5)不断提高自身综合素质。

事实证明，有着良好态度和个性特征的教师比较受幼儿欢迎，更容易和幼儿建立起良好的师幼关系。因此，教师要学会控制自己的情绪，尽量给幼儿积极的影响。另外，教师还要提高对幼儿行为的理解、领悟能力，这种理解不仅是要观察幼儿的某一个独立的行为，更要结合幼儿的个性特征及其所处的场景对他们的行为做出全面的认识；不仅包括对幼儿某一种行为客观原因的了解，还涉及对他们行为理由的理解。因此教师要加强学习提高自身的综合素质，以促进良好师幼关系的形成。

【学以致用】

1. 请用本节学习的理论知识，试分析张红以及她的爸爸、妈妈，对幼儿教师职业的认识有何偏颇？结合自己选择学习学前教育专业的经历，谈谈你对幼儿教师职业特点以及社会地位的认识。

2. 结合案例讨论，如何建立良好的师幼关系？

我是一名刚刚步入幼教工作的新教师，新学期开学了，我成为了 33 名活泼可爱的孩子们的新朋友。圆圆是我们班上一位聪明伶俐的小女孩，就是身体不太好，老是出虚汗，时常需要在她的背后塞毛巾隔汗。常常在午休时，家长也会不放心地过来照顾。

一天早上，圆圆和妈妈来到幼儿园，母女俩离别时，圆圆又嚷着："妈妈，中午来陪我好不好?"妈妈说："今天妈妈忙，真没时间过来陪你。"圆圆不高兴了，我上前蹲下身子笑着对圆圆说："圆圆长大了，是个能干的宝贝，今天不要妈妈陪，我们自己睡好吗?"圆圆心里虽不高兴，但还是点了点头。

午睡时间到了，我主动帮圆圆脱了衣服，在背上垫好毛巾，盖好被子，坐在圆圆的床边，微笑地看着她，并轻轻地拍着她……，直至她慢慢地进入梦乡。

第二天圆圆妈妈对我说："圆圆在家对我们说很喜欢你，因为你爱笑，笑起来很漂亮，孩子们都喜欢爱笑的漂亮老师。"从此以后，我和圆圆成了好朋友。

（资料来源：华中科技大学附属幼儿园教师容思的教育随笔）

【课外拓展】

1.《中华人民共和国教育法》

2.《中华人民共和国教师法》

第二节　幼儿园教师的职业素养

【头脑风暴】

看了下面的资料，你的感觉怎么样？你认为幼儿园教师需要具备什么样的职业素养？

截至2012年年底，在百度视频中以"幼儿园教师打孩子"为关键词搜索，显示相关视频资料有48个。仔细地观看各个视频，画面或清晰或模糊，或夹杂着孩子的哭喊声，或悄然无声，都令人触目惊心。近年来，幼儿园老师虐待孩子事件屡屡发生。本该是最温柔、最慈祥的幼儿园女老师，原来比母老虎还凶猛。看着受伤孩子们惊恐的脸，试问：谁来保证幼儿园孩子免受被虐打的恐惧?

（资料来源：凤凰网亲子频道 http：//fashion.ifeng.com/baby/）

幼儿园教师是履行幼儿园教育工作职责的专业人员，需要经过严格的培养与培训，具有良好的职业道德，掌握系统的专业知识和专业技能。

一、幼儿园教师专业标准

（一）基本理念

1. 幼儿为本

尊重幼儿权益，以幼儿为主体，充分调动和发挥幼儿的主动性；遵循幼儿身心发展特点和保教活动规律，提供适合的教育，保障幼儿快乐健康成长。

2. 师德为先

热爱学前教育事业，具有职业理想，践行社会主义核心价值体系，履行教师职业道德规范。关爱幼儿，尊重幼儿人格，富有爱心、责任心、耐心和细心；为人师表，教书育人，自尊自律，做幼儿健康成长的启蒙者和引路人。

3. 能力为重

把学前教育理论与保教实践相结合，突出保教实践能力；研究幼儿，遵循幼儿成长规律，提升保教工作专业化水平；坚持实践、反思、再实践、再反思，不断提高专业能力。

4. 终身学习

学习先进学前教育理论，了解国内外学前教育改革与发展的经验和做法；优化知识结构，提高文化素养；具有终身学习与持续发展的意识和能力，做终身学习的典范。

（二）基本内容

维度	领域	基本要求
专业理念与师德	（一）职业理解与认识	1. 贯彻党和国家教育方针政策，遵守教育法律法规。 2. 理解幼儿保教工作的意义，热爱学前教育事业，具有职业理想和敬业精神。 3. 认同幼儿园教师的专业性和独特性，注重自身专业发展。 4. 具有良好职业道德修养，为人师表。 5. 具有团队合作精神，积极开展协作与交流。

续表

维度	领域	基本要求
专业理念与师德	(二)对幼儿的态度与行为	6. 关爱幼儿，重视幼儿身心健康，将保护幼儿生命安全放在首位。 7. 尊重幼儿人格，维护幼儿合法权益，平等对待每一个幼儿。不讽刺、挖苦、歧视幼儿，不体罚或变相体罚幼儿。 8. 信任幼儿，尊重个体差异，主动了解和满足有益于幼儿身心发展的不同需求。 9. 重视生活对幼儿健康成长的重要价值，积极创造条件，让幼儿拥有快乐的幼儿园生活。
	(三)幼儿保育和教育的态度与行为	10. 注重保教结合，培育幼儿良好的意志品质，帮助幼儿形成良好的行为习惯。 11. 注重保护幼儿的好奇心，培养幼儿的想象力，发掘幼儿的兴趣爱好。 12. 重视环境和游戏对幼儿发展的独特作用，创设富有教育意义的环境氛围，将游戏作为幼儿的主要活动。 13. 重视丰富幼儿多方面的直接经验，将探索、交往等实践活动作为幼儿最重要的学习方式。 14. 重视自身日常态度言行对幼儿发展的重要影响与作用。 15. 重视幼儿园、家庭和社区的合作，综合利用各种资源。
	(四)个人修养与行为	16. 富有爱心、责任心、耐心和细心。 17. 乐观向上、热情开朗，有亲和力。 18. 善于自我调节情绪，保持平和心态。 19. 勤于学习，不断进取。 20. 衣着整洁得体，语言规范健康，举止文明礼貌。
专业知识	(五)幼儿发展知识	21. 了解关于幼儿生存、发展和保护的有关法律、法规及政策规定。 22. 掌握不同年龄幼儿身心发展特点、规律和促进幼儿全面发展的策略与方法。 23. 了解幼儿在发展水平、速度与优势领域等方面的个体差异，掌握对应的策略与方法。 24. 了解幼儿发展中容易出现的问题与适宜的对策。 25. 了解有特殊需要幼儿的身心发展特点及教育策略与方法。
	(六)幼儿保育和教育知识	26. 熟悉幼儿园教育的目标、任务、内容、要求和基本原则。 27. 掌握幼儿园环境创设、一日生活安排、游戏与教育活动、保育和班级管理的知识与方法。 28. 熟知幼儿园的安全应急预案，掌握意外事故和危险情况下幼儿安全防护与救助的基本方法。 29. 掌握观察、谈话、记录等了解幼儿的基本方法。 30. 了解 0～3 岁婴幼儿保教和幼小衔接的有关知识与基本方法。

续表

维度	领域	基本要求
专业知识	(七)通识性知识	31. 具有一定的自然科学和人文社会科学知识。 32. 了解中国教育基本情况。 33. 掌握幼儿园各领域教育的特点与基本知识。 34. 具有相应的艺术欣赏与表现知识。 35. 具有一定的现代信息技术知识。
专业能力	(八)环境的创设与利用	36. 建立良好的师幼关系，帮助幼儿建立良好的同伴关系，让幼儿感到温暖和愉悦。 37. 建立班级秩序与规则，营造良好的班级氛围，让幼儿感受到安全、舒适。 38. 创设有助于促进幼儿成长、学习、游戏的教育环境。 39. 合理利用资源，为幼儿提供和制作适合的玩教具和学习材料，引发和支持幼儿的主动活动。
	(九)一日生活的组织与保育	40. 合理安排和组织一日生活的各个环节，将教育灵活地渗透到一日生活中。 41. 科学照料幼儿日常生活，指导和协助保育员做好班级常规保育和卫生工作。 42. 充分利用各种教育契机，对幼儿进行随机教育。 43. 有效保护幼儿，及时处理幼儿的常见事故，危险情况优先救护幼儿。
	(十)游戏活动的支持与引导	44. 提供符合幼儿兴趣需要、年龄特点和发展目标的游戏条件。 45. 充分利用与合理设计游戏活动空间，提供丰富、适宜的游戏材料，支持、引发和促进幼儿的游戏。 46. 鼓励幼儿自主选择游戏内容、伙伴和材料，支持幼儿主动地、创造性地开展游戏，充分体验游戏的快乐和满足。 47. 引导幼儿在游戏活动中获得身体、认知、语言和社会性等多方面的发展。
	(十一)教育活动的计划与实施	48. 制订阶段性的教育活动计划和具体活动方案。 49. 在教育活动中观察幼儿，根据幼儿的表现和需要，调整活动，给予适宜的指导。 50. 在教育活动的设计和实施中体现趣味性、综合性和生活化，灵活运用各种组织形式和适宜的教育方式。 51. 提供更多的操作探索、交流合作、表达表现的机会，支持和促进幼儿主动学习。

续表

维度	领域	基本要求
专业能力	(十二)激励与评价	52. 关注幼儿日常表现，及时发现和赏识每个幼儿的点滴进步，注重激发和保护幼儿的积极性、自信心。 53. 有效运用观察、谈话、家园联系、作品分析等多种方法，客观地、全面地了解和评价幼儿。 54. 有效运用评价结果，指导下一步教育活动的开展。
	(十三)沟通与合作	55. 使用符合幼儿年龄特点的语言进行保教工作。 56. 善于倾听，和蔼可亲，与幼儿进行有效沟通。 57. 与同事合作交流，分享经验和资源，共同发展。 58. 与家长进行有效沟通合作，共同促进幼儿发展。 59. 协助幼儿园与社区建立合作互助的良好关系。
	(十四)反思与发展	60. 主动收集分析相关信息，不断进行反思，改进保教工作。 61. 针对保教工作中的现实需要与问题，进行探索和研究。 62. 制定专业发展规划，不断提高自身专业素质。

(资料来源：《幼儿园教师专业标准(试行)》)

二、幼儿园教师的职业素养

(一)幼儿园教师应具有高尚的职业道德

其一，热爱幼儿，热爱幼儿教育事业，明确幼儿教师工作的意义，积极主动、创造性开展本职工作。

其二，爱护、尊重、信任幼儿，关心每一个儿童的成长和进步，建立良好的师生关系。

其三，有健康的心理素质，能合理处理工作与生活中的各种问题，不把消极情绪带到工作中，更不能把对工作和生活的不满情绪发泄到幼儿身上。

(二)幼儿园教师应具有一定的文化素养

掌握必备的文化基础知识，了解日常生活中的自然和社会信息，能够正确解答幼儿提出的有关自然科学和社会科学方面的基础知识。

(三)幼儿园教师应具有扎实的专业知识

其一，掌握幼儿卫生保健、幼儿心理和幼儿教育的系统理论知识。

其二，掌握幼儿园课程领域的教育内容、教育设计、教育组织、教育方针和教育评价等方面的基本知识。

其三，掌握幼儿游戏和日常生活等活动组织的有关知识。

幼儿园教师需要具备以下能力：

(1)观察、记录、分析幼儿活动的能力。能经常地、有计划地对本班幼儿进行观察，了解幼儿的发展状况；能及时做观察记录，并进行合理的分析评估。

(2)制定教育、教学计划的能力。能根据幼儿园的总要求，结合本班特点和幼儿个性特点，制订班级教育计划(包括学期、周、日计划和教学计划等)；教育目标明确、具体、切合实际，有利于幼儿发展；能正确、恰当地选择教育内容，重点突出；能紧扣目标制定切实可行的教育措施，取得较好的教育效果。

(3)组织教育活动的能力。善于组织教学活动，能灵活运用各种教学手段，指导幼儿使用学具和操作材料，启发幼儿的创造性思维，培养幼儿的动手能力；有效地指导游戏活动，能充分利用一切条件合理安排游戏环境，保持幼儿愉快情绪，促进幼儿身心健康发展；能合理安排幼儿一日生活，坚持保教结合，培养幼儿良好的生活习惯和自理能力。

(4)做好家长工作的能力。会主持家长会，能较全面、准确地向家长反映幼儿在园的情况，听取家长意见；主动了解幼儿在家的情况，宣传科学育儿知识，共同制定教育措施，做好教育工作。

(5)进行教育科学研究的能力。能根据工作需要自行确定和设计简单的教研课题，改进教育方法；能撰写教育论文和专题文章。

【学以致用】

1. 有一次，我和一位名叫英格利特的青年教师一起工作，班上发生了一件使我至今难忘的事。放学前一个小姑娘把剪刀藏到了自己的书包里，准备带回家。这一切被英格利特看见了。于是她便装作若无其事的样子走到小姑娘身边，用和蔼的口气说“我们班上的剪刀不见了，明天中国老师还要用它给我们做中国龙呢，请你帮我找一找，好吗?”小姑娘不好意思地从书包里拿出了剪刀。看到别的孩子已经围了上来，英格利特马上帮小姑娘解释说“是她无意中把剪刀与自己的文具混在一起，装错了地方”。接着又表扬小姑娘说“她特别细心，帮助我们找到了剪刀，我们应当谢谢她呢”。当孩子们离去以后，我问英格利特：“你为什么要这样处理这件事?”于是她便向我介绍了一些关于小姑娘的情况，原来这位小姑娘的父母离婚了，她与母亲生活在一起，年轻的母亲经常和男朋友喝酒寻欢，根本不管孩子。英格利特动情地对我说：“这孩子已经很自卑了，我不能再伤害她的自尊心。”听到这里，我猛然想起了一位教育家的话，大意是“做教师的任何时候都要保护孩子的自尊心即使是在他们犯错误的时候也应如此”。我马上把这句

话说给英格利特听，她连连说‘讲得太好了，太精彩了’……（李生兰）

这段话给了你什么启示？作为一名幼儿教师应该具有什么素质？

2. 对照《幼儿教师专业标准》，谈谈自己对幼儿教师应具备的职业素养的理解。

【课外拓展】

1.《国家中长期教育改革和发展规划纲要》(2010—2020)

2.《幼儿园教育指导纲要(试行)》(2001)

第三节　幼儿园教师的专业成长

【头脑风暴】

子源是一位刚从幼师毕业被分在幼儿园中三班的新教师，与她同班的张老师是有着10年教龄的教师。平日里子源非常喜欢班上的孩子们，能与他们打成一片，孩子们也特别喜欢这位年轻活泼的新老师。这天子源组织幼儿玩音乐游戏，当她讲解示范游戏之后，就让幼儿开始游戏，只见她一会儿坐在钢琴旁，弹奏着音乐旋律，一会儿大着嗓门喊着什么，忙得不亦乐乎。可孩子们却表现得不太配合，他们各自玩各自的，子源忙乎了一阵子，音乐游戏还是没有组织起来。这时张老师走了过来，对孩子们说："我刚才看见子源老师教你们的音乐游戏真好玩，我也想玩，你们谁来教我玩呀?"只见孩子们纷纷要求参与，张老师让子源将游戏规则重申一遍后，就带领着孩子们一起玩了起来，这次孩子们玩得可高兴了。

同是一个游戏活动，怎么新、老教师组织的效果有如此大的差异？幼儿园教师专业成长有哪些阶段？幼儿园教师专业化又有哪些特征？幼儿园教师从业生涯中有哪些常见问题？这些问题又该如何解决？

一、幼儿园教师专业成长阶段

幼儿园教师的专业成长也呈现出一定的阶段性，从不同的角度可以进行不同的划分，一般来说可以划分为新手型教师、经验型教师、骨干型教师和专家型教师四个阶段。有的教师成长较快，阶段提升的时间就短一些，很早就会步入专家型教师行列，有的教师专业提升的时间就会长一些，也许整个职业生涯会止步于前几个阶段。

(一)新手型教师

新手型教师是指进入幼儿园从事教育教学工作时间较短，教育经验比较欠缺，教学监控能力有着明显不足的教师。新手教师刚从事幼儿教育工作，他们要从教师的角度仔细地对教学情境进行分析，在掌握的教育学、心理学基本原理的基础上，在教学实践中不断了解教学的真实情景并逐渐积累教学经验。新手型教师的工作主要有以下几个方面的特点：

1. 从业心理尚不稳定

在新手教师阶段，教师对学校与社会关系的看法还比较开放，也比较理想，有着极大的教育热情，对自己的工作和整个幼儿教育事业都有着较高的期待。他们在实践中对幼儿往往采取理想主义的态度。对同事交往也有着理想化的想象，期待从同事那里学习更多的东西。但这种情况会逐渐改变，教育现实的复杂多样会对他们造成一定的冲击，他们会渐渐了解幼儿园教育实践与理想的距离。

新手教师往往比较年轻，活泼、热情，但情绪不够稳定，不能很好地控制和调节自己的情绪。幼儿及家长情感的认同又容易激发他们的工作热情。幼儿及家长的不良反应容易诱发他们的负面情绪，这种情绪可能会对他们的工作甚至是生活造成极大的影响。

新手型教师在工作动机上更关注自身的生存以及教育教学任务的完成，更关注外界对其教育状况的评价，关心幼儿、幼儿家长、同事及领导是否认可自己的能力，解决生存问题是其关注的焦点。

2. 专业知识有待更新

幼儿园教师知识一般分为三个方面，即学科知识、实践知识和教育理论知识。学科知识指教师所具有的特定的学科知识，教师必须掌握一定量的学科知识；实践知识是指教师教学经验的积累，具有明显的情境性、经验性；教育理论知识是指教师所具有的教育学与心理学知识，新手教师主要缺乏实践知识，因为缺乏教育经验，所以他们掌握的大量的教育理论知识也极难转化为他们的教育教学实践，从实际中抽象出来的理论再回到实践中去，对新手型老师来说，是一个非常困难也非常重要的任务。

新手教师往往比较依赖教材，而且容易忠实地执行教材的要求，当然他们也会参考其他教师的教案或者其他参考书，但他们很少有自己的想法和观点，缺乏改造教材的意识和勇气，不善于整合教材。

3. 教育能力明显不足

新手型教师缺乏临场应变和教学生成的能力，教育活动前必须花较多的时间来准备，仔细考虑如何进行活动的每一个环节，这种准备甚至可以细到活动中所讲的每一个步骤每一句话。教育活动基本上是前期准备的按部就班的展开过程。由于他们对教育活动的预见性不足，而教育活动过程是复杂多变的，不会随教育情境的变化修正计划，从而容易出现失控的情况，因为担心失控，与幼儿的互动也随之减少。他们往往想把教育活动中的每一个环节都置于自己的掌控之下，可又缺乏掌控能力，这是工作带给他们的主要烦恼之一。

新手教师没有形成真正的课后反思，不善于对教育活动成功或失败原因进行深入思考。对工作中出现的问题缺乏理性的认识，经常把问题出现的原因归结为幼儿或其他环境因素。

新手教师不善于发现问题。即使发现问题，他们习惯于马上尝试解决，并不对问题进行定性分析，对可能的解决办法也缺乏全面的考虑。另外新手老师的常规工作程序也不够熟练，这使得他们的时间利用效率不高，会让他们显得更忙碌。

需要说明的是，新手教师的这些弱点是一种正常的表现，其他行业的新手也会有类似的情况，这些问题的出现并不是新手教师的个人失误，只是成长过程中一个必然的阶段。在认识到新手教师不足的同时，我们也应该认识到新手教师也有很多优势，知识面广，学科基础好，外语、计算机能力强，与幼儿关系融洽，有强烈改变现状的意识等。这些都为新手教师今后的成长奠定了坚实的基础。

(二)经验型教师

经过新手期的努力与教育经验的积累，大部分幼儿园教师逐渐成长为经验型教师。经验型教师是指对教育实践有一定的经验，主要靠经验来分析和解决问题，尚未把教育实践需要与自身专业发展结合起来的幼儿园教师。经验型教师在职业知识、基本技能、业务能力和职业情操等各方面的综合素质都有了大幅度的提高，在幼儿园站稳了脚跟，在家长和幼儿中有一定威信。经验型教师主要表现出以下特点：

1. 从业心理稳定，已经基本认同幼儿园教师职业

经过新手阶段以后，幼儿园教师对工作的认识更加全面，少了许多理想化的

成分。对自身专业发展也少了许多犹豫，他们开始定下心来，决心在幼儿园教育这一领域内实现自己的人生理想。他们基本适应了教师工作，完全融入了幼儿园组织，有了良好的人际环境。

经验型教师对自己的情绪控制也比新手型教师有了较大的提高，初入职时情绪多变的情况也有了较大的改善，他们与幼儿及幼儿家长的关系也更加融洽了，大部分教师开始体验到来自工作的喜悦。他们由原来的关注自身的生存转变为更关注幼儿的发展、安全、健康。他们开始有了继续发展的压力和动力，他们希望能够继续进修、深造，以图获得知识水平、学历层次的提高。不同潜质的教师的个体差异也会在这一期间开始明显地凸现出来，很多优秀青年教师在此期间脱颖而出。

2. 基本实现理论与实践知识的融合

经验型教师已经能把自己掌握的理论知识与逐渐积累起来的实践知识相结合，在理论知识的框架下理解实践，在实践的基础上审视理论知识。他们也开始以理论知识为指导改进自己的教育教学活动。他们这个时候还是更关注实践性强一些的知识，这些知识对他们的实践改进有着更直接的帮助。

3. 教育能力已胜任日常教育工作

经验型老师已经完全能够胜任日常的教育教学活动了，能有意识地选择教学内容，确定教学重点、难点并制订合理的教育计划，能采用多种教学方法提高教育效果。他们已经能对教育环境和幼儿的学习情况进行分析，能及时对教育活动进行有效调整。

他们的教育技能也比较熟练了。很多环节开始达到半自动化的水平，新手期的吃力情况已经基本上看不到了。他们对教学情境的分析积累了丰富的经验，能够发现教育教学活动中出现的问题，并对此加以有效的分析，基本上能够判断出问题的性质，能够选用较为合理的解决对策，效果也比以前好多了。在同行交流中，他们的观点也开始有了一席之地。

(三)骨干型教师

骨干型教师是指那些在胜任自己日常教育教学工作的同时，在自己所在幼儿教育机构或本地区同行业中有一定影响的幼儿园教师。一部分教师在教育实践经验不断积累的基础上，对幼儿教育有了更多的思考，在熟练掌握日常教育技能的基础上，教育方法和措施有了新的探索，在日常教育教学活动中，取得了多方面的成绩。他们的成就开始只是对周围的同事有了一定的启发与帮助，后来影响逐渐扩大，自然而然他们就从教师群体中脱颖而出，成长为自身所处教育机构或本地区的骨干教师。骨干型教师在教育理念、业务水平、教育科研等方面都有着较高的水平，所以他们开始成为家长的首选，也成为同行的学习榜样，很多教师在这一阶段开始有了更高的追求。骨干型教师的工作表现出以下几方面的特点：

1. 高度认同幼儿园教师职业

骨干型教师对职业有了高度认同，将自己的个人发展完全与职业需要融合起来，有着高度的责任心与从业意识，他们开始把幼儿教育当作自己一生的事业。职业选择的犹豫已经很少见了。骨干型教师对自己往往有较高的要求，为取得更大的成绩不断丰富提高自身素质。但随着年龄的增长和进步难度的增加，也有个别骨干型教师开始满足于现状，失去了前进的动力。

2. 知识结构比较合理，有自己的教育理念

骨干型教师有着丰富的教育实践经验，也有着一定的理论水平，他们拥有合理的知识结构，在此基础上，他们对教育教学活动有着个性化的理解，无论是角度还是表述都着一定的个人色彩。

3. 教育能力强，形成独特的教育风格

骨干型的幼儿园教师具备丰富的教学经验，工作上驾轻就熟，成为领导放心、合作同志欣赏、幼儿热爱、家长欢迎的教师。他们注重总结反思自己的教学经验，发现自己的专业优势，试图建构自己的经验体系，初步形成自己的教育教学理念、教学方法和教学特色。逐步形成独特的教育风格，离专家型教师仅一步之遥。

在幼儿园内或本地区，骨干型老师在完成自己本职工作的同时，也对同行提供了一定的指导和帮助，对幼儿园管理和发展往往也会有建设性的意见。

(四)专家型教师

专家型教师是指具有丰富的教育教学知识，能高效率地解决教学中的各种问题，在教育理论和教育实践方面取得丰硕成果的幼儿园教师。专家型教师通晓幼儿教育的专业知识，具备多年的教学实践经验，而且教学艺术高超、教学效果显著，自己有一套成熟的教育理论。专家型教师基本上实现了教育理论与实践的融合，形成了自己独特的教育教学风格，往往也有着自己独特的教育思想。专家型

教师在创造性地完成教育教学任务的同时，还具有较高的科研素质，很多教师著书立说，在本专业有着极大的影响力，进而自成流派，并被社会公认。一般来说，专家型教师的特征主要有以下几个方面：

1．具有优良的知识结构

在幼儿教师的专业领域中专家型教师的知识比别人更丰富，解决特定领域问题比别人更有效。现代认知心理学将知识划分为陈述性知识、程序性知识和策略性知识三大类。研究表明，专家型教师的知识结构在这三个成分上都表现出较高的水平。在陈述性知识方面，专家型教师的知识比新手型教师的知识组织得更完整，因而在解决问题时能及时有效地提取出来。在程序性知识方面，专家型教师的教学常规工作程序已高度熟练，达到自动化的水平，很少或不需要意识控制。在策略性知识方面，专家型教师具有良好的策略性知识。如在允许学生提问以至由提问导致讨论的情况下，专家型教师能使教学顺利进行，实现预定教学目标。新手型教师则相反，当学生提出他们事先没有考虑到的问题时，他们不仅回答的内容缺乏内在联系，而且无法使课堂教学按原计划进行。

2．高效率解决教学领域问题

首先，专家型教师善于利用认知资源，他们的知识和经验丰富而且高度组织化，某些教育技能已程序化、自动化，这些程序化、自动化的技能和熟练的知识经验占用的认知资源很少，使专家能够在有限的认知资源内较少作认知努力就可以完成更多的任务，同时，专家型教师又能将节省的认知资源投入到更高水平的认知活动中去。其次，专家型教师善于监控自己的认知执行过程，在接触问题时具有计划性，善于自我观察，主动自我评价并随时进行自我调整。因此，在教育领域内，与非专家型教师相比，专家型教师解决问题的效率更高。

3．善于创造性地解决问题，有很强的洞察力

专家型教师更善于创造性解决问题，他们的解答方法既新颖又恰当，往往能够产生独创的、有洞察力的解决方法。

4．完善的教学监控能力

专家型教师在关注目标完成情况的同时，视野比较开阔，对活动气氛、环境变化、幼儿情况都有全面及时的关注，能不断对教学进行积极的评价和调控，执行教学计划有序而灵活。专家型教师在解决问题时更有灵活性，更具有教育机

智。专家在计划和行动时具有很强的灵活性，善于利用新信息的特征，迅速给予新解释和新表征。专家型教师能够制订较完善的行动计划，而且在实际执行时能够根据幼儿的实际反应加以灵活调整。专家型教师的教学机智既是他们对驾驭教育活动整体自信的体现，也是他们对幼儿的需要敏感、关注和积极回应的体现。

5. 较强的个人教学效能感

具有较强个人教学效能感的教师未必能成长为专家型教师，而专家型教师则必定具有较强的个人教学效能感。新手型教师由于缺乏教学经验和专业技能训练，对教学中出现的问题常常手足无措，惶恐不安，自信心不强，因此，他们的个人教学效能感低是很正常的。而专家型教师由于教学实践的丰富、教学经验的积累以及同行教师对其教学风格及其成绩的认可，角色形象已日益完善，因此，他们的自信心不断增强，对自己所从事的职业充满了自豪，个人教学效能感也就显示出较强的态势。

从新手走向专家，不一定每位教师都能走完全程，也不是每位教师的发展之路都那么顺利，但只要有了明确的发展方向，清晰的发展计划，加上教师个人矢志不渝的努力，在我国当前大力发展学前教育的大背景下，每位教师必定会实现自己的教育理想，圆自己的发展之梦。

二、幼儿园教师专业化的内涵与特征

幼儿教师专业化发展是教育现代化和教师职业发展的必然要求。近年来，由于信息技术的高速发展，幼儿教育也面临着信息化的要求，特别是在素质教育中要对幼儿进行信息素养、信息知识和信息获取、处理以及管理能力的启蒙教育，通过自主学习、自主性游戏、创新精神和实践能力的培养，提高幼儿社会化的水平，拓展幼儿认知新领域。在这一背景之下，尽快促进幼儿教师专业化成长，是关系到幼儿园、幼儿园教师个人，乃至整个幼儿教育事业发展的一件大事，是新世纪全社会对幼儿教育界的强烈呼唤。

幼儿教师的职业须有自己的理想追求，应有专业的理论素养，有自觉的职业规范和高超成熟的技能技巧，因而具有不可替代的独立特征。她们不仅是知识的启蒙者，而且是道德的引导者，思想的启迪者，心灵世界的开拓者，情感、意志、信念的塑造者。

(一)幼儿园教师专业化的内涵

幼儿教师专业化是指幼儿教师在整个职业生涯中，通过终身专业训练，习得幼儿教育专业知识技能，并逐步提高自身从教素质，成为一个良好的幼教专业工作者的专业成长过程，也就是从“普通人”变成“幼儿教育者”的专业发展过程。

(二)幼儿园教师专业化的特征

1. 专业资格

一名合格的幼儿教师必须具有中、高等师范院校学前教育专业学习经历，基本的幼儿园实习经验，并获得国家颁发的幼儿教师资格证书。

2. 专业精神

幼儿教师的专业精神主要表现在：坚定的教育信念，强烈的教育意识，对教育现象的敏感性，对教师职业的认同感，以及愿意为教育事业付出时间和精力而产生的满足感等。

3. 专业素养

专业的幼儿教师必须具有扎实的理论基础、丰富的教学经验、对儿童发展的深刻领悟、有效的管理能力，以及良好的社会交往与合作能力等。

4. 专业学习

幼儿教师的专业化还体现在制定合理的事业发展目标，具有积极参与专业研讨的愿望，接受各种专业培训的机会，以及获得专业进修的成果等。

5. 专业活动

主办或从事各种和幼儿教育有关的活动也是幼儿教育专业化发展的一种表现。如进行幼儿园教研活动，参与各种教育教学比赛，组织专家讲座，参与幼教高级论坛，加入各种幼教专业组织，寻求多样化的教育资源等。

三、幼儿园教师职业生涯中的常见问题

因为幼儿园教师个人专业素质的不同、时代发展特点和地区发展差异、幼儿教育机构的环境条件以及教育政策规定等各方面的变化，幼儿园教师的职业生涯中总会出现一些问题，这些问题会影响他们的持续成长，如何认识和对待这些问题需要每一位幼儿园教师认真思考。职业适应不良、职业倦怠、职业发展高原期都是幼儿园教师专业发展中比较常见的问题。

(一)职业适应不良

职业适应不良是幼儿园教师职业生涯中最常见的问题。职业适应是职业发展的基础，没有良好的职业适应就不可能有良好的职业发展。职业适应主要是对新手教师而言，当然也包括部分从其他岗位转岗进入幼儿教育岗位之初的教师。职业适应过程既是一个角色转换的过程，也是一个专业成长的过程，是在不断适应环境的过程中逐步完善专业技能的过程。对他们而言，角色、环境、制度、交往都是全新的，大部分教师会面临多方面的压力，如果不能及时化解，这样势必造成幼儿园教师职业心理不稳和教育行为失当，既不利于幼儿园教育质量的提高，也不利于幼儿园教师的成长。

幼儿园教师的职业适应主要包括三个方面：角色适应，主要包括从"大学生"到"幼儿园教师"、从成人眼中的"孩子"到家长眼中的"老师"、从学习时代的"同学"到幼儿园的"同事"等角色的转换。角色适应将关系到入职之初的教师自我认识与定位，进而影响其专业发展。教育行为适应：主要包括活动设计、一日生活安排、师幼互动、家长工作、家园互动、班级管理工作、常规培养等具体教育教学工作任务的完成，这些任务的完成将影响到领导、同行及幼儿家长的接纳。文化适应：主要包括对地域文化、幼儿园文化尤其是教学文化的适应及当代教育背景文化等的适应。顺应主流的教育行为更容易得到认可，也会为教师本人赢得更宽松的发展空间。

职业适应不良的教师在教育活动效果不理想时，总是归因于幼儿；对幼儿要求严格而又不善于建立常规，对调皮好动的幼儿会采用过激的措施；对待工作不能全身心投入，缺乏改进工作效果的积极主动性，也缺乏有效的改进方法；不善于与其他教师合作，很少主动寻求同行的帮助，帮助同行的情况也比较少，对同事抱怨较多，人际关系不好；经常重新选择其他幼儿教育机构就业或改行。

1. 幼儿园教师职业适应不良的成因

(1)角色转换迟滞。做幼儿园教师的第一天，他们的社会角色就发生了根本转换，由师范生或小学教师转变为幼儿园教师，由被教育者、被管理者转为管理者、施教者。即使很多新教师清楚社会对幼儿园教师的角色期望，但环境变化和角色转换仍然让他们未能很快适应，他们沿袭原来的行为模式，不能完全认同并遵循教师角色规范，行为情绪化，随意而不拘小节，业务不主动，遇事无主见等，出现角色转换滞后的情况。还有一部分教师对幼儿园教师这一角色认识不到位，对如何履行职业责任和规范不明确，入职之初，发现现实与自己的想象有较大出入，一时手足无措。

(2)从业能力不足。新教师虽经职前系统的专业学习，初步掌握了有关教育教学的理论知识，但由于实践知识的不足，他们往往在教育活动中显得缺乏操作能力，这既影响教育活动的效果，也影响了领导、同行、及幼儿家长对他们的评价，自然也影响到了他们的自我评价。对绝大部分新教师而言，从业能力不足只是暂时现象。但如果新教师本人没有因此调整心态，主动学习，不断反思，那这种不足就会对他们的专业发展带来障碍，导致他们职业适应的过程大大延迟，甚至有的教师会因此放弃这一职业。

(3)缺乏协调的职业关系。教育过程是双边甚至多边的人际相互作用的过程，教育活动的效果并不是完全取决于教师的个人努力，往往凝聚着集体的心血。幼儿园教师能否与幼儿及家长、其他幼儿园教师及领导，以及与学校有关的社会各方面形成协调、积极、健康的职业关系，极大地影响了教育效果。由于新教师能力、经验及自身心理水平的不足，他们或是与幼儿缺乏沟通技巧，不能赢得幼儿的喜爱；或是与同事互不往来与互不信任，缺乏团体协作精神；或是与家长不能保持合理的沟通心态，不能获得家长的认可。这些既影响了自身的形象，更影响了自己对自己、对职业的认同，会让他们的入职之路充满苦涩与紧张。

(4)职业价值观与职业信念缺失。很多新教师主要是受到他人的影响而走进幼儿师范教育机构的。在接受师范教育期间，一些人会逐步修正自己的职业取向，但仍然有一部分人没有转变观念。这部分教师进入幼儿园后，未能认同教师职业的崇高价值，对教师职业的意义与未来发展缺乏坚定的信念，直接导致他们的岗位定向不明确。一遇适当机会，或是当面临挫折与困难时，就会发生动摇。还有的教师不认同自己所从事的幼儿园教师职业，缺少职业自豪感，甚至有一定的自卑情绪，他们只是将幼儿园教师这个工作当作谋生手段，而非自己理想的追求，更不会想到对社会的贡献。持有这样职业观念的教师很难在工作中激发出自己的工作热情。

2. 职业适应不良的应对策略

那么作为一名年轻教师，如何让自己尽快适应幼儿园教师这一工作岗位呢？

(1)树立正确的教育观。首先要把自己的发展与幼儿教育事业的发展紧密联系起来，把自己的事业与最阳光的事业融为一体，是很光荣的选择，因为我们的努力将对新一代的成长和社会的进步产生巨大的影响。同时，要正确认识成长中的挫折与困难，世界上没有一帆风顺的事情，只要我们正确面对，每一次挫折都将预示着我们更大的提高，回避退缩不是我们应有的选择。其次要树立正确的幼儿观。幼儿是正在成长中的个体，伴随着他们旺盛生命力的，是他们脆弱的承受能力和他们在尝试过程中出现的各种错误，他们需要我们的尊重，尊重幼儿就是尊重生命，他们需要我们呵护，呵护幼儿就是呵护未来。即使个别幼儿存在一些不良表现，但这并不表示我们有伤害他们的权利，只是意味着需要我们更耐心一些。每一次对幼儿教育的成功都意味着我们自己又在幼儿的帮助下有了新的发展。最后要把自己掌握的教育理论转化为指导自己教育活动的正确理念。教育理论的实现需要教育行为的支持，哪些行为更有利于体现正确的教育理论，是我们每一个幼儿园教师都应该认真思考的问题，千万别因为急躁和懒惰做出南辕北辙的事情。

(2)合适的职业生涯设计。教育目标的无边界性会让很多教师失去目标，新教师更是容易茫然失措，将一天天的工作连成一段段的生涯规划，就会大大减少教师对自身职业发展的焦虑。教育教学工作虽然繁重和复杂，但只要按照职业生涯设计的规划，一步步走好，就会不断接近目标。合适的职业生涯设计，也会让新教师在一个更大的背景上认识目前自己所处的困境，更加坚定从业的决心。

(3)要增加自己的知识储备。充实知识可以增强自己的适应能力。首先是要掌握丰富的教育理论，虽然教育理论知识并不能直接转变为教育实践能力，但理论知识的丰富会为我们的思考提供更多的支持与启发，也会为我们分析解决问题提供基本的理论架构。其次是要掌握广博的文化知识，要有新颖的观点，关注点与社会要更契合，这应该是新教师的优势，新教师应充分发挥自己的优势，让自己的教育活动更加体现出综合的态势，这些也容易增强新教师做好工作的信心。最后是积累更多的实践知识，大学的学习生活中大家往往容易重视理论体系，轻视实践性知识，其实这才是入职之初最重要的知识，也是帮助大家站稳脚跟的最关键的知识。向同行讨教、从资料中收集、在幼儿反应中反思、从家长反馈中总结，都是积累实践性知识的好办法。

(4)加强教育能力的培养。在大学学习期间，新教师的能力已经得到了全面的培养，这里主要强调那些与教育实务相关的能力培养。要注重培养自己的一般能力，如与幼儿园教育工作直接相关的观察能力、组织能力、表达能力、交往能力、沟通能力等；除了这些，一些小的技巧也是大家应该关注的，有时候小技巧能够解决大问题，如怎么吸引幼儿的注意力？怎样应对孩子的提问？活动中出现特殊情况怎么处理？家长提意见了我们怎么应对最合适？等等。这些小问题的应对也反映了一个教师的基本教育理念，也会对教师的工作效果、个人形象产生重要的影响。需要强调的是幼儿园教师的反思能力对新教师的成长非常重要，但新教师往往缺乏反思的能力，也没有反思的习惯，这一点应该引起新教师的注意。

(5)学会争取最大支持。一个好汉三个帮，如何与环境的各种影响因素携起手来，共同谋求幼儿发展的最佳效果，是每个新教师都应该用心研究的课题。善于交往的教师善于从环境中获得帮助，他们的工作就要更轻松一些，他们的努力就会得到更广泛的认同，他们也更容易取得更大的成绩。不善于交往的教师成长之路就要困难一些。我们对交往应该有正确的认识，取得环境的认可并非只是为了谋求一己之私利，为什么非要拒绝来自他人的帮助呢？因为工作性质的相似，在众多的环境助力中，同行对新教师的影响会更明显一些。同行必然会碰到一些共性的问题，相互交流、切磋，可以相互帮助、共同分享收获。同时，在一个教师集体中，不同的思想、观念、教学模式、教学方法的交流，对于任何一个教师的专业成长都是极其宝贵的经验财富。只有通过相互交流，才能对各种观点进行比较与鉴别，从而获得对问题更为本质的、全面的认识，实现共同提高。新教师应积极参与各项教研或学习活动，摆正姿态，虚心学习，乐于交流，主动发展。

(二)职业倦怠

教师职业倦怠是指长期工作在高度压力下的教师，在情绪、认知、行为等方面表现出精疲力竭、麻木不仁的状态。

1. 教师职业倦怠的特点

教师职业作为助人的行业，是职业倦怠高发的行业之一。幼儿园教师由于独特的工作内容和工作对象，更容易造成职业倦怠。当幼儿园教师进入职业倦怠时，往往会造成工作没有热情，对幼儿缺乏耐心，严重的可能还表现出某些过激行为，例如体罚幼儿、自闭等，从而造成教育质量低，进而导致幼儿身心发展没有保障。幼儿园教师职业倦怠有生理方面的表现，也有心理方面的表现。幼儿园教师职业倦怠一般具有以下特征。

(1)生理衰竭。身体长期处于“亚健康状态”，食欲不振、睡眠质量下降、活动力缺乏等，严重还会出现嗜睡或者失眠、吃不下饭甚至肠胃不适、神经衰弱、机能性工作障碍等症状，饮食习惯或体重突然改变。

(2)情感衰竭。对工作失去兴趣、厌倦，对工作满意度低，热情与奉献减少。情绪波动大，对幼儿缺乏同情感和支持，无法忍受幼儿在幼儿园的捣乱行为，经常感觉抑郁、焦虑和烦恼等；表现在意志方面，在工作中碰到困难就躲，不愿钻研。

(3)认知衰竭。表现为教师明显感到空虚，感到自己的知识无法满足工作需要，因此难以胜任一些变化显著的工作。不能适应知识的不断更新和教学要求的变化，怀疑自己，感到无能和失败。

(4)价值衰竭。表现为教师的价值观和信念突然改变，个人成就感降低，认为工作是一项枯燥乏味的繁琐事务，对工作缺乏进取心，无心投入过多的精力，纯粹是为了工资而来上班。

(5)人性衰竭。表现为以消极否定、麻木不仁和冷漠的态度去对待学生、同事、家长或家人，对任何人都不信任，缺乏同情心，冷嘲热讽，贬低学生，甚至暴力或者体罚学生。导致人际关系恶化。北京师范大学一项专门就首都幼教职业倦怠状态进行的调查显示，有明显倦怠倾向的教师比例高达59.5%。有关专家指出，对幼儿园教师的职业倦怠倾向加以应对已是幼教界的当务之急。

2. 教师职业倦怠产生的原因

教师产生职业倦怠的原因很复杂，主要有以下几个方面：社会发展对教师的知识结构和工作手段等方面提出了极高的要求，价值观的变化也给传统的教师职业观念带来极大的冲击；社会大众对于教师的过高期望，增加了教师的工作压力，幼儿园教师繁重的教育教学及班级管理任务也让很多人不堪重负。同时，教师为了强调其专业性，增强大众的信心，以致对自身产生不切实际的期望。他们倾向于隐藏自己的情绪以维持大众对教师的过高期望，这反而使得倦怠的状况越来越严重；教育过程中教师的自主性时时受到来自教育行政的干扰，工作任务中的行政色彩较浓，很大程度上加重了教师的工作负担，也使得整个幼儿园的组织气氛更趋向于非人性化。研究显示，缺乏领导的支持、认为幼儿园领导不了解教师的情况、不关心教师和对教师的评价不够公正都是教师产生工作压力和倦怠的重要因素。除了上述诸多外部因素以外，教师个体自身的人格特征对职业倦怠的产生也有直接影响。教师若存有某种人格特征，如怯懦、自卑、孤僻、狭隘等，在面临同样的压力时，上述人格特征明显的教师往往不能采取适当的策略加以应付，更容易陷入倦怠状态。

3. 职业倦怠的应对策略

可以从以下几个方面来有效缓解教师职业倦怠。

(1)调整自己对教育的认识，调整自己的自我认识与期待。尝试从积极的角度认识自己的教育教学，认识自己在幼儿园的处境。避免陷入消极的怪圈：我们越是消极地看待工作和周围的环境，工作和周围的环境越是向我们反馈消极的信息，然后当我们看待工作和周围的环境时，就会抱以更加消极的眼光。如果我们尝试积极地评价工作，评价自己，可能结果也会一步步变好。

(2)学会科学的时间管理。日常工作的繁重和复杂是幼儿园教师职业生活的重要特点，这也是职业倦怠的重要原因。教师可以学会科学的时间管理技能，学会有效利用时间。时间管理的步骤包括时间分析、目标的设定、按优先顺序排列目标、授权和行动。

(3)适当的体育锻炼。因为忙碌，很多教师没有时间来保证充足的睡眠和适量的运动，这使得很多教师健康状况并不好。锻炼身体既是保证健康的有效途径，也是一种有效的减压方式。此外很多让人感到愉快的活动都可以帮助教师与职业倦怠作斗争，如听音乐、阅读、做手工、集邮、郊游等都是简单易行的好办法。

(4)掌握有效的社交技能。很多教师是因幼儿的纪律问题和家长问题导致了职业倦怠。学会倾听及高效的沟通技巧都能有效改善这种状况。同时有效的社交技能也能让教师获得更广泛的认可和情感支持，这也可以帮助教师有效应对职业倦怠。

(5)教育管理人性化。喜欢使用惩戒手段解决问题的教师更容易出现职业倦怠。能有效地激励幼儿，在幼儿的自主与规则之间找到合理的平衡，制定幼儿认可的班级制度都可以有效缓解教师的消极情绪。

(6)寻求精神支持。与同事之间就职业感受进行广泛的交流，从同事那里获得更好的应对办法，也可以从同事的叙述中获得情感上的共鸣。

(三)职业发展高原期

幼儿园教师职业发展高原是指在成长过程中一个相对静止的状态，伴随着不同程度的挫折或者倦怠，找不到前进的动力，专业发展停滞不前，好像很难再上一个新的台阶。专业发展的高原期，是教师专业发展的必经阶段，既是教师专业发展走向阶段性成熟的表现，也是教师专业发展的瓶颈。教师要想得到更好的发展必须想办法尽快摆脱高原期，进入新的发展阶段。

处于职业发展高原期的教师，通常是已经适应了幼儿园教育工作的成熟型教师，他们有着丰富的教学经验，对学校的体制和教育改革之类的事情也有着较深刻的阅历。在我国，高级职称的评定往往是这一阶段的标志性事件之一。如果不能正确认识导致“高原现象”的原因，这部分教师会产生一定的情绪波动，从而对自身的专业发展和教育活动积极性造成一定的影响。因此，正确认识“高原现象”，克服“高原现象”带来的不良后果，快速度过“高原期”，对教师的专业发展非常重要。

1. 教师职业发展高原的成因

职业发展高原的出现是由教师个体发展、专业发展、社会性发展和组织环境等多方面原因共同影响的结果。

(1)个体发展特征

①体能有所下降。从年龄上看，教师的职业高原期的开始多数在40岁左右。如果单纯从人类的身体机能看，这一时期，人的体能和效率开始明显下降。同时处于这一年龄段的教师往往家庭负担较重、工作压力也不小，一些教师明显感到体力不支。

②成就动机减弱。处在高原期的教师往往成就动机减弱，特别是评上高级职称以后，作为资深教师，滋长了职业的自满情绪，由此失去了专业发展的热情和精力；有的则是一时难以找到下一步发展的目标而彷徨不前。

③人格发展存在缺陷。教师自身的人格因素也是“高原现象”产生的原因之一。某些教师在人格特征中存在着不良倾向，如怯懦、自卑、优柔寡断、缺乏开拓精神、钻“牛角尖”等。当这些教师面临压力、困难时，往往不能采取适当的方式方法去应对，最终导致专业成长中的停滞不前。

(2)专业发展特征

①对教师职业有个性化的理解。经历了十多年的教师生涯，高原期教师已经不再对教师职业带有高涨的热情，在高原期之前的奋斗，经历的成功或失败，让他们体验到了幼儿园教师这一职业的辛苦，消极的想法日渐清晰。还有的教师，在自己孩子的成长中，进一步理解了教育的深刻含义，更加关心教育塑造人的作用，但对教育大环境的认识逐渐消极，因而对教师职业失去信心，如果有较好的组织氛围，这一部分教师比较容易走出高原期。

②专业知识技能发展成熟。高原期的教师在专业知识技能方面比较成熟，大都熟练掌握教育教学所需专业知识，能够熟练地把握教育活动的重难点，并形成具有一定个性的教学策略，有着丰富的经验。他们中许多人是幼儿园的骨干教师。高原期教师关注点集中到幼儿身上，教育活动中教师对自己和幼儿都比较有信心，对幼儿较宽容，幼儿拥有更多的自主性。高原期教师一般具有一定的教科研能力，但是由于教科研能力这一方面与教师的专业自觉程度密切有关，因此个体之间的差异比较大。

③专业发展存在结构性缺陷。高原期教师有着较为丰富的实践层面的策略性知识、一定的专业案例知识，但由于知识更新速度较快，对原理规则性知识的重新学习，以及案例知识的再研究显得有些不足。专业自觉的核心是强调教师要真

正成为专业发展的主人，变“要我发展”为“我要发展”。有关研究表明，名教师在高原期具有与一般教师不一样的表现：他们开始埋怨教师职业缺乏挑战性而不满足现状，并重新审视自己所从事的职业，他们大胆进行教改试验，在他们身上真正体现了出“教然后知困”的一种教育教学自觉性，这种专业自觉往往是教师走出高原期的必备条件。

(3)社会性发展特征

①社会压力大导致心理失衡。处在职业“高原期”的教师由于年龄和教龄适中，被认为是经验丰富、年富力强，因此被给予较高的社会期望，家长也会指名选择他们。这样的高期望同时也是高压力，教师始终会为这样的高期望而努力工作，一旦由于家庭或者自己身体状况而有所“闪失”，他们便很容易丧失信心。处在中年的教师们，看到自己与同龄人的差距，比较容易产生失落感，造成心理失衡。

②家庭负担重。处在职业高原期的教师，往往也走进了人生的重负时期，上有老下有小，国事、单位事、家事都压在肩上。往往处在满负荷或超负荷运转的状态，体力、精力都不堪重负。他们力不从心，缺少学习和研究的时间，这对高原期教师的发展也有不可忽视的负面影响。

③人际关系复杂。教师在幼儿园里的人际关系包括师幼关系、与同事的关系、与领导的关系，与家长的关系等，对于资深的高原期教师来说，他们大多能够处理好与学生及其家长的关系，但是在处理与其他教师以及与领导的关系时，往往会因为某些利益关系而蒙上一层阴影。

(4)组织环境特征

组织环境的主要因素来自于教育政策、幼儿园的规章制度、管理人员和同事。这些对教师的专业发展具有相当重要的作用。当前，幼儿园的一些激励政策、规章制度对年轻教师的成长比较有利，而对于教龄比较长，已经获得高级职称的教师，缺乏相应的激励机制。同时，在幼儿园中教师缺乏自主性，教师感到职业发展的阶梯相对减少，失去前进动力，有的教师开始将工作精力分散到其他方面，如家庭、社会交往等，久而久之，成长中的“高原期”就会越拉越长。

2. 教师职业发展高原现象的应对策略

职业发展高原并非不可突破，其实，如果应对得当，职业发展高原的出现往往意味着进入一个新的职业发展期。处在高原期的教师需要相对平静、宽松的社会环境，需要幼儿园开放、民主、积极的发展空间，更需要个人自觉、主动的行动。

(1)自主发展是高原期教师走出高原的关键

①进行正确的自我评估。进入高原期的教师要进一步对自我和自己的职业发展进行评估。其目的是进一步认识自己。因为只有正确认识了自己，才能合理确定适合自己的专业发展之路。自我评估包括自己的兴趣、特长、性格、学识、技能以及目前自我发展的现状与优劣等。同时还要分析自己所处的环境条件，明确自己与环境的关系、环境对自己提出的要求以及环境对自己有利的条件与不利的条件等各种因素。只有对这些因素有了充分的了解，才能做到在复杂的环境中寻求最佳发展道路。

②寻找职业发展的新目标。教师的职业发展方向主要有：资深教师、学者型教师、教师中的管理者。只有树立了目标，才能明确奋斗方向，并最终走向成功。凭空产生一个目标是不容易的，我们可以参考一下名师的成长经历。名师的成长经历告诉我们，没有什么目标是不可能的，只要我们坚持不懈地追求。

③加强自主学习，增强发展后劲。处于发展高原的教师大多是实践型、经验型的教师，其理论功底相对缺乏。他们突破高原期的关键之一是加强教育理论的系统学习，用系统的理论指导实践，使自己的教学行为系统理性化、规范化、科学化，进而用自己的实践丰富教育理论。处于高原期的教师可以参加更高学历的进修，也可以充分利用本地资源，积极开展校本教研；培养问题意识，在日常工作中发现问题，充分利用周围的优势资源，如老教师、教研部门的专家等；还可以向实践学习，加强反思，经验加反思的行动研究是教师专业发展最有效的途径，也是教师早日突破“高原期”的有效方式。

(2)寻求组织的支持

处于职业发展高原期的教师可以考虑从幼儿园、领导以及同行那里寻求支持，以获得更广阔的发展空间。

①与领导积极对话，表明自己的发展愿望。在一些管理者看来，高原期教师多数已经功成名就，或者受家庭拖累，可塑性不大，理应将发展的平台留给快速发展起来的年轻教师。要改变这样的舆论氛围，高原期教师自己要敢于积极和学校管理者沟通对话，大胆表达自己继续发展专业的愿望，寻求在更高的平台上发展的机会。当然，在表达愿望的同时，教师自身既不要夸大其词，也不要妄自菲薄，要实事求是地反映自己专业发展的条件和期望，争取创造平等的晋升机会。这样，高原期教师得到社会认可的程度越高，发展的动力和空间也就越大，发展得也越好。

②向同行学习，一起探索更多的发展途径。幼儿园教师应与上级加强沟通，了解更多的发展信息。由于教研部门工作的特殊性，往往能够掌握一些学校教师

难以获取的信息，同时也希望这些信息能够发挥应有的效应。但是有时因为工作头绪较多，信息传达不畅而导致信息资源的浪费。因此教师可以主动加强与教研部门的联系，快速获取信息资源，这会给自己带来一些意想不到的发展机遇。

除上述外，教师成长过程中还有可能面对其他的问题，如情绪不稳定、人际交往障碍、压力过大等。但只要我们在实现自身专业发展的过程中，不断改进工作，坚定教育信仰，就会越来越体会到教师职业的幸福，最终促成幼儿幸福与社会和谐的实现。

【学以致用】

请运用已学习的理论知识，谈谈如何提升幼儿教师的职业成就感和幸福感。

【课外拓展】

请同学们收集整理有关幼儿园特级教师的相关资料，从中寻找对自己专业发展有益的启示。

第四章　幼儿园教育目标、任务与原则

【教学目标】

通过学习，学生应理解我国教育目的和幼儿园教育目标；熟悉幼儿园双重任务的内容，明确当前幼儿园双重任务的新特点；掌握幼儿园教育的原则，树立科学的教育观；能根据幼儿园教育目标和原则，正确认识和分析各种教育现象和教育问题，拥有热爱幼儿，热爱幼教事业的情怀。

第一节　幼儿园教育目标

【头脑风暴】

目前，由于升学和就业的双重压力，使得学校教育陷入了“应试”的怪圈，这种竞争已经影响到了幼儿园阶段的教育，社会上刮起了“超前教育”“神童教育”风。一些家长和幼教机构难以摆脱这种短视的教育行为，表现出重知识灌输轻能力培养、重智力培养轻人格培养等错误倾向，一些幼儿园迫于家长压力或利益驱动，办起了各种各样的兴趣班、特长班，作为学前教育专业的学生，你认为幼儿园应追求什么样的教育目标？

幼儿教育是目的性很强的活动，幼儿教师所从事的一切教育活动都为实现这个目的服务。为了做好幼儿园教育工作，首先必须正确认识我国的教育目的和我国幼儿园教育目标。

一、我国的教育目的

教育目的是指一个国家、民族通过教育，把受教育者培养成为什么样的人，它是国家对培养人才的质量和规格的总要求。在进行教育之前，人们对于要把受教育者培养成为什么样的人，已经在观念上有了某种预期结果或理想形象。人们之所以进行教育活动，就是要引起受教育者的身心发生预期的变化，形成他们的个性，使他们成长为合乎社会需要的人，这种预期的结果或理想的形象，就是我们所说的教育目的。

在不同国家和社会历史发展的不同时期，其教育目的是各不相同的。自新中国成立以来，我国的教育目的有几次不同的表述。1957 年，毛泽东同志在关于正确处理人民内部矛盾的问题中提出："我们的教育方针，应该使受教育者在德育、智育、体育几方面都得到发展，成为有社会主义觉悟的、有文化的劳动者。"1958 年，中共中央国务院在《关于教育工作的指示》中，明确指出："教育的目的是培养有社会主义觉悟的，有文化的劳动者。"

1980 年，邓小平同志提出：要培养出一代"有共产主义理想、有道德、有知识、有体力，立志为人民做贡献，为祖国做贡献，为人类做贡献"的新人。1981 年，在《关于建国以来党的若干历史问题的决议》中提出："坚持德、智、体全面发展，又红又专，知识分子与工人、农民相结合，脑力劳动和体力劳动相结合的教育方针。"1985 年在《中共中央关于教育体制改革的决定》中提出，要造就大批的合格人才，"这些人才，都应该有理想，有道德、有文化、有纪律，热爱社会主义祖国和社会主义事业，具有为国家富强和人民富裕而艰苦奋斗的献身精神，都应该不断追求新知，具有实事求是、独立思考、勇于创造的科学精神。"

1995 年颁布的《中华人民共和国教育法》规定，我国的教育目的是：教育必须为社会主义现代化建设服务，必须与生产劳动相结合，培养德、智、体等方面全面发展的社会主义事业的建设者和接班人。这一教育目的指出了我国社会主义现代化建设新时期教育对象的发展方向。它是我国现阶段一切教育活动的出发点和归宿。

二、幼儿园教育目标

(一)幼儿园教育目标的内涵和意义

教育目的是国家对各级各类教育事业培养人的质量的总体要求。由于社会所需要的人是多层次、多规格的，受教育者身心发展水平也各有特点，所以国家对各级各类教育提出了特殊的具体要求，即各级各类教育的目标。

教育目标就是受教育者完成一定的教育和课程计划后身心发展各方面预期达到的具体规格要求及其结构体系。第一，教育目标是教育目的的具体化。教育目的是规定受教育者的发展方向，教育目标是规定受教育者在按照既定的方向发展的过程中，身心发展的各个方面应该达到的水平指标。第二，教育目标总是体现在一定的教育计划中。如中小学、幼儿园的各种课程计划，都有教育目标成分。第三，教育目标总是表现为一个结构性、多层次和多规格的有机整体。

幼儿园教育目标是国家对幼儿园教育提出的培养幼儿的规格和要求，是幼儿教育最终结果的反映和预期。

我国幼儿园教育的目标是“对幼儿实施体、智、德、美等方面全面发展的教育，促进其身心和谐发展”。幼儿园教育目标是确定幼儿园教育任务，评估幼儿园教育质量的根本依据，国家通过这一目标对全国幼儿园教育进行领导和调控。

《幼儿园工作规程》第一章第五条对幼儿园体、智、德、美各方面教育的具体目标作了详细规定，具体内容表述如下：

促进幼儿身体正常发育和机能的协调发展，增强体质，培养良好的生活习惯、卫生习惯和参加体育活动的兴趣。

发展幼儿智力，培养正确运用感官和运用语言交往的基本能力，增进其对环境的认识，培养有益的兴趣和求知欲望，培养初步的动手能力。

萌发幼儿爱祖国、爱家乡、爱集体、爱劳动、爱科学的情感，培养诚实、自信、好问、友爱、勇敢、爱护公物、克服困难、讲礼貌、守纪律等良好的品德行为和习惯，以及活泼、开朗的性格。

培养幼儿初步的感受美和表现美的情趣和能力。

幼儿园教育目标的确定，规定了幼儿培养的规格和要求。它为幼儿发展指明了方向，为教育过程提供了明确的指导依据，引领教师具有规范的目标意识，也为检查和评价幼儿园的教育工作提供了重要的衡量标准。

首先，学前教育目标具有对幼儿教育机构工作者的思想和观念的规范作用。

幼儿教师是教育活动的组织者，是教育活动方向的把握者。用正确的幼儿园教育目标去引导教师，使之具有明确的目标意识，并以这种意识去选择教育内容、教育方法、教育手段，设计教育环境。

其次，学前教育目标具有对教育过程的指导和控制作用。

学前教育过程是一个多因素参与的开放的系统，教师、幼儿和教育环境之间需要经常协调，班级、园内、园外环境之间也要进行协调，协调的过程就是对与学前教育目标不一致的因素的排斥和控制的过程。因此，学前教育目标是教育过程的调控器，它能使教育过程都围绕、指向教育目标。

最后，学前教育目标对幼儿发展具有评价作用。

幼儿园教育目标最本质的意义是对幼儿发展具有规范、评价作用。幼儿教育目标指明了幼儿发展的领域和基本范围，描绘了幼儿发展的蓝图。正如美国当代课程专家瑞夫·泰勒所言“教育的真正目的不在于教师完成某种活动，而在于学生的行为规范中引起某种重要的变化”。同时，教育目标也是衡量教育成效的尺度，是衡量幼儿发展的尺度。因此，幼儿教育目标也是幼儿教育评价体系的基础。

麦克多纳尔德(J. B. Macdonald)提出了教育目标的五项功能，对于我们进一步深入思考幼儿教育目标功能具有借鉴意义。一是教育目标可明示教育进展的方向；二是教育目标可用以选择理想的学习经验；三是教育目标可用以界定教育计划的范围；四是教育目标能指示教育计划的要点；五是教育目标可作为教育评价的重要基础。

(二)幼儿园教育目标制定的依据

教育目标是一个多层次、多规格的有机整体，建立科学合理的教育目标，必须从众多相关因素中选择组织教育目标。我国确立幼儿园教育目标的主要来源有四个：学习者本身即儿童；当代校外生活即社会；学科专家的建议即相关的学科；教育目的等因素。

首先是儿童。教育的终极目标指向儿童的发展。因此，必须研究和把握儿童身心发展的实际水平、需要和可能性，在此基础上确定儿童进一步发展的潜力、方向和节奏。因此，了解学前儿童身心各方面发展的特点和可能性对于确定教育目标来说是必不可少的。

其次是社会。学前教育目标总要反映社会的愿望和要求，并关注社会的未来变化。随着社会经济文化的发展与进步，社会价值观念的变化会通过各种途径影响幼儿，其中有积极影响，也有消极影响，幼儿园应立足现实，对教育目标进行适当的调整。如在社会性与情感教育中强调节俭、关爱他人等品质。同时要引导幼儿对社会现实及其发展趋势进行了解、推测及关心。如森林火灾会造成什么影响，气温越来越高怎么办？人口越来越多怎么办？这些问题都涉及对人类的未来有重大影响的环境问题、资源问题、人口问题等，是幼儿关心的，也是幼儿乐于参与解决的。

再次是学科。由于学前教育更强调幼儿身心和谐发展和良好个性的养成，知识学习、能力锻炼只是幼儿发展的一个方面，学科只是选择教育目标的一个重要参照，而不是很重要的目标生长点。事实上，受教育者身心发展的许多方面都与有结构、有系统的学科相关，教育目标涉及的认知、能力系统更是与相关的学科有关的。系统性、结构性不但反映了一定的程度序列，也体现了知识与能力的相关性。在幼教实践中，除了学科参照，主题、单元形式参照也在很大范围内体现了系统性和结构性。

最后是教育目的。教育目的是对培养人才质量规格的总要求，是各级各类学校培养目标的总方向。

教育目的是一切教育工作的出发点和归宿，它贯穿于教育工作的始终和各个方面。幼儿园教育目标是根据教育目的并结合幼儿的年龄特点和幼儿园任务提出来的，是教育目的在幼儿园教育阶段的具体化。

(三)幼儿园教育目标的层次与结构

国家规定的幼儿园教育目标是宏观的表述。要实现这一宏观目标，需要对幼儿园教育目标进行具体分解，转化为可以操作的具体目标。只有这样，幼儿园教师在组织教育活动时才能有据可依，并将教育目标落实在幼儿的发展上，这样幼儿园教育才能有效。

1. 纵向结构

幼儿园教育目标从纵向的逻辑关系来分解，可依次划分为五个层次。国家的教育目的必须通过这五个层次的具体化，才能转化为对幼儿的发展要求。

一是幼儿园教育目标，即幼儿教育阶段目标。上述《幼儿园工作规程》所提出的保教目标就属于这一层。

二是年龄阶段目标。它是依据儿童发展水平，对幼儿园教育目标作具体分解和落实。

三是学期教育目标。它是按照幼儿园教育活动时间将目标内容进行合理的安排。它是由一系列相互联系、逐步递进的单元目标构成的。

四是单元教育目标。单元目标可以分为内容单元目标和时间单元目标。内容单元是以教育活动主题为单元来分解教育目标，时间单元是以一个月或一周为单元来分解教育目标，分科教育较多地采用时间单元的形式划分目标。

五是教育活动目标。它是指幼儿园一日生活活动、游戏活动或某个具体教育活动的教育目标。它是单元目标具体化，是一种最具有操作性的目标。

最上层的目标即幼儿园教育目标基本上是固定的。下面四个层次由上到下，每一层目标都是上一层目标的具体化。每一层目标都受上一层目标的制约。国家的教育目的只有通过层层具体化，才能真正实现幼儿的全面发展。

2. 横向结构

横向结构指每一纵向层次的目标都可从三个角度加以分解，分别形成任务目标结构、学习范围目标结构和发展目标结构。

从幼儿园教育任务出发确定幼儿园教育目标，每一纵向层次的目标都包括体育的、智育的、德育的和美育的目标。这四育的目标有机地结合成一个整体，形成了任务目标结构。

从幼儿学习的范围出发确定幼儿园教育目标，每一纵向层次的目标都可以分为健康、语言、社会、科学、艺术等领域的目标，从而形成了学习范围目标结构。

从幼儿身心发展需要出发确定幼儿园教育目标，每一纵向层次的目标都包含了身体动作发展、认知、情感和社会性发展等方面的目标，构成了幼儿心理发展目标结构。

不管从哪一种结构出发，教育目标的最终归宿必然是幼儿的发展。从幼儿发展的角度出发确定教育目标是一种较为直接的确定教育目标的方式，也是一种与幼儿发展更接近的目标结构。（见图 4-1）

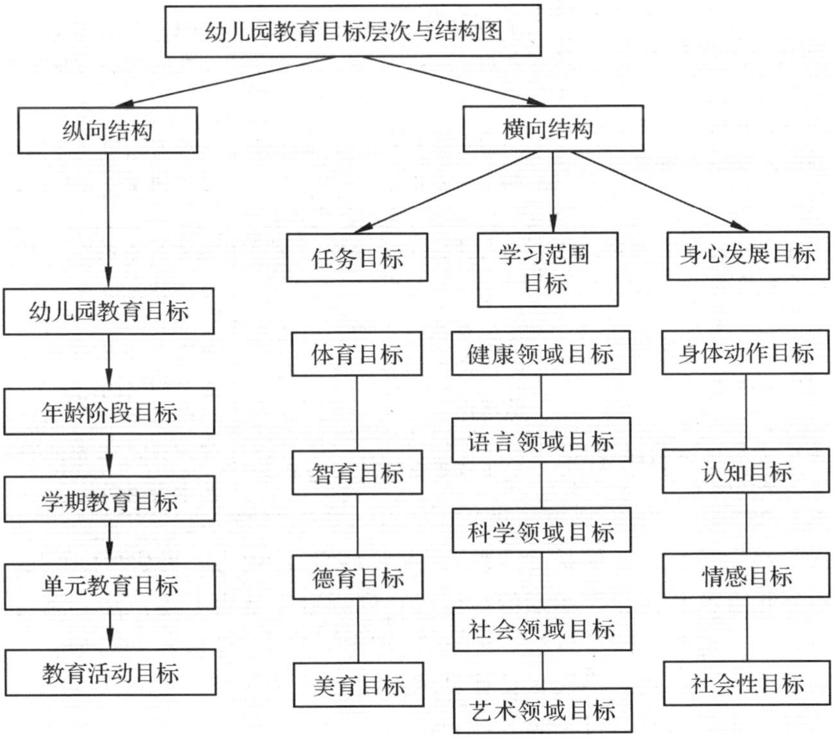

图 4-1　幼儿园教育目标层次与结构

(四)构建幼儿园教育目标体系的策略和方法

在建构幼儿园教育目标体系时，特别是将宏观目标转化为微观的具体目标时，应将纵、横两个层面交叉结合起来考虑。以任务目标结构和身心发展目标结构的交叉为例，幼儿园体育、智育、德育、美育任何一方面都含有动作、认知、情感、能力发展的内容，同样，动作、认知、情感、能力任何一方面都必须体现体、智、德、美四方面的教育内容，两个层面上各成分的有机结合，形成了一个完整系统的课程目标体系。

首先，根据《幼儿园教育指导纲要(试行)》所规定的保教目标确定教育内容的成分和幼儿身心发展的领域，制定出一个幼儿园教育目标体系(见表 4-1)。

表 4-1　幼儿园教育目标体系分解示例

	情感	认知	能力
健康	培养健康的生活态度；提高幼儿参加体育活动的兴趣	了解健康、安全的基本常识	发展基本动作；培养生活卫生习惯和自我服务技能
语言	增进幼儿运用语言表达与交际的愿望，培养早期阅读的兴趣	理解日常用语，了解阅读的基本常识	增强对语言文字的敏感性，发展语言交往技能，
社会	培养幼儿良好的社会性情感和积极的生活态度	丰富社会生活经验，发展社会认知能力	培养基本的交往技能和良好的社会行为习惯
科学	激发幼儿对科学现象进行探究的欲望	增进对周围事物、现象之间以及人与自然之间关系的认识	培养运用感官发现和解决简单问题的能力
艺术	萌发幼儿初步的感受美、表现美的情趣	初步感受自然美和艺术美	能用自己喜欢的方式进行艺术表现活动

其次，根据教育目标体系确定教育“主题”和具体内容，确定“主题”的目标和“主题”中所包含的具体教育活动的目标时，同样可以运用上述方法。制定出教育“主题”目标后，检查它的可行性、适宜性及“上”、“下”级目标之间是否衔接，然后据此选择内容、形式、手段，设计具体的教育活动方案。

制定幼儿园具体教育目标时应做到：

1. 教育目标的涵盖面要全面

教育目标的涵盖面要全面，要立足于使幼儿身心全面和谐地发展。因此，认知、情感(包括个性、社会性)、动作几方面不可偏废。幼儿园教育目标具体化的过程中，要保证教育目标的整体结构不受损害，其内容的涵盖一定要全面，即包括幼儿全面发展的各个方面和每个方面的全部内容。在学前教育实践中，经常出现教育目标的偏差，或重德轻智，或重智轻德，或在智育中重知识的掌握而轻智力的培养，认知兴趣、动手操作以及实际解决问题等更被放在次要位置；或在体育中重动作的发展而轻生活卫生习惯的培养；或在德育中重社会常识的掌握而轻道德情感的培养；或在美育中重艺术技能的掌握，轻创造能力的培养等。教育目标内容的不全面会严重影响幼儿的全面发展。就认知与情感两方面的特征来看，认知的东西，一般比较容易表述，也容易测量。而情感发展层次则很难用语言表达，且不易测量，培养起来也不易见效，很难在操作层次上有所区分。但恰恰是这些很“软”、很“空”的东西对人一生的发展影响很大，必须给予足够重视。

2. 教育目标要有连续性

教育目标的实现是一个长期的过程，它由若干不同的阶段来完成。每个阶段性目标之间要相互衔接，要符合幼儿身心发展的渐进性和连续性的规律，如，在进行活动课程和主题课程时要注意，虽然各阶段可以有自己的重点和“主题”，教育内容可以由一个社会领域转到科学领域，但儿童的基本心理素质和特征是相对稳定的，行为的培养是需要连续进行的，确定目标时必须充分考虑前后的协调一致，不能“断档”、“跳跃”。

3. 教育目标要有一致性

人的发展既有阶段性，又是一个连续的进程，前一阶段教育是后一阶段教育的基础，后一阶段教育是前一阶段教育的继续，各阶段的教育目标要体现一致性，下层目标与上层目标之间、局部目标与整体目标之间要协调一致，以保证每一个具体目标的实现都朝总目标前进一步，都成为实现上层目标的有效环节。

4. 教育目标以儿童发展与成长为核心取向

蝴蝶是由蛹变来的。当蝴蝶还处于蛹的形态时，我们任意要求蛹长出美丽的翅膀，要求蛹也像蝴蝶那样翩翩起舞，这种要求便是超前教育。学前教育是促进儿童体、智、德、美等诸方面全面和谐发展的基础素质教育，不是超前教育。幼儿教育的启蒙性要求幼儿园以儿童的生活为教育的主要载体，以儿童成长作为教育的主要目的和任务。注重儿童良好的行为习惯、生活习惯和人际交往能力的培养。目前中国许多家长和幼儿园以牺牲儿童的成长和生活为代价，过早进行定向教育，或识字、练琴、学画、跳舞，或从事某一项运动，将幼儿发展引向近期可能效果比较明显的狭窄领域，限制了启蒙教育对儿童成长所发挥作用的程度和范围。

幼儿生本教育理念就是以儿童发展与成长为核心取向的，属于学前教育成长取向的典型代表。这种教育理念认为幼儿生命发展是教育的核心，要注重儿童内源性的成长即儿童的身心发育；幼儿是天生的学习者，幼儿学习潜能无限，教师要做到一切为了幼儿，高度尊重幼儿，全面依靠幼儿。

5. 幼儿教师是实现教育目标的重要保证

幼儿教师是按照社会要求将教育目标真正落实为幼儿发展的实践者。首先幼儿教师必须正确、清楚、全面地理解和把握幼儿园教育目标的内涵，并将这种“外在”的教育目标转化为“内在”的正确的教育观念，并用以指导自己的行动；其次，教师必须掌握将教育目标转化为幼儿发展的技能；最后，在教育过程中，教师要依据幼儿的实际水平，选择相适应的教育目标、教育模式、教育内容、活动方式、组织形式、指导方法等，去促进幼儿的发展。没有教师的这种努力，教育目标的实现是不可能的。

即使教师明确了教育目标，在实施目标的过程中也会受到外来的干扰或影响。如来自家长的影响，有些家长望子成龙心切，希望幼儿园训练孩子某种技能，或要求教小学的读、写、算技能；又如来自社会的影响，社会上各种幼儿技能大赛的宣传，偏重学历、追求升学率的风潮等，都可能干扰教师按照教育目标组织教育活动，使教师的教育行为偏离教育目标。因此，在实现教育目标的过程中，教师有责任排除一切干扰，坚定地按照教育目标来规范自己的教育行为，以保证教育目标的真正实现。

【学以致用】

1. 苏霍姆林斯基的“快乐学校”——“蓝天下的学校”似乎没有教什么“有用”的知识。他最关注的不是让幼儿死记硬背所谓“知识”或者“大道理”，他最关注的是小孩子们充实的生活和快乐的成长。他每天都引导孩子们从周围世界中发现新东西，不断走向思维和语言的源泉，使每一个孩子都成长为会思考、会探索的有智慧的人，让儿童在玩乐中开启智慧、陶冶情操、磨砺意志。

在现实生活中，大概许多家长会反对苏霍姆林斯基，并拒绝将孩子送进这样的学前教育机构，请你结合幼儿园教育目标的知识，谈谈自己的看法。

2. 以下是某幼儿园的教育目标，你能够选择其中几条将其落实为具体的教育活动目标吗？

培养对学习的积极态度；发展观察力；学习与小朋友合作；培养初步的生活自理能力；发展对小肌肉的控制和协调。

【课外拓展】

《幼儿园工作规程》中关于教育目标的分析

幼儿园保育和教育的主要目标和内容，充分体现了对幼年一代全面发展的总方向的要求。这些主要目标是根据我国社会主义教育的全面发展的教育目标和幼儿身心发展的规律而确立的。同时规程还充分吸收了发展心理学中关于幼儿发展的科学研究成果，在主要目标的提法上是大有新意的。例如，体育部分强调幼儿身体结构和技能的协调发展，而不是片面的锻炼；有参加体育活动的兴趣，而不单是进行体育操练和训练；增强幼儿体质，而不是体育技巧要求。这都是当前幼儿体质发展方面需要加以重视的。又如智育目标方面，特别指出要培养幼儿正确运用感官的能力和动手的能力，既给幼儿充分活动的条件和机会，又是最适合该年龄幼儿的学习方式，这是在对幼儿的认知过程发展充分理解的基础上才能提出的，与过去过分重视知识传授和技能的获得相比有本质的区别。再如德育部分从感性入手，强调幼儿感受，并提出适合幼儿的一些基本行为要求，而不是抽象地照搬"五爱"的要求。美育部分提出萌发幼儿初步感受美和表现美的情趣，而不是要幼儿在作画、手工的技巧上狠下工夫。这些要求是十分适合3～6岁幼儿的发展水平的，是切实可行的，也是确保教育目的的实施所必需的。每一位教师都要求认真领会这些主要教育目标，根据目标要求来选择适合幼儿的教育活动内容和方法，使教育目标得以实现。同时教育目标的明确和意识的加强，也使我们能克服过去重智轻体和轻德，重作业轻活动，重教师主导轻幼儿主体的倾向，使幼儿教育的目标得以全面实现。

（资料来源：潘洁．全面领会《幼儿园工作规程》（试行）的精神实质，不断进行幼儿园教育改革．谈幼儿园素质教育．北京：科学普及出版社，1994，8.）

第二节 幼儿园的任务

【头脑风暴】

许多望子成龙的父母早早为孩子的"第一学堂"开动脑筋，距离远近、办学特色、教学质量等都成了家长们考虑的问题。茵茵小朋友已到了入幼儿园的年龄，家人对茵茵进入哪所幼儿园意见不一。妈妈想让女儿进入一所双语幼儿园，她看中了这所幼儿园的硬软件设施，考虑到外语学习的重要性，想从小给女儿接受系统的外语教学。爸爸因为工作比较忙，主要考虑接送方便。奶奶觉得选择幼儿园主要看伙食，孩子小，营养最重要。许多家长和茵茵一家一样，不知如何给孩子选择幼儿园。作为未来的幼儿教师，你会如何选择呢？你认为幼教机构该给幼儿和家长提供哪些学前教育服务呢？

一、幼儿园的双重任务

幼儿园任务是幼儿教育目标向操作性方向的转化，是幼儿教育目标在实践层面的具体体现。在我国，幼儿教育具有为幼儿和家长服务的双重任务，其任务是为学前儿童一生发展打好基础，为幼儿入小学打基础。

我国幼儿园教育是基础教育的重要组成部分，也是学制的起始阶段，与其他各级各类学校一样，应该使受教育者在体、智、德、美等方面得到全面发展，为社会主义现代化建设培养建设者和接班人。但是幼儿园又是社会保教机构，具有公益性，因此，它还担负着其他学校教育机构所没有的为家长服务的特殊任务。幼儿园的双重任务体现了幼儿园在社会主义现代化建设中的独特作用。

(一)幼儿园对幼儿实施保育和教育

以幼儿园为代表的幼儿教育机构是我国对幼儿实施保育和教育的组织，因此幼儿园通过对幼儿实施体、智、德、美诸方面全面发展的教育，促进其身心和谐发展，来体现自身的教育价值，为社会主义现代化建设服务。

(二)幼儿园为家长工作、学习提供便利条件

幼儿园不仅是一个教育机构，也是一个社会福利机构，负有为在园幼儿家长服务的任务。幼儿园保护和照顾幼儿有助于解决家长参加工作、学习而子女无人照顾的问题。通过完成这一任务，幼儿园显示出其他教育机构所不可替代的功能，充分体现出幼儿园的社会价值。

二、当前幼儿园双重任务的新特点

随着社会经济文化的发展，幼儿园在实现双重任务的过程中遇到了新的要求与挑战。

(一)为家长服务的范围不断扩大

1. 提供灵活多样、多种层次的学前教育服务，满足家长需求

我国有一亿多学龄前儿童，规模世界第一，学前教育已成为人民群众对教育公平的新诉求，成为事关千家万户利益的重大民生问题；随着工业化城镇化的推进，人口流动带来留守儿童、流动儿童大幅度增加，学前教育需求出现了新的变化。在这种形势下，幼儿教育机构类型单一、服务范围狭窄、机制不灵活的现状就难以适应社会的需要。家长要求办园形式更加多样化，除了全日制之外，还应有半日制、计时制、机动的寄宿制等形式；要求增加节假日服务、甚至晚间服务、护理病孩、特殊儿童等。总之，要求各种幼儿教育机构在办园形式、管理制度、收托时间、保育范围、运作机制等各方面更灵活、更方便，以适应不同家长工作、学习、生活方面的特点和需要。

2. 采取多种形式，扩大学前教育资源，凸显学前教育的公益性与普惠性

自20世纪60年代以来，无论发达国家，还是发展中国家，都把普及学前教育作为提高国家竞争力的重要组成部分。作为国家基础教育和人力资源投资的重点，我国加大财政投入，实施了普惠性的学前教育国家行动计划。把学前教育纳入政府公共服务体系，大力推进普及，已成为当前国际教育发展的新趋势，成为世界各国的共同行动。

发展学前教育，必须坚持公益性和普惠性，采取多种形式，扩大学前教育资源，建设数量充足、条件达标、收费合理、面向区域内所有适龄儿童的普惠性幼儿园。

一是大力发展公办幼儿园，提供“广覆盖、保基本”的学前教育公共服务。要在城乡公办资源短缺的地区尽快新建和改扩建一批公办幼儿园，促进公办幼儿园合理布局。鼓励优质幼儿园举办分园或合作办园，支持街道、农村集体举办幼儿园，面向社区、面向社会，承担学前教育公共服务。

二是积极扶持民办幼儿园，为家长提供多样化选择。对城乡民办幼儿园给予多种形式的扶持和资助，引导其提供普惠性服务，让群众可以在缴费大致相当的情况下自由选择公办园或民办园。

三是建好、用好和管好城镇小区配套幼儿园。在城镇化进程中，小区配套幼儿园既是配置和增加城市学前教育资源的主要渠道，也是提高政府公共服务供给能力的有效手段。

四是各级政府要把发展农村学前教育纳入公共服务体系，建立和完善县、乡、村三级学前教育服务网络，使农村适龄儿童能够享有公平的学前教育机会，保障适龄儿童接受基本的、有质量的学前教育。

3. 幼儿园采取多种形式，为学前教育资助制度的实施创造良好的社会氛围

为贯彻落实《国务院关于当前发展学前教育的若干意见》(国发[2010]41号)和《财政部教育部关于加大财政投入支持学前教育发展的通知》(财教[2010]405号)，按照“地方先行，中央补助”的原则，强调地方政府是发展学前教育的责任主体，从2011年秋季学期起，由地方先行建立资助制度，对经县级以上教育行政部门审批设立的普惠性幼儿园在园家庭经济困难儿童、孤儿和残疾儿童入园予以资助，具体资助方式和标准由省级政府自行制定。

幼儿园要把学前教育资助作为重要工作，从事业经费中提取一定比例的资金，用于减免收费，提供特殊困难补助等。各地应积极引导和鼓励企业、社会团体及个人等捐资，确保学前教育资助制度顺利实施。

4. 幼儿园教育与家庭教育紧密结合，共同为幼儿的健康成长创造良好环境

《幼儿园教育指导纲要(试行)》指出：“家庭是幼儿园重要的合作伙伴。应本着尊重、平等、合作的原则，争取家长的理解、支持和主动参与，并积极支持、帮助家长提高教育能力。”“充分利用自然环境和社区的教育环境，扩展幼儿生活和学习的空间。幼儿园同时应为社区的早期教育提供服务。”只有把幼儿园教育和家庭教育紧密结合起来，才能为幼儿的健康成长创造良好的环境。

如香港某幼儿园开展“我长大了”的主题活动，把课堂延伸到家庭。园方与家长一起拟定活动方案，使家长明白如何配合活动需要，具体做些什么、怎么做等。于是，除了幼儿园的活动之外，家长也同步在家里进行孩子小时候的“物品展览”，让孩子看婴儿时的照片、用具、玩具、衣服等，和孩子一起回忆小时候的趣事，然后把东西带到幼儿园，在老师的指导下分类、整理，和班上其他家长、幼儿一起办展览。爸爸妈妈还兴冲冲地给教师和其他小朋友当解说员。活动促使家长更加关注孩子的成长，亲子关系更密切。孩子具体地看到自己的成长，更加感到父母的爱，他们也更爱自己的父母，幼儿园教育活动的效果也因此而倍增。(案例选自李季湄，《幼儿教育学基础》，北京师范大学出版社，2001)

(二)坚持科学保教，促进幼儿身心健康发展

1. 依据幼儿教师专业标准　不断提高幼儿教师专业素质

2011 年教育部制定的《幼儿园教师专业标准(试行)》是国家对合格幼儿园教师专业素质的基本要求，是幼儿园教师培养、准入、培训、考核等工作的重要依据，是幼儿园教师开展保教活动的基本规范，是引领幼儿园教师专业发展的基本准则。

幼儿教师是履行幼儿园教育工作职责的专业人员，需要具有良好的职业道德，掌握系统的专业知识和专业技能。《专业标准》强调合格的幼儿园教师必须富有爱心、责任心、耐心和细心，必须关爱幼儿，尊重幼儿，做幼儿健康成长的启蒙者和引路人；强调幼儿园教师要保教结合，适宜安排幼儿的一日生活；重视环境和游戏对幼儿发展的独特价值，积极支持与引导幼儿游戏，将教育灵活地渗透于一日生活中。

2. 为儿童创设丰富多彩的教育环境，防止和纠正幼儿园教育“小学化”倾向

幼儿园教育“小学化”倾向的突出表现是：课程设置小学化、教学模式小学化、评比表彰小学化等。这样做的主要弊端有：按小学教材提前让幼儿学习拼音、写字、做算术等，以此超前教育培养出来的孩子，容易养成不专心上课的习惯；过早地让孩子死记硬背小学的知识，养成了不爱动脑筋、不愿思考的习惯；孩子在读写算方面形成的错误或不规范做法，纠正起来比较困难。

幼儿教育是一种养成教育，它的主要目的在于培养幼儿良好行为习惯，激发幼儿认知、探究兴趣。教学内容应符合幼儿认知特点，培养幼儿积极、健康、和谐的个性和心理。教师要坚持以幼儿为本，尊重儿童的天性和认知规律，开展科学保教，引导家长更新教育观念，珍惜童年生活的独特价值，自觉抵制那些拔苗助长、违反儿童身心健康的错误观念和做法。

3. 加强教研，建立幼儿园保教质量评价体系

幼儿园保教质量评估是在一定的教育价值观指导下，依据一定的标准与程序，对学前教育机构保教工作进行科学调查，做出价值判断的过程。幼儿教师要加强对幼儿学习与发展特点的研究，探索科学保教方法，一切以促进幼儿身心健康、习惯养成、智力发展、快乐成长为重。为儿童创设丰富多彩的教育环境，坚持以游戏为基本活动，注重让幼儿在与同伴和成人的积极交往中，通过观察探

索、感知体验，享受快乐童年，促进个性健康发展。

幼儿园保教质量评估强调幼儿园课程与幼儿发展的联系，倡导幼儿主动参与各种活动，注重幼儿潜能开发、创新精神和各种良好习惯的培养，加强幼儿园课程与家庭教育、社会生活联系，多方采集评价信息，正确分析评价结果与信息，逐步形成自评、互评与他评相结合的保教质量监控与评价机制，形成与幼儿园课程相适应的保教质量评价体系。

(三)家长对幼儿教育认识不断提高，要求幼儿园具有更高的教育质量

目前，家长送孩子入园有了选择余地，但是“入好园难”的呼声日趋强烈。随着家长对幼儿教育在人一生发展中的重要意义的认识不断提高，幼儿园质量的高低成为家长最关心的问题。他们不仅希望孩子在幼儿园吃得好、长得好，更希望孩子能接受好的教育，同时也渴望从幼儿园学到科学育儿的知识，以便孩子在园里、在家里，都能得到全面发展的教育。

总之，幼儿园要更好地完成双重任务，使家长满意、社会满意，必须关心、顺应社会的发展和变化，不断调整自身的运行机制，深入地进行课程改革，把幼儿园教育质量不断提高到新的水平，才会生源充足，获得良好的社会效益和经济效益。

【学以致用】

1. 下面是日本东京都保教服务评价项目表，请结合此表内容分析评价某幼儿园保教工作的情况。

表 4-1　东京都保教服务评价项目(调查家长满意度)

通用的评价项目	
入园·保教机构运营方针	1. 你能接受保教机构运营的基本思想方法(理念·方针)吗？
	2. 职员工作等反映出的日常保教服务与保教机构运营的基本思想(理念·方针)一致吗？
	3. 你认为保教机构努力通过节日庆祝活动等与社区居民交流吗？
设施环境	1. 孩子生活的地方是否充满安定、平和的气氛？
	2. 保教机构促进孩子的发育、激发孩子积极性的玩具准备得充分吗？
	3. 保教机构应对外来侵犯的安全对策充分吗？

续表

通用的评价项目	
每天的保教服务	1. 孩子入园时，是否能把握、确认孩子的状态？
	2. 餐饮种类是否丰富？
	3. 散步等户外活动是否充足？
	4. 是否有活动和游戏来培育与孩子发展相适宜的丰富的感性认识？
	5. 带班老师是否知道班上儿童的优点和个性？
	6. 保育者或者其他职员的保教行为、应对水平是否大致相同(差异很小)？
	7. 离园时保育者是否向家长说一说孩子的情况？
	8. 离园时，孩子是否都表示出满意的表情？
	9. 在离园时间等方面，能否灵活应对家长的紧急加班或临时不定期的工作？
	10. 能够恰当地应对孩子在保教期间发烧等生病的情况？
	11. 对保教机构内发生的事故、伤害等，能负责地加以处理吗？
监护人和保教机构之间的联系、交流	1. 通过保教机构发来的书信或其他方式的信息，监护人能知道孩子平时的情况和心情吗？
	2. 有关育儿的知识或烦恼，能轻松地进行咨询吗？
	3. 对监护人的种种价值观能否表示理解？
	4. 在安排传统庆典活动日程的时候是否考虑到尽量方便监护人能够参加？
对要求，意见或不满、纠纷的应对	1. 确实能应对所发生的不满、纠纷吗？
	2. 能否针对孩子或监护人的要求和希望改进工作？

（资料来源：摘自日本学前教育系列丛书《提高幼儿教育质量》，大宫勇雄著，李季湄译）

2. 讨论：小明的父母因工作加班，没能按时来接孩子。你如果是孩子的老师，该怎么办？为什么？

第三节　幼儿园教育原则

【头脑风暴】

世界经合组织报告《强有力的人生之初》中有一段文字："幼儿时代，作为人生的一个阶段，是一个其本身就拥有极高价值的时代。对幼儿来说，自由的时间、独自的文化和游戏都是有决定性意义的重要东西。幼儿能够基于自己的思考、自己的兴趣而生活，让幼儿始终保持那种意味的生活是教师必须牢记的追求，是幼儿园教育的基本原则"，这些已成为世界各国学前教育工作者的共识。

幼儿园教育的原则是教师向幼儿进行教育时必须遵循的基本要求。这些要求是根据幼儿园教育目标、任务和幼儿身心发展的特点，并在总结了长期的幼儿教育实践经验的基础上提出来的。幼儿园教育原则应始终贯穿于幼儿教育工作的全过程，既包括幼儿教育课程的编制阶段，也包括幼儿教育课程的实施阶段。在课程实施阶段，既适合于教学活动，也适用于游戏、日常生活活动等各种类型活动。既适用于活动计划的预设、内容的选择，也适用于环境的创设、材料的提供、活动区的设置、班级管理等。总之，只要是对儿童有影响的教育各方面、各环节、各流程等，都应该遵循这些原则。

幼儿园教育原则包括两部分：一部分是幼儿园教育的一般原则，是幼儿园、小学、中学教师均应遵循的，它反映了教育对所有教育者的一般要求；另一部分是幼儿园教育的特殊原则，是根据幼儿园教育的特点提出来的，是幼儿园教育对教师的特殊要求。

一、幼儿园教育的一般原则

(一)尊重儿童的人格尊严和保障儿童的合法权利的原则

许多幼儿园都有过这样的情景，对上级领导和园外老师上"公开课"或"展示课"时，上课老师总是选择一些他认为乖巧、聪明、听话的小朋友参加，而老师认为不乖的小朋友就让保育员带到外面去溜达；公开课提问时，老师总是提问那些"能干"的孩子，而那些"不能干"的孩子把手举得再高，老师还是不提问他，有的连上课的机会都没有。

作为幼儿园教育对象的幼儿首先是一个人，是我们社会的一员。因此他们享有人的尊严和权利。没有对儿童的尊重就谈不上真正的教育。

1．尊重儿童的人格尊严

儿童虽然年龄小，但是他们和教师之间的关系是平等的人与人的关系。要杜绝对孩子随意敷衍、盲目指责、任意羞辱的粗暴行为，更不能拿儿童作为宠物玩耍，随意给他们起绰号，当众披露他们的缺陷。教师要将儿童作为具有独立人格的人对待，尊重他的思想感情、兴趣、爱好、要求和愿望等。

如果教师的言行处处体现对儿童的尊重，注意倾听儿童的想法，尊重他们的意愿，就会使儿童意识到他们在这个世界上是有价值、有能力、不可缺少的，从而建立起自信心，获得良好的自我概念，为自身的发展奠定基础。反之，如果教师随意呵斥、责备、惩罚儿童，让儿童常常感到委屈、羞辱，他们便会认为自己是无能的，被人看不起的，从而丧失基本的自尊与自信。这种消极的自我概念一旦形成，将会影响儿童终身的发展。

2．保障儿童的合法权利

儿童是不同于成人的正在发展中的社会成员，他们享有不同于成人的许多特殊权利，如生存权、受教育权、受抚养权、发展权等，这反映了人类对儿童在社会中的地位和权利的认可与尊重。但是，儿童毕竟是稚嫩、弱小的个体，他们对自己权利的行使还必须通过成人的教育和保护才能实现。家庭、学校、社会应保障未成年人的合法权益不受侵犯。因此，教师不仅是儿童的“教育者”，也应当是儿童权益的实际维护者。

当幼儿处于意外事故和危险情况下，幼儿教师应掌握幼儿安全防护与救助的基本方法。“安全第一”，是幼儿园工作的核心和重点，在幼儿园日常教育活动中，随时都要注意安全，在保证正常教育活动的同时，万一发生事故，要及时做好事故的处理工作和报告工作。

发生火灾时，应先组织幼儿迅速疏散，在疏散的同时，拨打火灾电话“119”和“120”。发生食物中毒时，首先要拨打“120”急救电话，然后立即送中毒人员去医院进行抢救。若幼儿发生跌伤、烫伤、碰伤等一般事故，应立即送保健室进行处理，若保健医生不能处理，应立即送医院进行治疗。若发生触电、溺水等现象，首先将人员救治脱离电源或水源，然后进行人工呼吸，拨打“120”急救电话送医院进行抢救。若园内发生传染病，应立即将病人进行隔离治疗，同时，保健室立即将班级、教室进行彻底消毒，病人病愈后持医院证明方可入园。

(二)发展适宜性原则

发展适宜性原则是指幼儿教育要促进每一个儿童在现有水平上获得最大限度的发展，教师提出的教育目标和安排的内容都应以儿童身心发展的成熟程序为基础，注重幼儿的学习准备。按维果斯基的理论，要找准每个孩子的“最近发展区”，使每个孩子通过活动都能在原有基础上有所提高，即“跳一跳，摘个桃”。教师在充分了解幼儿智力水平的基础上，提出适度的要求，把儿童发展的现实性和可能性有机结合起来，既不能迁就幼儿已有的水平，错过发展机遇，也不可拔苗助长，超出发展的可能性。

教师在制订教育计划、设计教育活动时，应当注意：

1. 教育要促进每个儿童的发展

教育必须面向每个儿童，使每个儿童都能达到教育目标的要求。常常有这样的情况：有的教师只关注成绩好、能力强的儿童，而那些既不出众又不吭声的儿童基本上不在教师的视线之内。要保证每个儿童在学校里有同等的受教育机会，教师必须同等地、一视同仁地对待所有的儿童，采取最有效、最合理的方式促进每个儿童的发展。

2. 教育要促进每个儿童在原有基础上的发展

面向全体，使所有的儿童都得到全面发展，并不是要求所有的儿童都达到同等水平，也不是要求每个儿童在所有方面都达到同样高度。由于每个儿童的需要、兴趣、性格、能力、学习方式等各有不同的特点，因此，必须考虑每个儿童的特殊需要，因人而异地进行教育，使每个儿童都能发挥优点和特长，在自己原有的水平上得到应有的发展。

3. 儿童的发展是具有个性的发展

教育除使每个儿童达到国家统一要求的标准之外，还允许根据每个儿童的特点和可能性，充分发挥他们各自的潜能，使不同的儿童在不同的方面能够实现自己的有特色的发展，而不是千人一面。

(三)整合性原则

整合性原则是指将幼儿教育看作是完整的系统，保证幼儿身心整体健全和谐发展，综合各要素，实施教育。贯彻这个原则应注意：

1. 活动目标的整合

目标的确定要全面考虑情感态度、习惯个性、知识经验、技能能力等综合素质的培养和提高，定位于整个人的发展。

2. 活动内容的整合

以目标的整合为前提，使同一领域不同方面内容或不同领域的内容之间产生有机联系。内容的整合最终落实到具体的教育活动之中。

3. 教育资源的整合

教育资源的整合与教育内容紧密相关，教育资源中蕴含了多种教育内容，对教育资源的整合，有利于拓展学前教育的空间，丰富学前教育方法、形式和手段。学前教育机构、家庭及社区都有丰富的教育资源，应充分利用，加以整合，使它们一致地对学前儿童的成长产生积极、有效的影响。

4. 活动形式和过程的整合

将具有一定联系性的教学活动、游戏、日常生活等活动加以整合，将集体活动、小组活动、个别活动加以整合，使教育活动一致地对儿童的成长产生积极、有效的影响。陈鹤琴先生认为，儿童对外界的反应是“整个的”，儿童的发展也是“整个的”，外界环境的作用也是以整体的方式对儿童产生影响的，所以为儿童设计、实施的教育也必须是整合的，这已成为各国学前教育发展的趋势。

(四)充分挖掘儿童、家庭、社会的教育资源的原则

教育必须认识到儿童、儿童全体以及家庭、社会都是宝贵的教育资源，要充分发挥他们的教育作用。教育资源存在于儿童的生活中。在家庭、社会、教育机构、街道、市场、田野，在儿童自身和儿童群体中，在看电视、听广播、交谈、游戏、旅游等各种活动中，都存在着丰富的教育资源，都在对儿童发挥着强大的影响作用，其广泛性、灵活性、多样性、即时性，是学校教育难以比拟的。学校教育如果局限在学校内，不仅会造成教育自身的封闭、狭隘，而且也是教育资源的极大浪费。

1. 与家长合作共育

家庭是儿童成长的第一所学校，家长是儿童的第一任教师，是重要的教育力量。家长的参与能提高儿童活动的兴趣和积极性，家园共育能保证教育的一致性和有效性。

如：在“妙妙蛋”这个主题活动开展的过程中，教师发现随着主题的发展，正好会轮到夏至，在这个节气中有腌咸鸭蛋、挂咸鸭蛋、吃咸鸭蛋的习俗，同时老师们还查阅了关于挂咸鸭蛋、吃咸鸭蛋缘由的资料，得知原来它们是有祈福的作用。于是老师们准备和孩子们一起腌制咸鸭蛋，但是其中出现了困难，老师们还不太了解怎样来“腌制”，因此，她们寻求了家长的帮助，请来了小朋友的奶奶，请家长来指导孩子们一起腌制。在活动中，每个小朋友准备了一个瓶子，将鸭蛋放在瓶子里加上盐水、辣椒进行腌制。在等待的过程中，孩子们都很兴奋，经常跑到自己的蛋前面，和蛋说说话。到了夏至那天大家都将咸鸭蛋装在了陈奶奶(幼儿家长)编的网线袋里，教师们还向孩子简单介绍了挂咸鸭蛋的习俗，很有情趣。

因此教师应当有意识地去开发、利用这些资源，如与家庭、社区合作，充分利用儿童的经验和儿童之间的相互影响，利用大众传媒等，使学校教育更丰富、更有效。

2. 与社区合作共育

社区的参与使学前机构的教育变得更为生动、更富有时代气息。不少学前教育机构在与社区合作中，直接利用社区丰富的教育资源，让儿童走进社会大课堂，如参观社区各种机构、设施，与社区的劳动模范、解放军战士、医务人员、警察叔叔共同活动，去慰问敬老院的爷爷奶奶或请他们到学前机构做客、参与活动等。无论是社区环境、社区资源、还是社区文化对学前教育机构的课程实施效果都会产生不可忽视的影响。

3. 幼儿园、家庭、社区教育要一致

家庭、幼儿园和社区在育儿理念、育儿方法等方面方向一致，积极配合，互为补充，形成合力，最终促进儿童身心健全和谐发展。否则，就会导致教育的积极影响被抵消。如幼儿在幼儿园很讲卫生、会分享，在家里由于受到溺爱，孩子比较霸道，这样家庭教育就会对幼儿发展产生消极影响。

二、幼儿园教育的特殊原则

(一)保教结合的原则

保教结合的原则是根据幼儿园教育的特点和规律提出来的，《幼儿园教育纲要》和《幼儿园管理条例》中都规定了保教结合的原则。教师应从幼儿的身心发展的特点出发，在全面、有效地对幼儿进行教育的同时，重视对幼儿生活上的照顾和保护，保教合一，确保幼儿真正能健康、全面地发展。把握这个原则应明确以下几点：

1. 保育和教育是幼儿园两大方面的工作，具有整体性

保育主要是为幼儿的生存、发展创设有利的环境和提供物质条件，给予幼儿精心的照顾和养育，帮助其身体和机能良好地发育，促进其身心健康地发展而进行的体格锻炼、疾病预防、执行科学的作息制度和保健卫生制度等活动；教育则重在有目的、有计划、系统地培养幼儿良好的行为习惯、态度，发展幼儿的认知、情感、能力，引导幼儿学习必要的知识技能等。这两方面构成了幼儿园教育的全部内容。

2. 保育和教育工作互相联系、相互渗透

幼儿园保育和教育的不可分割的关系是由幼教工作的特殊性和幼儿身心发展的特点决定的。

保育和教育虽然各有自己的主要职能，“保”更多地在生活环节中占优势，“教”更多地在教育活动中占优势，保中有教，教中有保，保教相互包含、渗透。如在晨间接待幼儿时，向家长了解幼儿健康情况，做到心中有数，同时教育幼儿有礼貌，使用礼貌用语；教师在组织幼儿进餐时，教育幼儿餐前餐后不做剧烈运动，细嚼慢咽，饭后漱口，做到不浪费粮食，知道食物的名称、营养和对人体健康的好处等。只有保教融合在一起，才能取得好的效果。

幼儿正处在长知识、长身体的时期，其自身诸方面的发展是彼此依存、协调统一的，任何一方面的障碍都可能影响其他方面的发展。只有保教结合，幼儿身心的全面发展才可能实现。

3. 保育和教育是在同一过程中实现的

对幼儿实施保育的过程，实质上也是对幼儿在体、智、德、美诸方面实施有效影响的过程。保育和教育不是分别孤立地进行的，而是在统一的教育目标指引下，在同一教育过程中实现的。有的保育员在护理幼儿生活时，忽视随机和有意识的教育，结果，无意识地影响了幼儿的发展。比如，幼儿起床后系鞋带，如果幼儿知道系鞋带的方法，只是动作不熟练的话，就应当放手让幼儿自己系，第一次他有可能系不好，但以后就会系得又快又好。对幼儿的成功再辅以及时的表扬

和鼓励的话，幼儿就会看到自己的能力，以后对做其他事也会更有自信心。但是，如果保育员对幼儿说："你系得太慢了，来，老师帮你系"，并三下两下把鞋带系好的话，幼儿面对成人熟练的技巧会感到自己能力太差，而且也不想再去练习。这样不仅助长了幼儿的依赖思想，也使他们失去了自信，失去了锻炼自己能力的实践机会。也就是说，保育员的一片好心却在无形中剥夺了幼儿发展自己的权利。

比如，四岁的东东吃饭时总要坐在保育员的腿上，让她一口一口喂饭吃。上幼儿园的孩子，应该学习独立进餐，可东东偏不愿意自己吃饭，依赖性较强。老师了解到东东在家都是奶奶喂他吃饭，针对这种情况，首先，取得家长的合作与理解，使家长对孩子的要求与幼儿园一致，尽量让孩子自己吃饭，学会生活自理。其次，班级老师相互合作，利用其他孩子良好的进餐行为进行示范，促进同伴之间的相互学习和交流，建立孩子的自尊心。最后，注意尊重孩子的主体性，培养孩子的独立意识，对他的点滴进步多表扬鼓励。通过保教结合，东东终于能自己吃饭了，还学会了一定的生活自理能力。

有的教师认为保育工作是保育员的事，与自己无关，因而不将保育工作列入教育工作计划中，或将保教结合理解为保、教人员的简单配合，如帮助保育员拖地板、盛饭等，而没有理解保教结合的深层次含义，因而在教育时忽略保育因素。比如，体育活动时，只考虑对幼儿基本动作的要求，只重视运动技巧的提高，而全然不顾运动量的大小、运动时间等对幼儿身体的影响；在集体教育活动时，长时间地让幼儿坐着听讲，连续地进行智力活动，不顾及幼儿身体和脑神经系统的疲劳等。

保教结合是全面发展教育方针在幼儿期的具体体现，也是我国幼教实践工作经验的总结。幼儿教育工作者要充分认识保教结合在幼儿全面发展中的意义，真正将保教结合的思想落实到幼儿园工作的每一环节中。

（二）以游戏为基本活动的原则

游戏是幼儿园的基本活动。什么是基本活动呢？基本活动是指在人生的某一个阶段，其出现频率最高，对人的生存发展最有价值、最适合那一年龄阶段的活动。比如，对学龄期儿童来说，上学校学习是基本活动；对成人来说，工作、劳动是基本活动；而对幼儿来说，游戏就是他们的基本活动。

游戏作为幼儿健康成长所必需的活动，由于他们的能力和经验水平的限制，他们需要在一种假想的，不必考虑结果的活动中来学习和练习，以提升自己的能力。游戏最符合幼儿身心发展的特点，最能满足幼儿的需要，有效地促进幼儿发展，具有其他活动所不能替代的教育价值。因此在幼儿园教育实践活动中应当注意以下几点。

1. 重视幼儿的自发性游戏

自发性游戏是幼儿自己发起的游戏。在游戏中幼儿自己决定玩什么，和谁玩以及怎样玩，表现出极大的自主性、独立性和创造性。幼儿园应允许、支持幼儿进行自发性游戏，保证幼儿在一日活动中有一定的时间、适宜的场地和丰富的材料开展游戏，并在幼儿需要时适时提供帮助。

2. 充分利用游戏形式组织幼儿园各类教育活动

为了使幼儿园教育教学活动更适合幼儿，需要把游戏的因素渗透到这些活动中，如教育教学中利用游戏的形式巩固幼儿所学的知识、技能，将游戏形式贯穿于一个活动的全过程，赋予活动一定的情节，让幼儿扮演一个角色，给幼儿一定的自主性，以达到激发幼儿学习的兴趣，使之产生愉快的体验，增强教育效果。

3. 满足幼儿对多种游戏的需要

幼儿虽然普遍喜爱游戏，但对各类游戏的需要不尽相同。教师应注意幼儿的个别差异，提供多种游戏材料，让幼儿自行选择自己喜爱的游戏。那种在游戏时间里只允许全班或一组幼儿玩一种游戏的做法是错误的。幼儿对游戏的需要又是发展变化的。随着年龄的增长，知识面扩大，幼儿对游戏的种类、主题、内容、情节等的需要也在不断变化，教师应观察幼儿对游戏的需要，灵活地变换游戏环境，支持幼儿游戏。

(三)教育的活动性和活动的多样性原则

学前儿童认知直觉行动性与形象性的方式和特点，决定了他们不可能像中、小学生那样，主要通过课堂书本知识的学习来获得发展，而必须通过活动去接触各种事物和现象，与人交往，实际操作物体，才能逐步积累经验，获得真知。离开了活动，就没有儿童的发展。只有引导儿童主动活动，才能进行有意义的学习，儿童静坐看和听，是无法理解所学的内容的。教师应从幼儿身心发展的特点和水平出发，以活动为基础展开教育过程。同时，活动形式多样化，让幼儿能在多种多样的活动中得到发展。

1. 教育的活动性

活动是幼儿发展的基础和源泉。以活动为中介，通过各种活动促进幼儿发展。“要知道梨子的滋味，你就得亲口尝一尝。”在活动设计、组织、实施过程中，教师要为幼儿提供丰富的材料和充分的活动空间、时间，开展各种类型的活动，以及进行人际交往的机会，为幼儿积极主动的活动提供可能。教师在了解幼儿的活动状况(包括活动准备状态、习惯性行为、动机和情绪背景、学习和活动方式及其特点等)的基础上，既要放手让幼儿积极、主动、创造性地活动，又要进行必要的指导和帮助，使活动真正成为儿童发展的手段。

2. 教育活动的多样性

幼儿园的活动不应当是单一的。因为活动的内容、形式不同，在幼儿发展中的作用是不一样的。比如，看图书和栽培植物，幼儿通过前者获得的是间接经验，是符号认识的发展；而通过后者获得的是直接知识，是操作经验及其实践能力的发展。因此，教师要注意教育活动的多样性，才能有效地促进幼儿的发展。

(四)发挥一日活动整体教育功能的原则

幼儿园应充分认识和利用一日生活中各种活动的教育价值，通过合理组织、科学安排，让一日活动发挥一致的、连贯的、整体的教育功能，寓教育于一日活动之中。幼儿园一日活动是指幼儿园每天进行的所有保育、教育活动。它包括由教师组织的活动(如幼儿的生活活动、劳动活动、教学活动等)和幼儿自主自由活动(如自由游戏、区角自由活动等)。

1. 一日活动中的各种活动不可偏废

无论是幼儿的吃、喝、拉、撒、睡一类的生活活动，还是集体教育活动、参观访问等，无论是有组织的活动还是幼儿自主自由的活动，都各具重要的教育作用，对幼儿的发展都是不可缺少的。因此不能顾此失彼，随意削弱或取消任何一种活动。在幼儿教育实践中，较多地存在重教学活动轻生活活动，重有组织的活动轻幼儿自由活动的倾向，因此有必要强调生活活动和幼儿自由活动的重要性。

生活活动在幼儿期有特殊的意义。它不仅是幼儿健康成长所必需的活动，也是幼儿最重要的学习内容和学习途径。将它纳入幼儿教育机构的教育内容，可以说是幼儿教育的一大特点。例如，大班某一幼儿掉了牙，哭着拿着掉了的牙去找老师。老师安慰他说这是正常现象，然后根据这一事例在全班组织讨论：为什么会掉牙，并进行了一系列活动：“我们要换牙了”、“如何保护牙”等。在生活中进行随机教育，使幼儿懂得了一些换牙、保护牙的卫生常识，学会养成良好的饮食与生活习惯。教师的做法很好地把握了生活中的教育契机。

幼儿自由活动对幼儿健康人格的发展是至关重要的，一个完全被管死的幼儿，会缺乏主动性、独立性，缺乏创造力、想象力，甚至会形成心理问题。因此，教师应当注意克服上述两种错误倾向，保证幼儿身心健康成长。

2. 各种活动必须有机统一为一个整体

每种活动不是分离、孤立地对幼儿产生影响的。一日活动必须统一在共同的教育目标下，形成合力，才能发挥整体教育功能。因此，如何把教育目标渗透到各种活动中，每个活动怎样围绕目标来展开，就成为实践中应当特别关注的问题。如培养幼儿独立性，就需要在生活中注意培养幼儿自己吃饭、穿衣、自己上厕所等自理能力；在教学活动中，指导幼儿独立思考，有困难自己多动脑筋，尽量自己完成学习任务；自由活动时，鼓励幼儿自己设计游戏，自己想出办法来玩、主动与别人交往等。没有这样的有机统一，就不可能实现整体的教育功能。

上述的一般的和特殊的教育原则是幼儿园实施教育的基本准则。各条原则反映了对教育的不同要求，又彼此密切联系、相互渗透，不可分割。因此，应当在深刻理解每条原则的基础上综合地运用它们。

【学以致用】

1. 结合以下案例，分析教师贯彻或违背了哪些幼儿园教育原则？

春天的颜色

案例 1

春天悄然而至，为让幼儿感受春天赋予我们生活的诗情画意，我(老师)教幼儿学习诗歌《春天的颜色》。在第一次语言活动中，为了激起幼儿的学习兴趣，让幼儿理解诗歌大意，我特别画了几幅有关春天美景的图画。但无论我怎么解释，孩子就是记不住诗句，也不明白春天怎么会有颜色。

带着孩子们的疑惑，我组织了一次外出寻找春天的活动。我们来到了公园，让孩子们置身于美丽的大自然中。在这里，孩子们发现了嫩绿的小草，粉红的桃花，淡紫色的丁香，淡黄色的迎春花。在这一情景中，孩子们理解了“春天的颜色”这一抽象的语言和它丰富的内涵。

第二次语言活动，我抛开原来的歌词，让幼儿自己创编《春天的颜色》。看过了姹紫嫣红的春天美景，孩子们的语言生动、形象起来。他们共同创编了如下诗句：

“春天是什么颜色的？迎春花吹着小喇叭告诉我们，春天是黄色的。”

“桃花穿着粉红色的新衣，笑眯眯地告诉我们：春天是粉红色的。”

"梨树开满了雪白的花朵，得意地告诉我们：春天是白色的。"

"丁香花散发着清香，高兴地说：春天是紫色的。"

"小草伸直了腰，柳树摇着新芽一起告诉我们：春天是绿色的。"

"春天是什么颜色的？小朋友们穿着五颜六色的衣服，告诉我们：啊！春天是五彩缤纷的。"

案例 2

星期一，某幼儿园主班老师埋怨地说："孩子在家过了一个双休日，再回到幼儿园后，许多良好的行为习惯就退步了，不认真吃饭，乱扔东西，活动时喜欢说话，真不知孩子在家时，家长是怎么教育的?"站在一旁的配班老师颇有同感地说："是啊，如果家长都能按我们的要求去教育孩子，我们的工作就好做多了！"主班老师接着说："可这些家长不按我们的要求去做倒也罢了，还经常给我们提这样那样的意见，好像我们当老师的还不如他们懂得多，真拿这些家长没有办法……"

2. 结合幼儿园见实习，谈谈幼儿园教师贯彻了哪些幼儿园教育原则？分别是怎样贯彻的？谈谈幼儿园教师违背了哪些幼儿园教育原则？假如你是那位教师，你会怎样做？

【课外拓展】

尊重我们的孩子

人们在对待社会及工作问题上，常常能自动地应用民主概念。但在家庭中，在对待孩子的教育上却时常暴露出潜在的家长意识，其中很大的原因是因为成人们认为孩子们年幼无知，体力缺乏，毫无经验，完全在我们的保护伞下，我们对他们负有完全的责任，因而也就有了权利来指挥他们。家长意识表现为独断专行，片面主观，站在成年人的立场去体味孩子的思想与感觉，在这种思想的指导下，位置便有了倾斜。家长过分看重了自己的权利而忽略了孩子们的权利。每一个孩子都是有主动性的个体，因而也就有了权利。即使孩子在很小的时候，也不能忽略他的权利，随意调遣。相互平等及尊重的关系不仅只存在于成人之间，也存在于成人和儿童之间。从幼儿一出生开始，做父母的就应该意识到这是一个有自己权利的个体，我们应当尊重他，而不仅仅是拥有他。我们常常能够看到父母向别人展示自己的孩子，逼迫他们向陌生人做各种动作和微笑，做父母的是满脸笑容，但是孩子却咧着嘴，哼哼唧唧地哭，因为孩子需要睡眠，或者不高兴做这件事。但是我们常常忽略这种要求，而只是凭着自己的兴趣向大家展示他，我们这样做就是没有尊重我们的孩子。

（资料来源：《美国人的家庭教育》）

第五章　幼儿园全面发展教育

【教学目标】

理解幼儿园全面发展教育，幼儿体育、幼儿智育、幼儿德育、幼儿美育的含义；掌握各育的目标、内容和途径。能对幼儿园全面发展教育的落实情况正确分析；能初步运用幼儿园全面发展教育理论对幼儿园组织的活动进行评价。树立幼儿园全面发展教育观；能正确认识和对待当前幼儿园“片面教育”的现象。

幼儿园全面发展教育是指幼儿园采取符合幼儿身心发展特点的方式、方法和手段，以促进幼儿体、智、德、美全面和谐发展为目的的教育活动。对幼儿实施全面发展教育是我国幼儿教育的基本出发点，也是我国幼儿教育法规所规定的幼儿教育的任务。通过对幼儿实施体、智、德、美各方面的教育能促进幼儿全面发展。体育、智育、德育与美育是全面发展教育的有机组成部分。幼儿教师应树立全面发展与个性发展相统一的观点，使幼儿在体、智、德、美各方面获得和谐发展。

第一节　幼儿体育

【头脑风暴】

某幼儿园进行全园体操比赛，各年龄班都要参加，并评出一、二、三等奖，比赛时请家长观看。各班老师为了获得好名次，每天花大量时间训练幼儿做操。训练时，老师对做操规范的幼儿进行表扬，对做操不规范的幼儿进行批评，并留下训练，直到做操规范为止。

你觉得该幼儿园教师的做法是否合理？通过本节的学习，希望你可以找到答案。

体育是全面发展教育的重要组成部分。体育的概念有广义和狭义之分。广义的体育泛指人类社会的各种体育活动，而狭义的体育则专指在教育机构中进行的，以保证受教育者的身体正常生长发育的一种有目的、有计划、有组织的教育活动。幼儿体育就是按照幼儿身体发展的基本规律，以促进幼儿身体正常生长发育，增强幼儿体质，提高幼儿健康水平为目的的一系列教育活动。

身体的发展主要表现为身体的正常发育和机能的协调发展与提高。身体的发展状况可以用“体质”来概括与评价。体质即人体的质量，是人体在体格、体能、适应能力和心理因素等各方面表现出来的相对稳定的特征，是身体发展状况的综合表现。它包括以下几个方面：

体格：指人体的生长发育、体形和身体姿势。

体能：包括生理机能(人体各器官系统工作的能力，如脉搏、血压、肺活量等指标)、身体素质(身体活动的速度、灵活性、柔韧性、平衡能力、耐力等)、身体基本活动能力(走、跑、跳、投掷、攀登、钻爬等基本动作)。

适应能力：指对疾病的抵抗力和对外界环境各种变化(如冷热、风雨等)的应变能力。

心理因素：指情绪、认识能力、意志品质、个性等。

衡量一个幼儿是否健康，应当从体质的各个方面的表现来综合考察与评价。健康的人不但没有身体的缺陷和疾病，还应具有良好的生理、心理状态和社会适应能力。幼儿适应环境和抗病的能力是衡量体质好坏的主要标志。那种以为幼儿胖就是长得好，或认为身体结实、不生病就是健康的观点是不正确、不全面的。

一个人体质的强弱或好坏，是受多方面因素影响的，是先天因素与后天因素、外部因素与内部因素等多种因素相互作用的结果。

幼儿体育有着不同于中小学体育的特点，这是由幼儿身心发展的特点决定的。在幼儿阶段，由于抵抗力差、骨骼和肌肉发育不成熟、动作不协调等，不宜进行爆发性肌肉活动，需要设计适合幼儿的体育活动；需要为幼儿提供合理的膳食营养；需要把良好的生活卫生习惯的培养放在重要位置；需要创设安全、卫生的生活环境和条件等。

一、幼儿体育的目标

幼儿体育的目标是促进幼儿身体正常发育和技能的协调发展，增强体质，培养良好的生活卫生习惯和参加体育活动的兴趣。具体包括以下三个方面：

(一)保护幼儿的生命与健康，促进幼儿身体的正常生长发育和机能的协调发展

幼儿正处于生长发育的关键时期，身体的生长发育速度快，各部分器官与系统尚未发育成熟，比较娇嫩柔弱，身体形态结构没有定型，可塑性大。同时，幼

儿对外界环境的适应能力和对疾病的抵抗能力较差，容易感染疾病，身体易受损害。幼儿独立生活能力差，需要依赖成人来满足自己身体发展的基本需要。他们也缺乏生活经验与安全知识，没有能力保护自己的生命健康，需要成人的保护与照顾。因此，《幼儿园教育指导纲要(试行)》明确要求："幼儿园必须把保护幼儿的生命和促进幼儿的健康放在工作的首位。"科学合理地照顾、安排与组织幼儿的生活，保障幼儿的生命与安全，提高幼儿的健康水平是十分重要的。

(二)促进幼儿锻炼身体，发展基本动作，增强体质，培养幼儿对体育活动的兴趣

幼儿期是幼儿身体活动能力发展的重要时期，也是奠定幼儿良好的身体素质基础的重要时期。幼儿体质的增强不仅需要生活护理，还需要积极的身体锻炼。幼儿积极的身体锻炼主要是在日常生活和体育活动中进行的。通过日常生活和体育活动，不仅可以发展幼儿走、跑、跳、投掷、攀登和钻爬等基本动作，还可以锻炼幼儿身体，提高幼儿对环境的适应能力，增强幼儿体质。同时，还可以培养幼儿参加体育活动的兴趣。

(三)培养幼儿良好的生活卫生习惯

幼儿时期是各种行为习惯培养的重要时期。孔子说："少成若天性，习惯成自然。"良好的习惯可以使人终身受益。良好的生活卫生习惯有利于幼儿的身体健康和道德品质及文明行为的形成和发展，有利于幼儿适应社会。

幼儿应在成人帮助和指导下，逐步学会照料自己的生活，养成有益健康的行为习惯。例如，穿脱衣服、盥洗、进餐、睡眠、入厕；注意保持个人清洁卫生；养成遵守公共卫生规则的良好习惯等。

需要强调的是幼儿体育的主要目的不在于让幼儿掌握体育的技能技巧，而在于通过体育提高幼儿参加体育活动的兴趣和发展基本活动能力，促进其身心健康成长。幼儿体育三个方面的目标是有机联系的，在幼儿园实践工作中必须全面完成，不能偏爱某一目标。

二、幼儿体育的内容

幼儿体育内容主要包括：科学护理幼儿生活，开展幼儿体育活动，对幼儿进行健康教育等方面。

(一)科学护理幼儿生活

科学护理幼儿的生活，是指根据幼儿身体生长发育的基本规律与特点，合理地安排与照顾幼儿的饮食、睡眠等生活起居活动，为幼儿的安全与健康和身体的正常发展创造良好的生活条件。

1. 创设安全卫生的生活环境

安全卫生的生活环境是保障幼儿生命安全与心理健康的基本条件。安全卫生的生活环境包括安全卫生的物质生活环境和良好的心理环境。幼儿园应当根据勤俭办园、因地制宜的原则，为幼儿创设一个符合安全卫生要求的物质生活环境。例如，活动室应当宽敞、干燥、空气流通、光线充足；幼儿园的家具、盥洗设备等应当符合幼儿的身材；玩具与各种日常生活用品(如毛巾、水杯、碗、筷等)应经常清洗、消毒，符合安全与卫生的要求；户外场地应平坦、清洁，地面无碎玻璃等杂物，教师应主动消除环境中可能的不安全因素。

良好心理环境主要是通过教师与幼儿之间、幼儿与幼儿之间建立和谐的人际关系来创造的。教师要尊重与关心每一个幼儿，帮助幼儿适应幼儿园的集体生活，重视幼儿的心理卫生，尤其是要关心和了解情绪不安的幼儿，帮助幼儿缓解紧张的情绪与压力。教师要帮助幼儿学习与同伴的交往技能，例如，怎样加入同伴的游戏，怎样与同伴协商玩具的使用方法等，使幼儿喜欢并善于与同伴交往，使幼儿在宽松、自由、愉快的生活氛围中拥有积极的情绪和健康的身体。

2. 合理安排与照顾幼儿的饮食、睡眠等生活起居活动

(1)提供丰富的营养

饮食为幼儿身体的正常生长发育与健康提供了物质材料。营养的好坏直接影响幼儿的身体发育状况，尤其是神经系统与大脑的发育。为了保证幼儿获得合理的营养，必须科学地调配幼儿的膳食，使各种食物合理搭配，同时注意食物的烹饪方法，减少食物中营养素的流失。食物的选择与制作还应适应幼儿的消化能力，如食物过硬、过于油腻或饮食过量等都容易使幼儿肠胃功能失调，甚至患病。为幼儿制作的食物还应注意幼儿的饮食心理，注意食物的色、香、味、形，以增进幼儿的食欲。幼儿园应根据幼儿的生理特点、饮食心理、营养素的特性以及市场的食物供应情况来制定食谱，合理调配每天的食物结构，为幼儿提供丰富的营养。此外，还应制定合理的饮食制度，定时、定点组织幼儿进餐，保证合理

的进餐间隔时间。在进餐活动中培养幼儿良好的饮食习惯，如细嚼慢咽、不挑食、不偏食、不撒饭、不剩饭等。

(2)保证充足的睡眠

睡眠可以恢复机体的工作能力，是保护大脑的重要手段。保证幼儿有充足的睡眠时间，养成良好的睡眠习惯，对于保证幼儿身体正常生长发育与健康具有重要意义。卢梭在《爱弥儿》中说："孩子们睡眠的时间要长，因为他们运动的时候特别多。睡眠可以补偿运动造成的消耗，这两者同样是孩子们所需要的。夜里是休息的时间，这是大自然所规定的。"①

幼儿熟睡时比醒着时的生长速度快三倍。因此，幼儿园既要保证幼儿有充足的睡眠时间(一般一天不少于 12～13 小时，其中午睡为 2～2.5 小时)，又要重视培养幼儿良好的睡眠习惯和生活自理能力，如按顺序穿脱衣服，将衣服、鞋袜整齐地摆放在固定的地方，并学习整理床铺等。总之，幼儿园应当保证幼儿有充分的睡眠时间，创设安全舒适的睡眠环境，培养幼儿良好的睡眠习惯。

(3)衣着合适

服装可以防止身体过多散发热量。衣服能调节身体温度，当气温低时，适宜的衣着能降低体温的放散。服装的质料应松软、透气，使身体表皮和服装间空气流通，才能保持温暖，有利于汗液蒸发。

幼儿的服装不应追求华丽、高档，应以简朴和宽松为宜。

3. 制定与执行合理的生活制度和卫生保健制度

生活制度是指生活作息安排。制定和执行符合幼儿身心特点的生活制度，可保证幼儿各器官组织有节奏地活动，防止神经系统过度疲劳，促进幼儿生活有条不紊。因此，幼儿园要从幼儿身心发展的实际和全面发展教育的需要出发，并依据季节变化和幼儿园场地设备条件及家长的工作需要来制定和执行生活制度，如制定幼儿生活作息时间表、安排幼儿在园生活与活动等。在各项活动安排上要注意将教师组织的集体活动和幼儿自由选择的活动相结合，动静交替，活动内容丰富多样。更为重要的是，执行生活制度需要幼儿园全体工作人员的协调一致，需要幼儿家长的配合，因此，幼儿园应让家长了解建立合理生活制度的必要性，争取家长的支持，使幼儿在园内和在家中都有规律地生活。

正确合理的卫生保健制度是贯彻"预防为主"的卫生工作方针的保证，也是提

① [法]卢梭．爱弥儿．李平沤译：北京：商务印书馆，1978，第 155～156 页。

高幼儿对疾病的抵抗力，降低发病率，防止幼儿园传染病蔓延的重要措施。幼儿园应做好清洁卫生消毒工作，疾病预防及常见病的治疗工作，幼儿身体健康检查工作，营养的调配及膳食卫生的检查等。在幼儿园，卫生保健工作除了由保健人员或医生主要负责外，还要依靠教师、保育员、炊事员等各方面人员协同配合。

(二)开展幼儿体育活动

体育活动是幼儿体育的重要组成部分。通过体育活动可增强幼儿的体质，发展幼儿走、跑、跳、投掷、攀登、钻和爬等基本动作，培养其勇敢、自信等优良品质和活泼开朗的性格。幼儿园体育活动的内容包括：

1. 体育游戏

体育游戏是幼儿园体育活动的主要内容，也是体育的方法和途径。多种多样的有规则体育游戏不仅可以发展幼儿的基本动作，促进幼儿机能的发育和发展，还可以丰富幼儿的感觉和动作经验，发展幼儿的认知能力和社会性。

2. 基本动作练习

基本动作是人们生活中常用的，也是体育运动的基础。幼儿的基本动作包括走、跑、跳、投、攀、钻、爬等。要重视发展幼儿的基本动作，使他们动作灵敏、协调，姿势正确。幼儿园的基本动作练习主要通过体育游戏完成。

3. 基本体操练习

幼儿园体操的练习有徒手操(模仿操等)；轻器械操(哑铃操、花操、旗操、球操、棍棒操等)；听口令做立正、稍息、看齐、原地踏步、齐步走、跑步走等；听信号走成简单的队形，如走成圆圈、切段分队等。

在组织幼儿开展体育活动时，要尽量减少幼儿等待、排队的时间。应做到体育锻炼与保护幼儿安全并重。由于幼儿各器官发育尚未完善，幼儿园不能进行专门的技能技巧训练，更不能以比赛、表演等名义进行有伤幼儿身体的活动。要注意活动量的适宜性，避免活动不充分现象的发生，避免进行过量活动及耐力、爆发力强的身体素质训练。幼儿户外活动时间每天不得少于 2 小时，寄宿制幼儿园不得少于 3 小时，高温或寒冷地区可酌情增减。

(三)开展幼儿健康教育

对幼儿进行健康教育，也是幼儿体育工作的重要内容。幼儿健康教育内容大致可分为健康生活指导和身体运动指导两个方面，其主要目标是：使幼儿了解健康生活的基本知识，养成健康的生活习惯；使幼儿了解安全生活的基本知识，培养自我保护的意识与能力。

幼儿健康生活的知识技能与习惯的培养和教育，可以在幼儿一日生活的各种活动中进行。例如，在生活起居活动中，可以增进幼儿对于食物、营养、文明的进餐方式与睡眠卫生知识的认识，培养幼儿良好的生活卫生习惯。

幼儿园安全教育内容应从生活中常见的与幼儿关系密切的安全知识中选取。教师应向幼儿传授有关安全的基本知识经验，如了解交通规则、安全使用火、电、水的知识及使用各种物品和玩具的正确方法；教育幼儿遵守各项活动的规则，如在马路上不乱跑、不爬窗等；教师还要增强安全意识和责任感，平时注意幼儿安全，掌握科学的抢救知识；教育幼儿不跟陌生人走，不拿陌生人给的食物，不告诉陌生人自己的姓名、住址等。安全教育应注意正面教育，让幼儿了解应该做什么和怎么做、懂得注意安全的简单道理。

自我保护意识与能力的培养是保障幼儿生命安全的重要条件。幼儿独立能力及基本活动能力较差，缺乏相关的知识，对危险的事不能做出准确的判断，不能预见行为的后果，更不会在危险出现时保护自己，但他们具有好奇、好动等特点，喜欢探索和尝试。我们经常可以看到某个孩子将手伸到烧开的水壶上，其原因只是想知道壶嘴中冒出的“白雾”是什么；还会看到某个孩子在商店中看到自己喜欢的玩具而跑离父母身边……在各种活动中常会出现不安全因素，教师应对幼儿加强安全教育，增强幼儿的自我保护意识。

三、幼儿体育的途径

(一)在幼儿日常生活活动中进行体育

饭后的散步，平时上下楼梯等，都能让幼儿身体得到锻炼。利用一日生活的各种活动引导幼儿掌握健康生活的知识技能，培养幼儿的健康生活习惯。

(二)专门组织幼儿园体育活动

专门组织的幼儿园体育活动大致可分为正规性和非正规性两种形式。正规性体育活动有体操活动、体育教学活动等，而非正规性体育活动有幼儿园户外体育活动等。专门组织的幼儿园体育活动是实施幼儿体育的重要途径。

(三)组织幼儿健康教育活动

组织专门的幼儿健康教育活动，包括对幼儿进行安全教育，培养幼儿自我保护意识与能力，培养幼儿健康生活的知识技能与习惯几个方面。

(四)其他领域的教育活动中渗透体育

幼儿体育通常也渗透在幼儿园音乐、语言、科学、社会等领域的教育活动中。例如，社会、语言、科学教育活动中的外出观察、参观，音乐活动中的舞蹈、律动等，都是幼儿身体锻炼的良好途径。又如，在幼儿园音乐、语言、科学、社会等领域的教育活动中，要求幼儿注意安全，说话、朗读的声音不宜过大等都渗透了幼儿体育。

【学以致用】

1. 案例分析：认真阅读以下案例，思考此教师的做法是否合理？为什么？假如你是这位教师，你会怎样做？

一个小班的女孩午睡时又尿床了，她紧紧地拉住被子不让老师掀开被子。可老师硬生生地扯开被子，一下子把她的身体和褥子全暴露在所有小朋友眼前，同时老师还大声呵责孩子："又尿了，你快成尿壶了。"

2. 分析幼儿园一日活动中哪些内容属于是幼儿体育的？观看幼儿园体育教育活动，写出此体育活动所达成的目标。

第二节　幼儿智育

【头脑风暴】

在伦敦举行的2000年父母与子女会议上，英国"0～3岁"公司总裁马修·梅尔梅德说，很多父母热衷于让幼儿玩大量的益智玩具，安排幼儿进行各种"开发智力"的活动，希望借此提高幼儿的语言、认知等能力。如果学习压力过重，幼儿的大脑会不堪重负。这样，幼儿长大后容易对事物缺乏兴趣和好奇心，竞争力弱，不善于为人处事。

你是否赞同马修·梅尔梅德的说法？为什么？

智育是指有目的、有计划地使受教育者掌握系统的科学基础知识和基本技能，促进受教育者智力发展的教育过程。幼儿智育就是按照幼儿认知发展的特点，有目的、有计划地增进幼儿对周围环境的认识，获得初步的知识与技能，发展智力，并培养幼儿认识活动的兴趣和良好学习习惯的教育过程。

知识是人们在改造世界的实践中所获得的认识和经验的总和。技能是通过练习获得的能够完成一定任务的动作系统。智力是一种综合的认识能力，包括观察力、注意力、记忆力、思维力、想象力和创造力等要素，其中思维力是智力的核心，创造力是智力的最高表现。知识和智力是不同的概念，但又是紧密联系、相互依赖、彼此促进的。知识是发展智力的基础，是思维的依据和源泉。思维活动是在一定的知识基础上进行的，知识丰富的人容易产生联想和想象。可以说，没有知识就没有思维的材料，也就谈不上智力的发展。智力是掌握知识的武器，智力发展水平的高低影响着对知识的掌握。智力又是在掌握和运用知识、技能的过程中得到发展的。但是，知识不等于智力，智力的发展与知识的掌握也不是绝对一致的。不能认为只要掌握了知识，智力就自然而然地得到发展了。

一、幼儿智育的目标

幼儿智育的目标是发展幼儿智力，培养正确运用感官和语言交往的基本能力，增进对环境的认识，培养有益的兴趣和求知欲望，培养初步的动手能力。幼儿智育的目标具体包括以下四个方面：

(一)发展幼儿的智力

幼儿智育的目标以发展幼儿的智力为核心。在幼儿期，虽然要增进幼儿对环境的认识，丰富幼儿的知识，但是并不以传授大量的知识技能为目的，而且，从人一生所要掌握的知识量来说，幼儿期所获得的知识是微不足道的。然而，从小培养幼儿乐于探索、善于发现、勤于思考的兴趣与能力却是有益于幼儿的终身学习与发展的。幼儿期是人的智力迅速发展的重要时期，用科学的方法去发展幼儿的智力是幼儿智育的核心目标。幼儿智力的发展包括感知能力、观察力、注意力、记忆力、想象力、思维能力和语言交往能力的发展，其中发展与培养幼儿的感知力、观察力、语言交往能力和解决问题的能力的尤为重要。切忌单纯地给幼儿填塞大量的或过深的知识，把幼儿束缚在死记硬背知识上，这不仅不能为幼儿入小学作准备，而且会使幼儿智力的发展受到阻碍。

人的智力发展与动手能力有着密切的关系。多动手能促进大脑的发育，幼儿的许多知识技能是在操作活动中学会的，其思维是在操作活动中发展的。因此，为幼儿提供各种动手操作的机会，不仅给幼儿提供了一个比较合适的学习方式，满足了他们的动手需要，也为幼儿智力的发展创造了条件。

(二)培养幼儿的学习兴趣和求知欲望

浓厚的学习兴趣和求知欲望能引起幼儿的主动探索和细心观察，在这种主动求知的过程中，幼儿的注意力容易集中、思维活跃、情绪愉快，能促进幼儿智力的发展。广泛的兴趣和旺盛的求知欲是幼儿学习取得成功的条件，所以，幼儿智育还应当注意培养幼儿有益的兴趣与求知的欲望。幼儿的学习兴趣包括探究的兴趣、创造的兴趣、动手动脑的兴趣等。

(三)培养幼儿正确运用感官和语言交往的基本能力

发展幼儿正确运用感官的能力，也就是发展幼儿正确运用视觉、听觉、触觉等感觉器官来感知外部世界的能力。幼儿期是感知能力迅速发展和不断完善的时期，感知活动在认识活动中占主要地位，运用视觉、听觉、触觉等感觉器官来感知外部世界是幼儿的一个重要认识特点。因此，感知能力的培养是幼儿园智育的重要目标，也是幼儿园智育区别于小学的一个重要特征。

培养幼儿运用语言进行交往的能力是幼儿智育的重要目标。语言有口头语言和书面语言。幼儿期是口头语言发展的关键时期，幼儿园要注重对幼儿口头语言能力的培养。运用交往语言能力的发展与思维的发展有着密切的关系，幼儿的语言理解、表达能力对其智力活动的发展具有较大的影响。

(四)引导幼儿学习周围生活中的粗浅知识，形成对一些事物的初步概念

幼儿生活在社会中，不断地与周围的人和事物相互作用，因而不断地在生活中学习各种知识和技能，这是生活的需要，也是发展的需要。幼儿教师应有意识地引导幼儿学习周围生活中的粗浅知识，形成对事物的初步概念。

二、幼儿智育的内容

(一)培养幼儿学习的兴趣和良好的学习习惯

学习兴趣是指人对学习的一种积极的认知倾向和情绪状态。爱因斯坦说：“兴趣是最好的老师。”兴趣是求知的前提、学习的动力、成才的起点，它在促进人的发展中具有积极作用。幼儿对感兴趣的事物会积极关心、注意、思考和探

索。人对学习感兴趣时，大脑在学习过程中就会处于活跃状态，这时智力活动十分积极，知识技能也容易掌握。幼儿很早就会对周围事物产生浓厚的兴趣和强烈的求知欲望，这表现在他们好问、好动、好模仿，喜欢听成人讲故事等方面。幼儿教师应注意培养幼儿对学习的浓厚兴趣，使幼儿对学习充满热爱和向往。幼儿教师可以向幼儿展示丰富有趣的学习环境和学习内容，吸引幼儿的注意力；让幼儿体验学习成功的快乐；让幼儿知道学习好本领可以实现自己美好的愿望；教师及时强化幼儿一时的好奇心和探索活动，使之上升为浓厚而持久的学习兴趣等。

习惯是通过重复练习而巩固下来并变成需要的行为方式。学习习惯是在学习过程中经过反复练习形成并发展，成为一种个体需要的自动化学习行为方式。著名教育家叶圣陶先生说过："好习惯养成了，一辈子受用；坏习惯养成了，一辈子吃它的亏，想改也不容易。"习惯伴随着人的一生，影响人的生活方式和个人成长道路。研究发现，幼儿园和小学是培养儿童生活习惯与学习习惯的关键期，进入幼儿园的儿童正处于人生的初始阶段，一切从头学起，可塑性很强，是各种习惯养成的关键时期。因此，幼儿教师要坚持不懈地培养幼儿良好的学习习惯，包括：促进幼儿准时来园；能集中注意力专注地从事某一项活动；勤于动手、积极思考；安静倾听、善于表达；有正确的读、写、坐和握笔的姿势；广泛阅读健康有益书刊；爱护读书文具、会整理这些用品等。

(二)发展幼儿的智力

发展幼儿的智力主要是指发展幼儿的感知力、观察力、注意力、记忆力、想象力、思维力和口头语言的表达能力等。

1. 发展幼儿的感知力和观察力

感觉和知觉在心理学上合起来叫作感知觉或感知。感知就是人们通过感觉器官对各种事物的直接认识。感知是初级的心理过程，是幼儿的心理发展的基础，是幼儿认识的来源。感知能力指人通过眼、耳、鼻、舌、身感知客观事物的能力。教师在教育教学工作中应充分运用实物、模型、玩具、图片和周围的生活环境，采用有趣味的游戏方式来发展幼儿的感知能力。

观察是人的有目的、有计划的感知活动。观察力是一种特殊形式的感知能力。观察力就是指人在感知活动过程中通过眼、耳、鼻、舌、身等感觉器官准确、全面、深入地感知客观事物特征的能力。教师应根据《幼儿园教育指导纲要(试行)》中的要求，组织幼儿观察自然现象、观察自然界和周围环境发生的变化。要使幼儿充分参与观察活动，教师要运用恰当的语言向幼儿提出问题，启发幼儿积极思考。例如，在认识青蛙时，教师让幼儿们在自然角养小蝌蚪，观察小蝌蚪的生长过程，教师要经常提示幼儿细心观察蝌蚪，看它们一天比一天有什么变化？它们是怎样由蝌蚪变成小青蛙的？

教师要善于引导幼儿仔细地观察自然界和周围环境中的事物，看到或知道它们的一些特性，它们之间的共同点和差别，并在这些过程中，发展幼儿的语言、想象和思维。观察时切忌过于强调秩序致使幼儿思维和活动处于被动和抑制的状态。此外，教师在带领幼儿外出散步、参观时也应根据实际情景引导幼儿留心观察所遇见的事物，以扩大幼儿的视野，增加幼儿的知识。

2. 发展幼儿的注意力

注意力是将心理活动长时间地集中于某一事物或某些事物的能力。幼儿以无意注意为主，有意注意逐步发展。例如，周围突然有其他动作或音响，他们的注意就会分散。幼儿园要通过各种活动来培养和发展幼儿的注意力。游戏是培养幼儿注意力的一种有效的活动，例如，教学游戏“什么东西发生了变化”“什么东西不见了”和“什么样颜色的珠子该放在什么颜色的小盒子里”等，这些都是培养幼儿注意力的有趣游戏。教师要恰当地运用直观教具和具体形象的事物，运用多样化教学方法，培养幼儿注意力的稳定性。

教师应使幼儿明确观察的具体目的和任务，使幼儿明确活动要求，从小班开始让幼儿在各项活动中遵守一定规则和控制自己的行为，这有利于发展幼儿的有意注意。

3. 发展幼儿的记忆力

记忆力是人们记住事物的形象或事情经过的能力。教师要根据幼儿记忆的特点，采用各种方式发展他们的记忆力。例如，在星期一或节日之后，让幼儿畅谈假日生活中最有趣或感到最高兴的事。让幼儿背诵儿歌、诗歌，复述故事，表演童话；在教学游戏中记住物品的特征和位置；在猜谜语中让幼儿回忆所猜对象的明显特点。上述这些活动方式都有助于培养和发展幼儿的记忆力。

4. 发展幼儿的想象力

想象力是人在已有形象的基础上，在头脑中创造出新形象的能力。想象力是创造的前奏，想象力和创造力的关系是密切的，想象力愈丰富，创造力愈强，所以想象力是创造发明的先导。幼儿期是想象非常活跃的时期，幼儿园应该重视发展幼儿的想象力。教师在组织幼儿开展游戏、认识社会生活和大自然、发展幼儿的语言等活动中，在对幼儿生动地讲述故事、童话、朗诵诗篇、观看艺术作品等过程中发展了幼儿的想象力。

5. 发展幼儿的思维力

思维力是人脑对客观事物间接的、概括的反映能力。幼儿思维主要以具体形象性思维为主，幼儿的思维主要是依赖于对事物的具体形象或表象，凭借对具体形象的联想进行的。教师应有目的地组织幼儿参加各种活动，丰富幼儿的感性知识，在感性知识的基础上，引导幼儿对事物进行分析、综合、概括、判断、推理。例如，幼儿在教师的指导下观察自然角的种植试验，幼儿通过感知，知道种子在泥土里发芽、长叶、开花、结果。然后，教师通过引导幼儿思考，让幼儿初步懂得植物的发展有赖于湿度、温度和阳光，了解现象之间的因果关系，使幼儿在形象思维的基础上发展其抽象思维。教师要有意识地培养幼儿发现问题、提出问题、分析问题、解决问题的能力。

6. 发展幼儿的口头语言表达能力

语言是交际的工具。幼儿期是口头语言发展的重要时期，在口头语言中，又可以根据语言交往活动的不同性质，把口头语言分为对话性语言与叙述性语言。对话性语言的特点是情境性、简略性、合作性。例如，教师问幼儿“小狗爱吃什么?”幼儿自然的反应是“骨头”，而不是“小狗爱吃骨头”。在这种问答情境下，往往发生的是对话性语言，这种语言的特点是交谈双方的言语活动互相支持，构成了一种上下文关系。叙述性语言的特点是完整、连贯、前后呼应，具有较强的逻辑性。例如，在讲述图片、复述故事内容、表达自己的意见、想法等活动中，往往要求幼儿使用叙述性语言。

幼儿语言交往能力的培养，既应重视叙述性语言能力的培养，也应重视对话性语言能力的培养。教师应该创造一个自由、宽松的语言交往环境，支持、鼓励、吸引幼儿与教师、同伴主动交谈，体验语言交流的乐趣，学习使用适当的、礼貌的语言交往，养成幼儿注意倾听的习惯，发展语言理解能力；鼓励幼儿大胆、清楚地表达自己的想法和感受，尝试说明、描述简单的事物或过程；引导幼儿看图讲述，发展语言表达能力和思维能力；引导幼儿接触优秀的儿童文学作品，使之感受语言的丰富和优美，并通过多种活动帮助幼儿加深对作品的体验和理解等。

(三)增进幼儿对周围环境的认识

幼儿所认识的周围环境，是幼儿生活中经常接触的、可以感知的简单的事物与现象。教师在引导幼儿认识周围环境中的事物与现象时，要注意适合幼儿的认识兴趣与理解能力，让幼儿获得简单的、具体的、科学的知识。幼儿对环境的认识包括以下几个方面：

(1)社会生活的常识。包括认识社会生活的物质环境和人们的生活及相互关系。具体来说，包括认识日常生活用品；认识邻里社区环境如家庭、学校、商店、邮局等，知道它们的名称及主要功能；认识自己和别人，知道自己的名字、年龄、性别等，知道自己和别人的关系；了解衣食住行等方面的知识；认识周围环境和他人的劳动成果；知道国家的名称，认识国旗、国徽及重要节日，知道我国是个多民族的国家；了解在社会生活的基本行为准则等。

(2)自然界的常识。包括认识常见的植物与动物，认识天气和季节的变化、动植物生长、人们生活之间的关系，以及人类保护环境的活动；了解与幼儿生活关系密切的科学技术成果；了解安全卫生常识；认识交通工具及常用的交通规则；认识水的三态变化、物体的沉浮以及声、光、磁性等物理现象。

(3)有关数学的初步知识。数学知识是一种比较抽象的关于物体存在形式的知识。幼儿学习关于数学的初步知识，包括认识和比较物体的大小、多少、长短、高低、宽窄、轻重等；认识几何体、时间、空间；认识10以内的数；学习10以内的加减法等。

三、幼儿智育的途径

(一)组织多种形式的教育活动

幼儿园的教育活动是发展幼儿智力的有效途径。幼儿园课程中的科学和语言领域活动是实施智育的主要教育活动。在组织幼儿园科学和语言领域活动时，应让幼儿参与亲自动手、动脑的实践活动。幼儿游戏、实物操作、动口、动脑的实践活动等是幼儿智力特别是思维能力产生和发展的基础与源泉，也是幼儿不断获得关于周围世界知识的桥梁。因此，教师应解放幼儿的双手，根据幼儿不同的年龄特点，引导他们从事不同水平的游戏和操作活动，让他们在解决问题的过程中发展思维能力，获得丰富的感性经验和直接知识，促进智力发展。在幼儿园健康、艺术、社会领域的教育活动中应渗透智育，发展幼儿的智力，培养幼儿语言表达能力和动手能力等。

(二)一日生活活动实施智育的重要途径

智育应当渗透在一日生活之中，应当引导幼儿去解决生活中的问题，增进幼儿对周围环境的认识。例如，教师可以利用幼儿就餐时的摆碗筷来发展幼儿的数概念和计数能力，或通过食物让幼儿学习有关蔬菜、水果的知识，了解季节变化和农作物的关系等。

(三)创设适宜的学习环境，提供多种多样的学习材料

幼儿智力的发展与环境关系密切。只有在一个宽松、自由的适宜的学习环境里，幼儿才能够自由思考、活动、表达自己的意见和要求，自由地想象和创造，自由选择、探索，智力也才能得到发展。在一个压抑的环境里，幼儿只是被动地接受知识，被动地活动，他们将失去学习的兴趣和欲望，丧失自信心，懒于思考，变得唯唯诺诺，不能充分发展自己的能力。因此，教师应当为幼儿提供良好的环境，重视与幼儿建立良好的关系，鼓励幼儿主动地与环境相互作用，允许幼儿犯错误，尊重幼儿的想法，尊重他们的经验和创造，让幼儿有发挥能力的机会和条件。

在适宜的学习环境中，提供多种多样的学习材料可以适应幼儿不同发展水平和需求，激发不同幼儿的活动积极性，使幼儿按自己的兴趣与需求来选择材料和操作探索的方式，使幼儿能专注和积极主动地投入学习，以获得进步。

【学以致用】

1. 案例分析：认真阅读以下案例，请运用幼儿智育理论对以下案例进行评析。

小班组织“观察蝌蚪”科学教学活动。活动室里放了几盆装有蝌蚪的脸盆，幼儿纷纷围在脸盆旁欢呼：“小蝌蚪，小蝌蚪。”几分钟后。教师问：“小朋友，你们看到了什么?”幼儿说：“小蝌蚪是黑颜色的。”“小蝌蚪有一个椭圆形的大脑袋。”“小蝌蚪的头和身体是连在一起的。”……教师用儿歌的形式将幼儿说的内容连在一起，“小蝌蚪，真奇怪，细小的尾巴黑脑袋，一会儿上，一会儿下，游来游去真可爱”。幼儿和教师一起念起了儿歌。教师又问：“小蝌蚪在水里怎样游的呀?”幼儿观察后说：“小蝌蚪在水中一会儿往上游，一会儿往下游。”“一会儿左游，一会儿右游。”“有的斜着游，有的横着游。”“还有的转圈翻跟头。”

一个小朋友着急地叫了起来，“老师快来看呀，这只小蝌蚪死了。”教师急忙跑过去看，有一只蝌蚪一动不动地躺在水里，教师叫一位幼儿用手去触一下，一眨眼，这只小蝌蚪游得不见了。幼儿拍手叫好，“小蝌蚪没有死!”“小蝌蚪没有死!”教师乘机问：“你们有谁知道这只小蝌蚪在干什么吗?”幼儿说：“它在睡觉。”“它在装死。”“它在休息。”“它在看别的蝌蚪玩。”幼儿众说纷纭。教师说：“小朋

友，我们一起学小蝌蚪在水里游吧。”教师和幼儿戴上了小蝌蚪的头饰，边念着儿歌边学小蝌蚪游水。幼儿一会儿踮起脚尖站起来，一会儿蹲下去，一会儿斜着身子，一会儿转着圈儿，一会儿站着不动……教师启发说：“我看哪只小蝌蚪游的动作与别的小蝌蚪不一样?”教师表扬做出新动作的幼儿。

2. 以下教学活动的组织是否恰当？为什么？

一位新教师组织大班诗歌教学活动，诗歌的内容为“小草爱做梦，梦是绿绿的；小花爱做梦，梦是红红的；露珠爱做梦，梦是圆圆的；小朋友爱做梦，梦是甜甜的”。其活动过程为：①教师朗诵诗歌示范。②教师带幼儿反复读诗歌。③幼儿分组跟教师读。④幼儿背诗歌。⑤幼儿背诗歌比赛。⑥对幼儿的背诵进行评价。

3. 观看幼儿园语言或科学教育活动，写出活动达成的目标。用幼儿智育理论分析活动组织得如何？

第三节　幼儿德育

【头脑风暴】

今天是笑笑的妈妈来接她，妈妈今天看起来脸色不太好，笑笑看到妈妈后非常高兴，跟妈妈提出要去超市买娃娃，妈妈说：“孩子，今天就不要去了，妈妈今天身体不舒服”，可是笑笑根本不理会妈妈说的话，哭着闹着要去超市。最后，妈妈还是答应笑笑去超市。

你对笑笑妈妈的做法是否赞同？应该对笑笑进行怎样的教育？

幼儿德育是指根据幼儿身心发展的特点和实际情况，按照社会的要求，有目的、有计划地对幼儿施加教育影响，发展幼儿社会性，培养幼儿道德品质的教育活动。主要着眼于发展幼儿社会性和培养幼儿的道德品质。

为了更好地理解幼儿德育的概念，需要区别道德、品德、德育、社会性、社会性发展(社会化)等基本概念。

道德是社会调整人与人之间以及个人与社会之间的关系的行为规范的总和，也是评价人们行为的标准。道德多以公共舆论的形式出现，对人的行为具有一种不成文的制约作用，但不具有法律的效力。强调人们行动的自觉性，通过宣传扩大影响。①

① 卢乐山，林崇德，王德胜．中国学前教育百科全书·教育理论卷．沈阳：沈阳出版社，1996，第44页。

社会道德在个体身上的再现称为道德品质，道德品质简称为品德。品德是一定社会的道德原则与规范在个人思想和行为中的体现，是一个人在一系列行为中表现出来的比较稳定的倾向和特征。人的每一种品德都由道德认识、道德情感、道德意志、道德行为四个要素构成。在幼儿的品德形成过程中，四要素的发展不是同步的，幼儿的道德认识、道德意志等发展较差，因此，幼儿德育必须从情感入手，重点放在道德行为的养成上。

德育实质上就是社会道德个体化的过程。狭义的德育是将一定的道德规范转化为人的道德思想、意识、态度和行为的过程。[①] 广义的德育则则包括政治、思想、道德、和个性心理四方面的教育。

社会性是作为社会成员的个体为适应社会生活所表现出来的心理和行为特点。也就是人们为了适应社会生活所形成的行为方式。[②] 例如，某幼儿所表现出的合作、谦让、讲文明、讲卫生、爱父母、爱幼儿园、善于与同伴沟通等特征就是该幼儿的社会性。

社会性发展也称社会化，是指幼儿从一个自然人逐渐掌握社会的道德行为规范与社会行为技能，成长为一个社会人的过程。社会性发展就是掌握社会生活所需要的知识技能、价值观念和行为规范等的过程。每个人必须经过社会化才能使外在于自己的社会行为规范、准则内化为自己的行为标准，这是社会交往的基础。社会性发展是在同外界环境相互作用的过程中逐渐实现的。对幼儿品德教育的过程就是帮助幼儿社会化的过程。

幼儿社会性发展包括培养爱的情感，形成幼儿文明礼貌、守纪律等必要的社会行为规范，以及培养幼儿学习人际交往技能等方面。

一、幼儿德育的目标

幼儿德育的目标是萌发幼儿爱家乡、爱祖国、爱集体、爱劳动、爱科学的情感，培养诚实、自信、好问、友爱、勇敢、爱护公物、克服困难、讲礼貌、守纪律等良好的品德行为和习惯以及活泼开朗的性格。

幼儿德育的目标具体包括三个方面：萌发幼儿爱的情感；培养幼儿良好的品德与行为习惯；培养幼儿良好的个性品质。爱家乡、爱祖国、爱集体、爱劳动、

① 卢乐山，林崇德，王德胜．中国学前教育百科全书·教育理论卷．沈阳：沈阳出版社，1996，第46页。

② 周宗奎．儿童社会化．武汉：武汉少年儿童出版社，1995，第2～8页。

爱科学的情感是人们思想和品德发展的基础，是人们开拓前进的强大动力，所以应从小培养幼儿爱的情感。幼儿时期是品德行为与习惯养成的关键时期，在这一时期培养幼儿良好的品德行为与习惯，将会使幼儿终身受益。幼儿形成诚实、自信、勇敢、活泼开朗等良好的个性品质，有利于幼儿积极地与周围环境中的人和物交往，有利于幼儿与周围的人结成良好的关系，从而促进幼儿健康快乐地成长。

二、幼儿德育的内容

幼儿德育工作的内容主要包括：文明礼貌教育；友爱教育；集体生活教育；道德品质教育；爱家乡、爱祖国、爱劳动的教育以及良好的个性品质的培养。任何一方面的教育都是情感、认知与行为的完整教育。

(一)文明礼貌教育

文明礼貌教育主要培养幼儿待人接物的文明行为。文明礼貌教育要从小进行，以养成文明的行为习惯为目的。对幼儿进行的文明礼貌教育主要包括以下内容：

1. 培养幼儿礼貌待人的态度与行为习惯

帮助幼儿掌握文明礼貌用语，如“请”“您”“谢谢”“对不起”等，能主动、正确地使用礼貌用语与人交往；有礼貌地倾听别人说话，不乱插嘴；有礼貌的与人交谈，不大声嚷；有礼貌地与人共同进餐，学习文明进餐的方式；不说脏话。

2. 培养幼儿关注社会生活的态度与文明行为

对幼儿进行文明礼貌教育，不仅应当培养幼儿礼貌待人的态度与行为习惯，而且还应当培养幼儿遵守社会公德，关注社会生活的态度与文明行为，包括讲卫生、不随地吐痰和乱扔果皮、保持环境整洁有序；不摘花草、不到处乱涂乱画、遵守公共场所的规则与秩序等。

(二)友爱教育

对幼儿进行友爱教教育，目的在于帮助幼儿掌握同伴交往的基本技能，培养幼儿尊重、关心和理解他人的态度和能力，学会分享、合作、谦让、助人，能与同伴友好相处。

1. 培养幼儿积极交往的态度与能力

良好的同伴关系是在同伴交往的过程中形成和发展起来的。交往是指人与人之间的相互作用与信息沟通。人与人之间的交往能否顺利进行，与交往者对待交往的态度与交往的能力有关。有的幼儿往往因缺乏交往技能而导致与同伴之间不必要的冲突。

培养幼儿积极交往的态度与能力，包括鼓励幼儿主动交往，培养交往的兴趣；能够恰当地表达自己的想法、态度与情感；能够注意倾听他人的谈话，根据他人的言语、表情、姿势、动作等来理解别人的想法与感情；能站在别人的角度去体验别人的情感等。

培养幼儿积极交往的态度与能力，首先，要为幼儿创造自由交往的条件，鼓励幼儿积极交往，满足幼儿与同伴交往的需要，体验交往的快乐，喜欢与同伴在一起生活和游戏；其次，要指导幼儿学习与掌握基本的交往技能，例如，怎样和同伴协商轮流玩玩具，怎样向他人借玩具，怎样加入其他幼儿的游戏，怎样有礼貌地拒绝，怎样耐心地等待别人的回应，正确理解别人的意愿、想法，不强要硬拿人家的东西等；最后，要帮助幼儿学习体验别人的想法与感情。例如，幼儿不小心把同伴碰倒了，也跟他说了“对不起”，可他还在哭，这时教师就要引导幼儿去关心同伴，体验同伴的感情。

2. 帮助幼儿学习分享、合作、谦让、助人等良好的行为。

培养幼儿分享、合作、谦让、助人的行为，要帮助幼儿理解这些行为的意义，并创造条件使幼儿有机会实际练习并体验这些行为及意义。同时，也要帮助幼儿理解在什么样的情景下分享、合作、助人等行为是适宜的。例如，当其他幼儿不需要你帮助的情况下，硬要帮助别人是不适宜的“助人”行为。要分享别人的东西，一定要取得别人的同意，因为拥有这件东西的幼儿有权拒绝分享。分享、合作、助人都要以尊重他人的意愿为前提，不能单方面地要求同伴“谦让”，以至于形成“让就是对，不让就是错”的不合理逻辑。

(三)集体生活教育

教师需要帮助幼儿逐步适应幼儿园的生活环境，习惯在集体中生活。通过对幼儿进行集体生活教育，使幼儿喜欢上幼儿园，习惯于和家人短暂分离，能遵守集体生活的基本规则，对集体有归属感、认同感，并且愿意为集体做事，具有初步的责任感。对幼儿进行集体生活的教育，应循序渐进，逐步提高要求。

(四)培养幼儿诚实、勇敢等品德

诚实的品质就是以诚实的态度对待人和事，待人真诚，不说假话，不随便拿别人的东西等。

诚实的品质应注意从小培养。成人要为幼儿树立诚实的榜样，不在幼儿面前撒谎，弄虚作假。要满足幼儿合理的愿望与要求，因为过分严格的限制往往会导致幼儿说谎。注意正面教育，合理要求，建立必要的规则，例如，不随便拿别人的东西，不是自己的东西不带回家等。正确对待幼儿的过失，使幼儿信赖成人，敢于在成人面前说真话，不怕承认自己的过失。成人对待幼儿的教育要一致，并正确对待幼儿的说谎，分析其说谎的原因。根据不同的情况，帮助幼儿区分想象与现实，或明辨是非，改正错误。发现东西丢失或幼儿把幼儿园的东西拿回家去的情况，不要给幼儿扣上“小偷”的罪名，不要当众批评与追究，要尊重幼儿，保护幼儿的自尊心，以具体形象的方式讲解这种行为的错误，鼓励幼儿主动把东西归还原处，并给予肯定。

幼儿的勇敢主要表现在积极参与各种活动，不怕羞、不胆怯，能够经受住一定的苦痛，勇于克服自己在生活和学习中遇到的困难，自己想办法解决力所能及的问题等方面。

教师应当鼓励幼儿积极参加各种活动，根据幼儿现有的身心发展水平，提出适合于幼儿年龄特点的任务与挑战，使幼儿有机会得到锻炼，体验克服困难后产生的成功感和愉悦感，增强幼儿的自信心。同时，要主动消除环境中的不安全因素，避免过多的行为限制，以免造成幼儿胆怯与过分的谨慎。要冷静对待幼儿的失败，鼓励幼儿不怕困难，继续尝试。教师还应当帮助幼儿区分鲁莽与勇敢。在培养幼儿勇敢的同时，还要教育幼儿注意安全，制止幼儿从事危险的活动。

(五)爱的情感的萌发

幼儿是社会主义事业的接班人和建设者，从小萌发幼儿爱祖国、爱劳动的情感，可以为爱国主义思想品德的形成奠定良好的基础。

萌发幼儿爱家乡、爱祖国、爱劳动的情感，要由近及远，逐步扩大范围。可以从增进幼儿对周围环境的认识，培养幼儿关心和热爱周围的人们、生活和家乡开始。

家乡和祖国总是和“亲人”联系在一起的。萌发幼儿爱家乡、爱祖国的情感，应当从培养幼儿热爱身边亲近的人开始。要培养幼儿爱父母、爱教师和爱同伴的情感，帮助幼儿体验父母、亲人和教师、同伴对他的爱。例如，让幼儿扮演角色，当一天正在孵蛋的鸡妈妈，走到哪里都得把“蛋”带着，无论干什么都得小心翼翼不把“蛋”弄破。通过这样的活动，让幼儿来体验妈妈怀胎十月的辛苦。还可以让家长来幼儿园，向幼儿介绍自己的工作，展现自己的“本领”，帮助幼儿认识家长的工作，培养幼儿尊重和热爱父母的情感。“仁者爱人”，道德教育的核心是培养与激发幼儿爱“人”的情感，“心中有他人”。爱是一种双向的情感交流，要从小培养幼儿懂得珍惜别人的关爱，学会付出，而不是只会接受与享受别人的关爱。引导幼儿对父母有礼貌，吃东西不独占，愿意帮助父母做一些力所能及的家务劳动，如扫地、擦桌椅等；在父母休息或工作时，不去打扰他们等。

从爱身边的亲人开始，逐步扩展到爱周围的人。帮助幼儿认识周围人的劳动以及与自己生活的关系，了解人之间的相互依存关系，培养幼儿尊重劳动，珍惜劳动成果的情感。引导和鼓励幼儿参加力所能及的劳动，体验劳动的愉快，掌握简单的劳动技能，逐渐对劳动产生兴趣，喜欢劳动，爱惜物品。幼儿的劳动内容主要包括生活自理劳动、力所能及的家务劳动和为集体服务如擦桌椅、值日生工作等，以及种植和饲养等劳动。有条件的幼儿园还可以组织幼儿进行小木工、拾麦穗、摘葡萄等活动。

“祖国”是一个抽象的概念，萌发幼儿爱祖国的情感还可以从萌发幼儿爱家乡的情感开始。可以充分利用当地的自然景观与人文景观，或当地土特产等，帮助幼儿了解家乡，培养幼儿对家乡的归属感、亲切感与自豪感。同时，结合节日和社会上发生的家喻户晓的重大事件等，向幼儿介绍我国的历史、文化传统、名胜古迹，培养他们初步的爱祖国的情感。

(六)幼儿自信、活泼开朗个性品质的培养

自信、活泼开朗的性格，都是积极的个性品质。这些个性品质的形成，与成人对待他们的态度有关。成人对幼儿过多的限制和过多的消极批评，甚至滥用惩罚，会影响幼儿对自身的认识与评价，造成幼儿畏首畏尾、消极懦弱甚至恐惧压抑的心理状态。教师对待幼儿应以积极的鼓励与肯定为主，发现并欣赏每个幼儿的优点与潜能，帮助幼儿正确认识自己。支持、鼓励幼儿大胆地表现自己的意愿、想法与感受，使幼儿有机会体验与展现自己的能力，增强幼儿的自我价值感与自信心。

三、幼儿德育的途径

(一)日常生活是实施幼儿德育最基本的途径

幼儿期是人的一生中最重要的时期，在幼儿时期进行品德行为习惯的培养，

对幼儿一生的成长有着不可忽视的作用。在幼儿园的一日活动的各个环节中，可谓“时时有德育，处处有德育”。从幼儿早晨来园开始，教师就要注意在各个活动环节对幼儿进行品德教育。例如，晨间活动中，教师要教会幼儿使用简单的礼貌用语，早晚跟教师说“早上好”“再见”等，让幼儿学习礼貌用语，增强文明意识；课间活动中，要教育幼儿相互关心、相互照顾，学会谦让，好玩的玩具大家一起玩；进餐时，培养幼儿良好的进餐习惯，指导幼儿独立进餐，吃饭时不掉米粒、不剩饭菜，吃完后能自觉地将餐具放好，让幼儿克服“饭来张口、衣来伸手”的不良习惯；用餐后，可带幼儿去观察保育教师整理桌面及拖地板的过程，使幼儿懂得应该尊重和爱护别人的劳动成果，不浪费饭菜，不在地板上扔脏东西；午睡时，教育幼儿睡前将脱下的衣服叠整齐，并迅速入睡；在组织喝水时，教育幼儿要排队接水、不推挤、不浪费水；在进行区域活动时，让幼儿懂得团结友爱、互相帮助、与人合作；离园时，要求幼儿不追逐、不吵闹，安安静静地等待父母来接。

教师应在幼儿一日活动的各个环节中加以特别关注，随时了解和掌握幼儿行为品德的各种动态，并不失时机地开展随机教育。教师要充分利用日常生活中的德育因素，对幼儿进行良好生活习惯和行为习惯的培养。

(二)专门的德育活动是实施幼儿德育的有效手段

专门的德育活动是指教师根据幼儿的年龄特征与德育的内容和要求，结合本班幼儿的实际情况、行为表现，有目的、有计划组织的德育活动，也就是为实现某项德育内容而组织的教育活动。专门德育活动的组织形式有谈话、讨论、上课、丰富多彩的实践活动(如参观、春游、劳动、节日庆祝活动)等，既可以集体进行，也可以分组、个别进行。活动内容应以幼儿熟悉的现象或生活中的事例为主，多采用幼儿自己解决问题的方式。活动时间长短依内容而定，活动应当尽可能利用游戏、实践的形式进行。例如，在认识家乡的活动中，让幼儿参观家乡的名胜古迹，品尝家乡的风味特产，欣赏家乡的民间工艺品，并用绘画、手工及结构材料等多种方式表现自己心中的家乡风貌。这一系列活动能让幼儿切身地感受到家乡的美好，激发幼儿爱家乡的情感。幼儿的道德认知、情感以及行为的培养都需要在实际生活中进行才能得到发展。

(三)角色游戏活动中培养幼儿良好的道德行为

游戏是幼儿园的基本活动，也是德育的基本形式。由于游戏伴随着愉悦的情绪，游戏中反映了幼儿的现实生活，反映了人们道德行为准则、人际关系、情感等，所以教师利用游戏进行道德品质的教育，很容易被幼儿接受。在游戏过程中，幼儿自发地扮演一定的社会角色，实践一定的社会行为，体验一定的社会情感，对幼儿社会性的发展有着不可替代的作用。例如，在组织大班幼儿玩“图书馆游戏”之前，先带幼儿参观图书馆阅览室，了解阅览室的纪律，让幼儿亲自去借书、看书、与管理员对话，让幼儿感受管理员接待读者的态度。当幼儿正式玩“图书馆游戏”时，有的幼儿学习管理员的样子热情接待每一位“读者”，有的幼儿模仿成人认真看书，不说话。游戏时“您好”“再见”“谢谢”等礼貌用语时常出现，“管理员”还主动为“读者”推荐好看的书，为他们查找需要的书。然后让幼儿互换角色，亲身体验。通过角色游戏，幼儿模仿到了社会生活中人们良好的行为准则和接人待物的态度，在游戏中身临其境地表现所担当的角色，有利于促进幼儿自身道德品质和良好行为习惯的形成。

（四）其他领域教育活动中渗透德育

《幼儿园工作规程》中指出：“幼儿园品德教育应以情感教育和培养良好的行为习惯为主，注重潜移默化的影响，并贯穿于幼儿的生活及各项活动之中。”教师应把德育渗透在幼儿园音乐、语言、科学、体育等的教育活动中。例如，故事《小骆驼》教育幼儿要热心助人；儿歌《让座》让幼儿懂得尊敬老人、爱护老人；故事《孔融让梨》教育幼儿学会谦让；《狼来了》教育幼儿不能说谎；儿歌《我们的祖国真大》歌颂祖国的美好河山，培养幼儿爱国情操；歌曲《幼儿园里好事多》培养幼儿学雷锋做好事的品德；游戏“拔萝卜”培养幼儿团结互助的精神。教师作为教育活动的组织者，应有正确的育人观念，应立足活动内容，找准结合点，让幼儿在学习知识的同时，对幼儿进行思想品德教育让幼儿在情感、思想、道德、心理等方面都有所发展。

【学以致用】

1. 分析以下案例中教师的做法是否合理，为什么？

有一位老师在上课时，不是先用“没有举手不许发言”“谁不举手我就不叫谁发言”等生硬的命令式的语言向幼儿交代纪律，而是巧妙地让幼儿自己制定这条纪律。当幼儿七嘴八舌地回答问题时，这位老师说：“唉，小红你说得很好，可惜我听不清。小明你也讲得很不错，可我也听不清。怎么办呢？我可想听你们说话了，你们自己想想办法，看怎样使老师能听清你们每个人说的话呢？”于是幼儿热烈地讨论起来了，最后他们自己想出了办法：“我们一个个轮流说。”老师问：“那你们轮流时怎么表示呢？”幼儿说：“举手！举手的时候老师先叫到的就先说，后叫到的就后说。”这样，“举手发言”的纪律就在老师巧妙的指导下，由幼儿自己定出来了。

2. 观看幼儿园社会教育活动，分析此社会教育活动所达成的目标?

3. 分别写一则利用日常生活活动、专门的德育活动、角色游戏进行德育和在其他领域的教育活动中渗透德育的案例。

4. 观看幼儿园德育活动、访问幼儿园教师、收集幼儿园德育案例，讨论和交流幼儿德育的方法有哪些?

【课外拓展】

在幼儿园德育中有效运用奖励的策略

实施有效德育的前提是幼儿园教师必须将幼儿视为独特的有自身独立人格和自尊的个体，充分尊重每一个幼儿。在此基础上，努力做到以下几点。

1. 奖励频次得当

有的教师在德育中滥用奖励，积极举手回答问题有奖，上课坐得端正有奖，游戏时不跟同伴打闹有奖……有些教师尤其喜欢频繁使用事先许诺奖励的方式来激励幼儿，如“你不跟小朋友抢玩具，老师就奖你一朵小红花”“你要是能吃完一碗饭，不浪费粮食，老师就表扬你”“你不哭了，老师就奖你自由活动”……这种对奖励的滥用容易产生“德西效应”，一是导致奖励变得微不足道，对幼儿失去原有的吸引力；二是使幼儿对奖励产生依赖心理，被奖励所左右，甚至把得到奖励看成是学习的目的，产生对奖赏物的关注与贪求，一切以奖励为目的，丧失内部动机。

要做到奖励频次得当，必须把握奖励的时机。如果幼儿没有内在行为动机，或者内在动机不强，教师不得不从外部激励幼儿，推动幼儿道德行为的产生和保持，这时采用奖励是必要的。但如果幼儿已经认可道德行为本身，已经具有内部动机，此时就没有必要奖励幼儿，以免弄巧成拙，不仅不能提高幼儿的主动性，反而会削弱幼儿的内在动机。

2. 奖励程度得当

人的发展是多样的，幼儿园教师要以多元智能观作为指导，多对幼儿作纵向评价，奖励幼儿在道德上的每一点进步。

在现实生活中，教师往往喜欢横向评价幼儿，往往会导致幼儿产生消极体验，因为在一些幼儿得到奖励的同时，其他幼儿可能会受到伤害，因此教师应该慎用横向评价。

教师奖励幼儿的程度要与幼儿的表现相一致，不能不负责任地夸大其辞，给幼儿留下不真诚的感觉。久而久之，这种过度夸大的奖励会丧失奖励的作用。

教师对幼儿的表扬应该越具体越好，让幼儿充分了解自己得到表扬的具体原因，这样不但能让幼儿清楚地知道自己哪些地方做得好，以便更好地坚持下去，而且还能增强幼儿的积极情感体验，因为幼儿能从中感受到教师确实是在关注自己，注意到了自己一点一滴的进步。比如，一名幼儿摔倒了，另一名幼儿跑过去把他扶起来。如果教师见到后说："你今天真乖！"幼儿往往不明白"乖"是指什么，奖励没有起到应有的作用。如果教师说："你今天把小朋友扶了起来。你做得很好，老师很高兴！以后和小朋友在一起玩耍，也要像这样互相关心，互相帮助。"这种方法既表扬了幼儿，又能强化培养幼儿关心他人、助人为乐的良好行为。

3. 奖励形式灵活多样

教师在实施奖励的过程中要多方面考虑幼儿的需要和兴趣，采用多种形式奖励幼儿。奖励的形式包括有形的物质奖品(如小红花)、自由活动时间和社会性奖励(如口头表扬、点头赞许)等。有时教师还要允许幼儿根据自己的意愿选择教师提供的奖品，因为如果幼儿对于奖品不感兴趣，觉得奖品太乏味，奖励就会失去激励功能。

需要注意的是，奖励的最终目的是帮助幼儿将行为动机内化。因此，在奖励类型方面，教师应该适当减少物质奖励，多采用精神性奖励，因为精神性奖励更容易强化幼儿的内部动机。从实施性质来讲，教师应该多采用指向行为过程的信息提供型奖励，少采用指向结果的控制型奖励。虽然控制型奖励便于教师实施，但是对幼儿的道德发展来说，信息提供型奖励更为有益。

4. 奖励公平、公正

奖励实施的公平性和公正性是有效实施奖励的关键。如果奖励实施过程中出现不公平、不公正的现象，不管是有意还是无意的，都会使奖励失去权威性，致使奖励的作用大打折扣。另外，教师要尽可能扩大受奖励幼儿的范围，照顾到更多幼儿的感受，促进全体幼儿的道德成长。莫源秋的一项调查发现，在调查研究的半年时间里，小班约有15.7%，中班约有23.5%，大班约有28.6%的幼儿很少或者基本没有得到过教师的奖励。这意味着教师在很大程度上漠视甚至放弃了对这些幼儿道德发展的关注。扩大奖励的覆盖面，使更多幼儿受益，这是亟须引起教师重视和改进的问题。

教师可以与幼儿一起制定一种合理的奖励制度和监督机制，确保奖励制度能得到大多数幼儿的认可。另外，教师还要尽量考虑大多数幼儿的情绪和感受，充分理解和尊重幼儿，并适当扩大奖励的覆盖面，让更多幼儿拥有自信与成功的体验。处于这种奖励氛围中的幼儿，其积极性和自主性将会大大增强。

（资料来源：黎春花，试论幼儿园德育中奖励策略的有效运用．幼儿教育（教育科学版），2007 年第 7、8 期。）

第四节　幼儿美育

【头脑风暴】

苗苗在画汽车时，将车轮画成了两只脚，并在车身上画上翅膀，教师看到后马上对他说："汽车上面哪有翅膀呢？你再仔细看一看汽车，想想该怎样画？"结果幼儿将翅膀去掉，画了一辆普通的汽车。教师在指导幼儿画画时是否科学？为什么？通过学习幼儿美育的目标、内容、途径，希望你能找到正确答案。

美存在于客观事物之中，美具有两个特性：形象性和感染性。美的事物和现象总是通过具体、生动、鲜明的形象来表现的。例如，天边的彩霞、一首简单乐曲、一幅画等都是通过具体、鲜明的视觉或听觉形象表现的。美的事物和现象对人有较强的感染性。这种感染性首先是通过人对具体形象的感知，同时引起人愉快的情感体验，伴之以联想和想象，有时也融合着思维的活动，它使人有所愉悦，有所领悟。

美具有三种形态，包括自然美、社会美、艺术美。自然美，是指自然界中自然事物、自然现象的美。如皎洁的明月、蔚蓝色的海洋、环境优美、舒适宜人的公园等。社会美，是指社会事物、社会现象和社会生活中的美。如文明礼貌的语言和行为、热爱祖国的行为、助人为乐的品质等。艺术美，是指艺术作品中所蕴含的美。艺术美是人利用艺术手段来更深刻、更典型地反映大自然和社会生活中的美，如美的音乐、绘画、雕塑等。

美育即审美教育。幼儿美育就是根据幼儿身心特点，利用美的事物，通过组织幼儿的审美活动来培育幼儿感受美、欣赏美、表现美、创造美的情趣和能力的教育活动。主要着眼于陶冶幼儿的心灵，促进幼儿审美能力的发展。

由于幼儿身心发展的特点，特别是思维的直觉行动性和具体形象性及认识过程中的情感性等，决定了幼儿美育的特点。幼儿美育的特点是：通过活动，用具体、鲜明的形象去引导幼儿直接感受美，而不要求从逻辑上对美的形象进行过多的理解和分析；以培养幼儿审美的情感、兴趣为主，而不以培养审美观念、概念为主；以培养幼儿表现美的想象力、创造力为主，而不以训练技能技巧为主。

一、幼儿美育的目标

幼儿美育的目标是培养幼儿初步地感受美和表现美的情趣和能力。

感受美是审美能力的基础。培养幼儿对美的感受力，就是培养他们对自然美、社会美和艺术美的感知能力。为了调动幼儿感受美的积极性和主动性，在幼儿的日常生活中，应吸引他们注意美、喜欢美，并引导他们去认识美和追求美。教师可以先启发幼儿运用各种感官去发现美，如倾听清脆悦耳的琴声、看风吹杨柳翩翩起舞的姿态等。引导幼儿从对声音、颜色、形状等的感知中欣赏美，从观察人的行为中感受美。

在幼儿感知美的过程中，教师还要引导他们理解美。教师需要运用浅显的语言，使幼儿了解正确的审美观，从而培养幼儿初步识别美丑的能力。教师要以自身对美的正确评价，健康的审美情趣去影响幼儿，以帮助幼儿形成健康的审美观点，并逐步养成幼儿对周围事物的美丑进行评价的习惯。

在培养幼儿感受美、欣赏美的基础上，还应培养幼儿表现美、创造美的能力。幼儿美育处在审美教育的最初阶段，应培养幼儿萌发运用美改造自己、改造世界的意识。例如，在幼儿感受服装美的同时，教育他们以自己的实际行动创造仪表美、行为美。通过这样的活动，幼儿能体验到审美活动的乐趣。

二、幼儿美育的内容

为达成幼儿美育目标，幼儿美育的内容包括以下三个方面：

(一)培养幼儿感受美和表现美的兴趣和爱好

培养幼儿感受美和表现美的情趣主要是培养幼儿对美的事物的兴趣和爱好。幼儿年龄较小，不善于发现和感受周围美的事物。教师应根据不同年龄幼儿美感发展的特点，有意识、有目的地引导幼儿去发现、注意和感知大自然和周围生活中的美，选择一些幼儿易于接受的、较为简单的、形象生动的艺术作品供幼儿欣赏，激发幼儿感受美的兴趣和爱好。

幼儿感受美具有表面性，如他们容易接受表面的简单的形式美，喜爱鲜明、炫丽的颜色，不注重色彩的协调，喜欢听欢快、变化明显的曲调等；幼儿的审美感知还带有行动性，常常直接以动作、表情、语言和活动等方式表现对美的感受、理解、态度，如对美的东西总喜欢动手摸一摸、看一看、听一听、闻一闻等。因此，应当多组织各种活动，让幼儿有机会发展感觉器官和基本的认识能力，同时充分利用自己的各种感官去感知美，发展对美的丰富感受性。

在培养幼儿感受美、欣赏美的基础上，进一步培养幼儿表现美的兴趣和爱好。幼儿不但喜欢、乐于感受美的事物，而且喜爱表现美的事物。例如，幼儿既喜欢听儿歌，也喜欢自己唱儿歌；幼儿既喜欢欣赏别人的舞蹈，也喜欢自己跳舞；幼儿既喜欢欣赏别人的绘画作品，也喜欢自己画画。

(二)培养幼儿初步感受美的能力

可供幼儿感受美、欣赏美的内容有艺术美、自然美、社会美三个方面，其中艺术美在幼儿美育中占主要内容。教师可有意识地引导幼儿欣赏周围生活中的美，如自然风光、动听的音乐、好看的图画等，发展幼儿感知和欣赏美的能力。例如，幼儿观看苗族舞蹈后，启发幼儿思考“苗族人们为什么要跳这些舞蹈动作？他们跳舞时具有什么样的心情?”等问题，组织幼儿思考和理解苗族舞蹈。又如对大自然优美的事物的感知和欣赏，引导幼儿理解什么是“优美”等。培养幼儿初步感受美的能力，能对美的事物作出初步的判断，并能将自己的感受与同伴进行交流。

(三)培养幼儿初步表现美、创造美的能力

幼儿在感受美的基础上，在情感的驱动下，会产生表现美的欲望和行动。幼儿表现美的核心是幼儿的想象力和创造力，即幼儿以自己的方式，带着自己的特点，表现自己对美的独特体验和理解，创造出新的形象、想法。首先，教师可以培养幼儿在日常生活中善于通过自己的言行举止来表现美。例如，以美观大方的衣着，文明礼貌的语言行为，优美的身体姿势、动作和表情等来表现美。其次，让幼儿学习初步的绘画、音乐、舞蹈、手工、唱歌、表演等方面的知识技能，使幼儿能利用艺术手段来表现美和创造美。幼儿的这种想象和创造需要积累多种经验，需要自由的学习环境，需要通过绘画、唱歌、舞蹈、语言等丰富多彩的活动才能逐步发展。

幼儿表现美的过程体现在他们的自由想象和创造上，而不仅仅是单纯地模仿。幼儿园艺术活动中的那种过分强调表现技能技巧的偏向，不利于发展幼儿的想象力和创造力。因此，教师应提供一个开放的环境让幼儿开阔眼界，获得丰富的刺激，创设幼儿能充分展示自己想象力和创造力的机会和条件。

三、幼儿美育的途径

(一)通过日常生活进行美育

1. 创设美的生活环境陶冶幼儿

为幼儿提供美的环境是美育最基本的手段之一。美的环境对幼儿能起潜移默化的陶冶和感染作用，能培养幼儿对美的兴趣和爱好，使幼儿得到美的享受。幼儿园的室内、室外环境应清洁整齐、色彩丰富、色调和谐，尽可能做到绿化、美化、儿童化，使它成为幼儿审美活动的乐园。教师要引导幼儿欣赏周围美的生活环境，启发他们热爱和保护美的生活环境，组织幼儿参加幼儿园和家庭环境的美化和保护活动，这样才能培养幼儿表现美和创造美好生活的习惯和能力。

2. 利用社会生活中的美好事物感染幼儿

幼儿最初的美感是从日常生活开始的，因为日常生活中的美是幼儿最接近、最熟悉、最容易感知的。因此，幼儿审美教育应当贯穿在幼儿的整个生活中，与幼儿的生活密切结合在一起，应注意引导幼儿发现、认识周围生活中平凡的人和事物的美。幼儿社会生活中的美好事物有很多，例如，与教师、同伴交往过程中的言语美、行为美、仪表美；散步中观赏幼儿园及其周围的环境美；就餐时菜肴的色、香、味以及炊事员叔叔的劳动美；幼儿园之外的各行各业劳动者的劳动美、所创造的劳动成果的美，如金色的稻田、雄伟的建筑、美丽多彩的服装、琳琅满目的商品等；精神文明之美，如祖国各地的好人好事，一方有难八方支援的感人事迹，全国人民万众一心抗洪抢险的事迹等；家庭成员言谈举止的形象美，家庭气氛的祥和美等。总之，幼儿生活中处处有美，幼儿的生活是幼儿美育取之不尽、用之不竭的源泉。通过对社会生活中美好事物的观察和感受，可以帮助幼儿分辨社会生活中的美和丑，激发幼儿热爱生活的情操。

(二)利用自然美对幼儿进行美育

自然界的美是真实的美，它具体、直观、生动形象，很容易为幼儿所感知。引导幼儿观察和感受大自然的美是幼儿美育的重要途径。幼儿园特别是大城市的幼儿园可以利用远足、郊游、到农村参观等活动，尽可能地创造幼儿与自然接触的机会；利用幼儿周围的自然物进行美育，如让幼儿去爬山，去绿茵茵的草地上玩耍，呼吸新鲜空气，欣赏大自然中的蓝天、白云、红花、绿叶等；让幼儿通过绘画、编故事、制作标本等方式，把感受到的自然美表现出来，培养幼儿初步创造美和表现美的能力。教师在引导幼儿欣赏自然美时，要启发幼儿调动多种感官去感知美，教师可选择恰当的能为幼儿理解的艺术语言来表达其中的美，使他们能较充分地感受自然美，并引起美好的联想和想象。

(三)通过幼儿艺术教育进行美育

艺术教育是幼儿园进行美育的主要手段。艺术能给人以最充分、最完满的美的享受。艺术美直观、鲜明、富于表现力，因此最易引起幼儿感情上的共鸣，被幼儿理解和接受，最能陶冶幼儿的情感，调动幼儿多种感官参与审美活动。幼儿园常见的艺术教育种类主要有音乐活动、绘画活动、手工制作、文学作品欣赏、表演活动等。在这些活动中，能发展幼儿的听觉、视觉、触觉等的综合审美感知，让幼儿被歌曲、旋律、舞蹈、绘画、工艺品、诗歌、童话、故事等所感染，产生情感体验，并激起幼儿用节奏、色彩、线条、形体等来表达美、创造美的欲望和行动。

(四)其他教育活动中渗透美育

美育可以渗透在幼儿教育的其他各领域之中。在幼儿园健康、语言、社会、科学等领域的活动中，可以体现审美的特征，贯穿审美的理念。例如，在健康领域活动中，引导幼儿认识并喜欢吃常见水果时，可以让幼儿先欣赏不同水果的美；在社会领域活动中，教育幼儿讲究公共卫生、爱护公物、遵守公共秩序以保持环境的优美；在语言领域活动中，在给幼儿讲故事的同时，让他们体验语言和意境之美等。

【学以致用】

1. 请分析以下美育活动达成了什么目标？在实施幼儿美育时，教师哪些方面做得比较好？

教师根据舞蹈情节编成了一个有趣的故事。在讲故事前，老师饰演蒙古族的小姑娘，让幼儿观察蒙古族服饰的特点，再放一段优美的蒙古乐曲，幼儿一边欣赏音乐，一边听故事。然后，教师根据故事的内容提问。例如，你觉得这个故事说的是哪个民族的事？故事里的小牧民在做什么？谁能创编“挤奶”的舞蹈动作？

教师让幼儿创编几分钟后，让幼儿表演“挤奶”的舞蹈动作。有的手提着小桶，有的用胳膊挎着小桶；有的将小桶提在前面，有的提在腿的旁边；有的走着去，也有的边跑边跳着去，还有的骑马去。“挤奶”动作更是有趣，这边挤两下，那边挤三下，头往上一仰，好像在看什么……每个幼儿都扮演得非常好。教师稍稍整理幼儿创编的动作，鼓励幼儿跳出与别的幼儿不一样的“挤奶”动作。这样，教师和幼儿随着音乐翩翩起舞了。

2. 观看幼儿园艺术教育活动，写出此活动所达成的目标，用幼儿美育理论分析此活动组织得怎样？

3. 参观附近幼儿园，访问幼儿教师或园长，分析该幼儿园的全面发展教育的落实情况。

第六章　幼儿园教育活动

【教学目标】

明确幼儿园教育活动的类型与特点；理解幼儿园教育活动的基本原则；初步掌握并熟悉幼儿园教育活动的方法、途径和组织形式以及基本策略，培养理论联系实际的能力。学会尊重幼儿、热爱幼儿，树立正确的儿童观和教育观。

第一节　幼儿园教育活动的类型与特点

【头脑风暴】

2011年12月28日教育部下发了《教育部关于规范幼儿园保育教育工作防止和纠正“小学化”现象的通知》(教基二[2011]8号)。明确指出：“幼儿园要遵循幼儿的年龄特点和身心发展规律，科学制订保教工作计划，合理安排和组织幼儿一日生活。要坚持以游戏为基本活动，灵活运用集体、小组和个别活动等多种形式，锻炼幼儿强健的体魄，激发探究欲望与学习兴趣，养成良好的品德与行为习惯，培养积极的交往与合作能力，促进幼儿身心全面和谐发展。”

幼儿园教育活动是幼儿园保育教育工作重要的组织形式，它具有哪些类型？又有哪些特点？

幼儿园教育活动内涵是随着我国幼儿教育事业的不断发展逐渐演变而来的。最初，在幼儿园大都以“上课”为幼儿园的教学活动，后来随着“活动教学”新理论的传播，幼儿园开始将原来的“课”改为“活动”，把“幼儿园教学”改为“幼儿园教育活动”。1996年教育部在《幼儿园工作规程》中第一次明确地将幼儿园教育工作的组织形式称为“教育活动”，这使“教育活动”正式成为我国学前教育领域的规范用语①。《幼儿园工作规程》明确指出：“幼儿园的教育活动应是有目的、有计划引导幼儿生动、活泼、主动活动的，多种形式的教育过程。”幼儿园教育活动是针

① 彭俊英．幼儿园教育活动概念溯源．学前教育研究[J]，2009，10。

对 3～6 岁幼儿所实施的教育过程，有其自身的特点。了解幼儿园教育活动的基本类型和主要特点，有助于我们更好地理解和树立正确的儿童观和教育观。

一、幼儿园教育活动的类型

幼儿园教育活动包括日常生活活动、游戏活动、教学活动、劳动活动、节日娱乐活动。

(一)日常生活活动

幼儿园日常生活活动是指幼儿一日活动中的生活环节和一些每天都要进行的日常活动，包括进餐、饮水、睡眠、盥洗、如厕、整理活动、入园和离园、过渡活动和自由活动以及散步等。

餐饮活动：幼儿在园的餐饮活动包括早餐、中餐、午点、晚餐以及日常生活中的饮水。根据幼儿的年龄特点，幼儿园要为幼儿制定科学的饮食制度和培养幼儿自主饮水的好习惯。

睡眠活动：幼儿期是身体生长发育的重要时期，需保证充足的睡眠。一般日托的幼儿在幼儿园午睡时间为 2～2.5 小时，全托的幼儿晚上应睡足 10 小时。

盥洗活动：幼儿园每天的盥洗活动是培养幼儿从小爱清洁、讲卫生的重要环节。教师要教给幼儿良好的生活卫生习惯和正确的盥洗方法，如饭前便后要洗手；早晚刷牙，饭后漱口；喜欢洗澡，讲究个人卫生等。

如厕活动：如厕活动是幼儿在园每天的生理需要，也是对幼儿进行生活教育的重要内容。教师对 2 岁左右的的幼儿就可进行如厕能力的培养，这对幼儿的生活独立性和集体生活的适应性都有着重要意义。

整理活动：是指幼儿在教师的引导下，对自己个人的生活用品、学习用品、游戏材料等物品进行有序管理的过程。如喝水后将水杯放回原处、玩完游戏将玩具放到指定的地方、午睡上床时叠好自己的衣服、裤子，摆放好鞋子、午睡起床后叠好被子等。

入园和离园：入园和离园是幼儿一天集体生活的开始和结束。培养幼儿保持仪容整洁入园的习惯，能有礼貌地向教师问好和向家长道别，会主动向教师陈述要求，积极参加活动和值日生工作，遵守常规等。离园前，让幼儿参加整理活动，使幼儿养成清洁环境和将物品归还原处的习惯，学会收拾个人物品和检查自己仪容的整洁，离园时要向教师告别。

过渡活动和自由活动：过渡活动是幼儿从一个活动转换到另一个活动的环节。这种活动时间短暂、形式灵活多样。一般包括两次教育活动之间以及进餐前、入睡前、如厕后的生活环节。自由活动是让幼儿自己选择活动内容、玩具材料、玩伴的活动。

散步：散步时，幼儿虽然是集体而行，但可以在队列中自由自在地走走、停停、玩玩、讲讲。散步多在校园、邻近的公园、社区、宽敞的人行道等地方进行。

(二)游戏活动

游戏活动是幼儿的最基本活动。幼儿游戏一般分为两类：一类是创造性游戏；一类具有规则游戏。创造性游戏强调幼儿的主动性和创造性的发挥，以幼儿自主、自由地玩为主。它包括角色游戏、结构游戏和表演游戏。开展创造性游戏一般有两种情况。一种情况是幼儿完全自发地游戏；包括游戏发起、主题确定、材料组织、成员分工、游戏展开等均由幼儿自主进行，教师可参与游戏，作适当指导。还有一种情况是教师控制游戏环境创设，如在游戏区设置多个主题的游戏场地，幼儿根据自己的兴趣爱好在有限的条件下做出选择，自由游戏。这种情况称为幼儿自选游戏。在幼儿自选游戏的开展过程中，教师也可参与幼儿游戏，作适当指导。

有规则游戏是依据一定的教育任务而设计编定的。这类游戏强调幼儿在一定规则中进行游戏，以教师组织幼儿玩或由幼儿自己组织玩为主。它包括体育游戏、智力游戏、音乐游戏。一般将其用于教学中，称教学游戏。教学游戏是教师根据一定的教育目标和幼儿发展的需要，有目的地采用游戏形式进行教学的一种手段。在这类游戏中教师一定程度上考虑了幼儿的兴趣和爱好，尊重幼儿的意愿，幼儿的自主性和主动性得到了一定的体现。

(三)教学活动

幼儿园教学指教师从幼儿的兴趣和实际水平出发，根据幼儿园教育目标，有目的、有计划地组织和指导幼儿主动学习，以获取有利于其身心发展的经验的教育活动。幼儿园教学是由教师的“教”和幼儿的“学”组成的双向活动。幼儿园教育教学活动分为直接教学活动和间接教学活动。

直接教学活动包含教师的直接“教”和幼儿的接受学习。教师采用直接“教”的时候，幼儿的学习方式是“接受学习”。教师直接“教”是指教师按照教学目标，直接把教育内容传递给幼儿；幼儿的接受学习是指幼儿主要通过教师的言语讲授获得知识的学习方式。直接教学的时候，教育内容、方法、步骤等都按照教育目标进行了精心准备，因而，这种方式清楚明确、系统有序、省时方便。如果教师在“教”之前对幼儿的情况非常了解，所讲内容又符合幼儿的兴趣、经验和理解水平，并能在讲的过程中注意调动幼儿的积极性，而不是要求幼儿死记硬背、强制灌输，使幼儿进行主动的有意义的学习，也能很好地起到促进幼儿学习和发展的作用。

当然，直接教学有不少缺点。例如，因为知识和理解能力缺乏，幼儿对“教”的内容难以真正理解和运用；教师和幼儿之间难以双向交流，容易形成教师向幼儿的单向灌输；幼儿自主学习机会少，其主动性、创造性难以发挥。

间接教学包含教师的间接“教”和幼儿的发现学习。教师采用间接“教”的时候，幼儿的学习方式是“发现学习”。间接“教”是指教师通过物质环境和人际环境，利用适当的中介(榜样、材料、事件等)，让幼儿与中介相互作用，以达到教育目的；幼儿的发现学习是指幼儿通过动手操作、亲自实践、与人交往等去发现自己原来不知道的东西，从而获得各种直接经验、体验以及思维方法的学习方式。间接教学有许多优点，例如，充分发挥了幼儿的自主性，幼儿通过尝试主动学习和发展；幼儿获得的都是有意义的直接经验，有利于从根本上发展幼儿的兴趣、情感、能力等；教师以平等姿态参与幼儿活动，不但提高了幼儿的交往水平，也有利于提高活动的效果；教师以自然的方式接近幼儿的生活，甚至与幼儿的生活完全融合，幼儿不知不觉地就接受了教育影响。

当然，间接教学也有不足之处，例如，幼儿获得的知识、经验容易陷入表面、缺乏系统的状态，有时甚至会得出错误结论；与直接教学相比，间接教学中教师的指导相对比较困难，虽然它有一定规律可循，但是却没有一个固定、统一的模式可套，对幼儿活动的指导要求有较高的技能技巧，特别是需要教育的灵活性、随机性。

(四)劳动活动

劳动是幼儿教育的内容和手段之一。通过劳动，可以使幼儿学习简单的劳动知识和技能，培养幼儿热爱劳动，尊重劳动者和劳动成果的思想品德，初步养成独立生活的能力和劳动的习惯。幼儿劳动的内容有自我服务劳动、为集体服务的劳动和种植、饲养劳动等方面。

自我服务劳动是幼儿自己照料自己的劳动，如穿脱衣服鞋袜，清洁整理用品等。

为集体服务的劳动是在教师的组织指导下，幼儿为班级、幼儿园或家庭做力所能及的事。为集体服务的劳动能培养幼儿对他人的关心和为集体服务的义务感和责任感，也是对幼儿进行爱集体教育的有效途径。为集体服务的劳动有集体劳动、值日生劳动、个别委托劳动和家务劳动等。

种植、饲养劳动是幼儿在接触自然环境中进行的劳动。劳动中幼儿亲自参加种植一些易于管理和较短时间能见到成果的农作物，如种植向日葵、蓖麻、玉米、豆角、瓜类、青菜、白菜、萝卜等，以及照料适于幼儿饲养的小动物如兔子、鸟类、鸡鸭等。

(五)节日、娱乐活动

幼儿园的节日活动，是为庆祝纪念性节日、传统的民俗节日和幼儿自己的节日而组织的活动。幼儿园中经常举行的节日活动有：教师节、十一国庆节、六一国际儿童节、元旦以及民俗节日中的端午节、中秋节和春节等。此外，幼儿需要认识三八国际妇女节、五一国际劳动节、七一建党节、八一建军节以及教师节等有着重要意义的节日。少数民族地区幼儿园还可以庆祝本民族的重大节日。幼儿园节日活动的形式有：全园庆祝会、联欢、游艺活动、班级庆祝活动、慰问活动等。

幼儿园的娱乐生活是指通过幼儿喜闻乐见的文艺形式或带有游戏性质的手段，以丰富幼儿的生活，给幼儿带来快乐的活动。包括看电影、电视、木偶戏、歌舞表演、小魔术或演示娱乐玩具、玩娱乐性游戏、小型游艺会、迎新活动、毕业欢送活动、生日聚会、亲子活动、郊游等。

二、幼儿园教育活动的特点

现在幼教界逐渐使用“教育活动”一词来代替以前的“课”，这其实并不是简单的更名，而是体现出一个教育观、儿童观的改变，其目的就是为了纠正过去传统幼儿教育中过分突出的“知识中心”“教师中心”“课堂中心”等小学化的倾向，力图将幼儿教育重心转向尊重幼儿身心发展规律、尊重教育规律的规范化、科学化的方向。那么，幼儿园教育活动有哪些自身的特点？主要体现在生活性、游戏性、体验性和综合性四个方面。

(一)生活性

幼儿园教育活动生活性就是幼儿园教育活动要与生活，尤其是幼儿生活紧密联系。在幼儿园教育活动目标的确定、活动内容的选择和活动组织与实施等方面都要与幼儿的生活紧密相连，将幼儿生活中极具教育意义的鲜活事件纳入到幼儿园教育活动之中。

1. 幼儿教育要体现生活性

幼儿园教育活动就是幼儿在园的一日生活，也就是幼儿在园进行的所有活动。在《幼儿园教育指导纲要(试行)》(以下简称《纲要》)有关各领域目标与教育要求和指导要点中指出：健康领域要帮助幼儿“适应幼儿园的生活”，培养幼儿“有基本的生活自理能力”“帮助幼儿养成良好的饮食、睡眠、盥洗、排泄等个人生活卫生习惯和爱护公共卫生的习惯”；在科学领域中提到帮助幼儿“理解生活中的简单数学关系”“结合和利用生活经验，帮助幼儿认识自然环境，初步了解自然与自己生活的关系”；社会领域则强调“社会学习往往融合在各种学习活动中，并渗透于幼儿一日生活的各个环节”；在语言领域中“幼儿的语言是通过在生活中积极主动地运用而发展起来的”；在艺术领域中提到“幼儿艺术教育应引导幼儿接触生活中的各种美好事物与现象”。可见，生活是幼儿园教育活动的基点和重要资源。

2. 幼儿的年龄特点决定了教育活动的生活性

幼儿的年龄特点和身心发展需要，决定了幼儿园教育目标和内容的广泛性，也提出了“保教合一”的教育教学原则。对于幼儿来讲，除了认识周围世界、启迪心智的学习内容以外，一些基本的生活和做人所需要的基本态度，以及能力，如卫生习惯、生活自理能力、交往能力等都需要学习。但是这样广泛的学习内容不可能仅仅依靠教师设计、组织的教育教学活动来完成，也不可能通过口耳相传的方式来实现，幼儿只能在生活中学习各种生活知识和经验。即使是认知方面的学习，也要紧密结合幼儿的生活经验，才能被幼儿理解和接受。因此，幼儿园教育活动具有浓厚的生活化的特征——活动的内容来自幼儿的生活，教育活动组织与实施要贯穿于幼儿的每日生活。

3. 幼儿参与教育活动是他们生活的组成部分

生活是一个人从呱呱落地、牙牙学语到蹒跚学步不断成长的过程，而教育是促进人成长和发展的重要形式，正如陶行知先生提出的“生活即教育”“生活是教育的中心”。《纲要》要求幼儿园教育活动内容要“既贴近幼儿的生活来选择幼儿感兴趣的事物和问题，又有助于拓展幼儿的经验和视野”；“教育活动内容的组织应充分考虑幼儿的学习特点和认识规律，寓教育于生活、游戏之中”。对于幼儿成长的过程而言，他们生活的全部内容就是教育的内容，如幼儿每天生活必须进行的吃饭、喝水、洗手等环节，就要进行饭前便后要洗手、吃饭不挑食、不讲话等良好生活卫生习惯的养成教育，在幼儿生活中的点点滴滴，都是进行教育的良好时机。所以，生活和教育是密不可分的结合体，二者必须紧密相连，只有这样，才能发挥教育应有的价值，体现生活的意义。

(二)游戏性

游戏是幼儿运用一定的知识和语言，借助各种物品，通过身体运动和心智活动，反映并探索周围世界的一种活动。捷克教育家夸美纽斯认为，游戏是母育学校时期对儿童进行全面教育的手段。德国教育家福禄倍尔指出，游戏是幼儿园教育的基础。《幼儿园工作规程》指出：幼儿园应当“以游戏为基本活动”。所谓基本活动是指在人生的某个阶段，其出现的频率最高，对人的生存发展最有价值、最适合这一年龄阶段的活动。对于幼儿而言，游戏就是他们的基本活动和权利。

1. 游戏是幼儿最喜爱的活动

游戏是幼儿最喜爱的活动，是他们生活的主要内容。在幼儿一日生活中，除了吃饭、睡觉等生活活动外，幼儿绝大多数的时间都在游戏，而且相比其他活动而言，游戏的出现次数是最多的。即便是生活、学习、劳动等活动，幼儿也常常是以游戏的形式来进行。比如幼儿认识五官，就可以通过玩“点鼻子”的游戏，当教师说到哪个器官的名称时，幼儿就要快速的指到哪个器官，看谁指的又对又快。又如玩水是幼儿所喜爱的活动，在夏季进行玩水游戏既可满足幼儿活动的要求，让身体保持凉爽，又可帮助他们认识水的特点，了解浮沉等知识。可见，游戏是幼儿最喜爱的活动。

2. 游戏是幼儿发展的需要

幼儿喜爱游戏，是由幼儿身心发展的特点所决定的。由于幼儿身心发展水平较低，但发展速度较快，而快速度的发展以幼儿的多种需要——运动需要、交往需要、操作和探索需要等的满足为前提。由于幼儿年龄小，实际能力较差，这些需要很难在真实生活中得到满足。为解决幼儿身心发展的需要在现实中与实际能力之间的矛盾，幼儿创造并参与游戏，到游戏中去满足需要，适应成长。例如，幼儿渴望像警察叔叔那样神气地指挥交通，就可通过玩角色游戏，让他扮演小“警察”，手举红、绿灯的牌子，念着“红灯亮了停一停，绿灯亮了往前行”的儿歌做游戏。

3. 游戏是幼儿的自发学习

对于幼儿来讲，游戏不仅仅是玩耍，而且是他们的主要学习形式。幼儿在游戏中的学习是一种自发性的学习，学习的动力来自于幼儿自身，学习方式是潜移默化的，其学习目标就隐含在游戏中。教师应充分认识自发性游戏对幼儿的作用，支持和鼓励幼儿进行自发性游戏。同时，教师还应提供丰富的游戏材料，满足幼儿对多种游戏的需要。也就是我们通常所说的，让幼儿在玩中学，在学中玩，在游戏中健康成长。

(三)体验性

幼儿由于年龄小、经验少，对于抽象的概念和规则往往很难理解。幼儿园教育活动根据教育目标和要求，为幼儿创设相应的教育环境和提供活动材料，让幼儿在与环境、材料以及与人的相互交流和作用中，通过自身的感受和活动去获得体验，在体验的过程中，主动学习，获得发展。

1. 营造幼儿体验游戏的良好氛围

教师对待幼儿的态度、语言和表情都是营造幼儿体验游戏氛围的因素。除此之外，幼儿园的环境就是幼儿的“第三位教师”，它与幼儿教师一样重要，对幼儿的发展能起潜移默化的作用，只不过环境的作用与教师教育的直接性和显现性相比，显得更间接、隐性些。因此，教师要为幼儿创设他们喜欢的、充满童趣的又是他们能够理解的环境，让幼儿在温馨的环境中体验快乐和愉悦。如“娃娃家”里就要有娃娃、床、被子、衣服、餐具等生活用品。让幼儿在与这些游戏材料的摆弄中，体验生活的乐趣和劳动的快乐，在与“娃娃”的交流对话中，体验家庭的温暖、亲情和不同的社会角色。

2. 激发幼儿主动参与体验的愿望

对于幼儿来说，对客观事物认识的最佳途径就是在教育活动中自己亲身体验，并且多种感觉器官参与其中。幼儿教师首先必须观察了解幼儿的需要，同时根据教育内容和目标的要求创设环境，投放材料，激发幼儿多种感官参与体验和操作。比如认识“梨子”，幼儿通过看一看(梨子的外形和颜色)、摸一摸(对梨子的感觉)、闻一闻(梨子的气味)、尝一尝(梨子的味道)、想一想、说一说、画一画等多种感觉参与，这种体验会给幼儿留下深刻、完整的感性认识，有利于调动他们学习的积极性和主动性。

3. 注重在活动过程中幼儿经验的积累

幼儿园教育活动所具有的体验性是注重活动过程，注重在活动过程中幼儿各方面经验的积累。对于学习的结果并不重要，而体验的过程本身才是最有价值的。比如在认识“磁铁”时，教师为幼儿提供了做小实验的材料，让幼儿自己实际参加探究活动，亲身经历真实的研究过程。幼儿通过感知操作，提出自己关心或有疑惑的问题，“为什么磁铁吸不起来布和纸呢?”带着问题反复实践，最后得出“磁铁能够吸起铁制品”的结论，并与同伴交流、分享探索的过程，体验发现的乐趣，成功的快乐。当然有成功也会有失败，幼儿在活动中不顺利或不成功，这也是一种经验的积累和情感的体验，有利于帮助他们增强不怕困难，想办法去克服困难的的信心和勇气，培养他们坚强的意志力。

(四)综合性

幼儿园教育活动的综合性是指将幼儿园各类或各个教育活动相互联系、相互渗透，综合构成一个整体。各类或各个教育活动都是整体的一个部分，它们综合发挥作用，共同促进幼儿的全面发展。

1. 幼儿身心发展是一个不可分割的整体

幼儿年龄越小其身心素质分化程度就越低，幼儿身体和心理各个因素之间都是相互制约、相互联系的。幼儿园教育活动作为幼儿发展的基础和重要源泉，能使幼儿在活动中产生运动的、思维的、情感的等方面的整体反应，从而促进幼儿认知、情感和态度、动作和技能等诸方面的综合发展。幼儿园教育活动的目标是要促进幼儿体、智、德、美等全面和谐发展，满足他们多方面发展的需要，使他们度过快乐而有意义的童年。

2. 幼儿的一日生活是一个有机整体

幼儿在园的一日生活包括入园、进餐、饮水、集体活动、游戏活动、睡眠、盥洗、如厕、离园等，幼儿园要将每个环节和每项活动进行整体设计，使其共同发挥作用。

3. 幼儿园教育活动实施的全过程是一个综合体

幼儿园教育活动在教育目标的设计、活动内容的选择、活动方法、手段、评价的运用以及教育环境的创设、教育设施设备、材料的配置和投放等方面的因素，综合构成教育活动的整体结构和全过程。这个综合体是相互联系、相互制约的，但都是指向幼儿的发展。除此之外，幼儿园、家庭和社区的教育资源也要充分发挥各方教育作用，综合考虑、综合设计和综合指导。

【学以致用】

1. 结合案例试分析幼儿园教育活动的特点。

小班幼儿进餐及进餐前后的活动都很难组织。比如端饭时，我们要求幼儿排队有序地进行，可他们却乱挤、乱撞；进餐时，我们要求不挑食、不玩耍，可他们却边吃边玩；饭后散步时，我们要求不挤、不推、不乱跑，可他们却推推拉拉到处跑。为此，我们结合小班幼儿的年龄特点，开展了饭前、饭后的教育活动，重点放在良好生活习惯的养成上。对于饭前的等待时间，我们组织幼儿复习"小猫的律动"。做完律动后问："小猫们，你们肚子饿了吗?""饿了。""好，现在猫妈妈请你们吃饭了，小猫走路是怎样的呀?""小猫走路是轻轻的。""对呀，请小猫们轻轻地走过去端饭，不推也不挤。"这下，"小猫们"吃饭吃得可香了。吃完饭后，"猫妈妈"带着"小猫"排好队在户外散步，边散步边念儿歌："小猫小猫向前走，跟着妈妈轻轻走，不乱跑不乱追，看见老鼠把它逮。""猫妈妈"问："小猫们，你们累了吧，猫妈妈带大家回去休息了。""猫妈妈"带着"小猫们"轻轻地走进睡眠室。孩子们带着愉悦的情绪，渐渐地进入梦乡。

（资料来源：湖北省荆州市实验幼儿园许琼老师的教育随笔。）

2. 结合去幼儿园见习的经历，谈谈幼儿园教育活动有哪些不同的类型?

【课外拓展】

帮助幼儿在游戏中学习

一位优秀的教师在进行支持游戏时应该采取如下原则：

1. 引导游戏，但不是介入游戏去主导或支配游戏情景，或压抑幼儿。

2. 采纳幼儿的想法和观点；不强加观点给幼儿。

3. 必要时示范游戏。例如，向幼儿展示特定角色该如何扮演、如何请求轮流游戏、钉东西时怎样拿锤子。示范解决问题的方式，鼓励儿童尝试自行解决问题。

4. 提出问题；对幼儿说明发生的事情。

5. 帮助幼儿开始、结束再重新开始游戏。对幼儿进行口头指导，帮助幼儿实施自己的想法。

6. 注重幼儿之间的彼此关注；鼓励幼儿之间的互动。

7. 不要大声解释幼儿的行为；发生冲突时，帮助幼儿说出自己的感受。通过陈述和提问，引导幼儿的探究和调查，并借此拓宽游戏的潜在价值。

常规也是一种学习

1. 进餐时学习健康知识

介绍一种新的、不同的食物，学习养成良好的营养摄入习惯。

2. 进餐时学习社会技能

集体吃饭时重点在于对吃饭和交谈的要求；学习适宜的进餐行为和礼仪。

3. 进餐时锻炼精细动作技能

倒汤、使用勺子；自我服务；喝水、吃饭时不撒饭。

4. 进餐时学习独立技巧

找到自己的位置，坐好；自我服务；选择食物；在餐点和午饭后收拾残物。

5. 进餐时了解个体差异

个人喜好不同；对食物的选择不同；吃饭速度不同。

6. 休息和睡眠时学习独立技能

自我照顾技能；放松的习惯；身体内部的平衡和活动节奏的变化；适时转换活动，学习让身体休息。

7. 休息和睡眠时学习独立技能

准备自己的睡眠空间；选择睡前的书籍或玩具；休息之后整理床褥。

8. 穿衣时学习独立技能

自我意识：衣服的大小；女孩和男孩衣服的不同、不同年龄幼儿的衣服的不同、不同身高幼儿的衣服不同。

自我评价：对自己身体的照顾；选择自己的衣服；练习穿裤子。

9. 穿衣时学习精细动作技能

学会使用按扣、纽扣、拉链；叠衣服；穿脱防寒服或夹克；正确穿戴手套。

10. 如厕时学习情绪情感技巧

自我意识：学习身体各部位的名称，身体各部位的功能，感受对应的身体部位感觉。

自我认知：比较男孩和女该如厕的不同(坐或站)。

自我评价：没有负罪感、不害怕、不羞愧地照顾自己的身体。

人类性别：在自然的情景中，鼓励幼儿形成对身体及其功能的健康观点，成人应该对幼儿对自己身体的照顾持接纳、开放和鼓励的态度。

(资料来源：[美]安·迈尔斯·戈登，凯思琳·威廉斯·布朗．幼儿教育学导论(下册)．梁玉华等译．成都：四川少年儿童出版社，2010.)

第二节 幼儿园教育活动的原则

【头脑风暴】

我们班的小朋友中有部分孩子不爱吃萝卜，熊紫光小朋友就是其中的一个，每次进餐有萝卜时，他总把萝卜单独挑出来不吃。这周的主题活动是“认识小白兔”，于是，我针对小白兔爱吃萝卜和青菜的特点，开展了一系列的教育活动。在美术活动中，让幼儿粘贴“萝卜和青菜”，图片上的萝卜又粗又大，青菜绿油油十分可爱。语言活动学习儿歌“小白兔，白又白，两只耳朵竖起来，爱吃萝卜和青菜，蹦蹦跳跳真可爱”。又到进餐时间了，今天吃的是牛肉烧萝卜，我非常高兴地对孩子们说：“小白兔爱吃萝卜，所以身体长得很壮，跑得很快。我们小朋友吃了萝卜，身体也会长得很结实，很强壮的。”接着，我试探性的问熊紫光：“今天你也吃一点萝卜好吗？”他点了点头，我给他盛了一小碗饭菜，他真的将萝卜都吃完了，我高兴地对全班小朋友说：“熊紫光小朋友今天真能干，萝卜都吃完了。”听着老师的表扬，其他小朋友也都跟着吃萝卜了。渐渐地我们班上再也没有不吃萝卜的小朋友了。

这是一位教师的教育随笔，反映的是教师在日常教育工作中，如何应用教育原则有效地对幼儿实施教育。那么，在幼儿园教育活动中，有哪些教育原则？教师在运用时需要注意些什么问题？

幼儿园教育活动的原则是根据幼儿园教育活动的客观规律和幼儿身心发展规律制定的，也是幼儿园教育活动长期实践经验的总结，是教育活动必须遵循的基本原则。幼儿园教育活动的原则贯穿于幼儿园教育活动的全过程，它对幼儿园教育活动组织的各个方面都具有指导作用。目前，我国幼儿园教育活动的基本原则主要有教育性原则、科学性原则、主动性原则、发展性原则、直观性原则和情景性原则。

一、教育性原则

（一）教育性原则的含义

教育性原则是指在幼儿园教育活动中，必须向幼儿进行辩证唯物主义教育和道德品质教育，贯穿完成幼儿园德育任务的原则。

贯彻教育性原则就是要根据幼儿身心发展的特点和当今社会的实际情况，通过各种教育活动，运用多种教育手段和方法，遵循一定的准则，对幼儿实施品德教育。其宗旨主要是培养幼儿爱祖国、爱人民、爱劳动、爱科学、爱护公共财产和团结友爱、诚实、勇敢、不怕困难、有礼貌、守纪律等优良品德，以及文明习惯和活泼开朗的性格。

(二)教育性原则的运用

首先，幼儿园的品德教育应以情感教育和培养良好行为习惯为主。应从实际出发，根据幼儿的年龄特点、个性差异、日常行为表现等具体情况，有针对性地对幼儿进行教育。

其次，通过幼儿在园一日生活的各个环节，以幼儿的实际活动为基点，对幼儿进行道德品质教育，进行潜移默化的影响，使幼儿形成良好的品德和行为习惯。

再次，利用集体的荣誉、舆论、行为规范和树立榜样的形式，激发幼儿的上进心。引导幼儿学习辨别是非和掌握正确的道德标准，对幼儿进行正面教育和积极影响，使其逐步形成良好的品德。

最后，幼儿教师应为人师表、以身作则、言行一致，成为幼儿行为的表率，避免空洞的口头说教。

二、科学性原则

(一)科学性原则的含义

科学性原则是指向幼儿传授的知识、技能应该是正确的，是符合客观规律的。幼儿园教育活动内容的安排、活动组织形式的选择和教育方法的运用都应符合幼儿年龄特点和认识事物的规律，应是切实可行的。即要保证幼儿园教育活动全过程的科学性。

幼儿期是一个人身心发展最迅速的时期，也是人一生智力发展最快的时期。幼儿年龄小、经验少、判断力差、模仿性强，容易接受周围环境的影响，而且这一时期形成的认识在大脑中留下的深刻印象，对其以后进一步发展将产生深远的影响。因此，坚持科学性原则十分重要，它能让幼儿在发展的最佳期获得大量正确、可靠的知识技能，迅速提高智力水平，为幼儿的终身发展奠定良好的素质基础。

(二)科学性原则的运用

其一，幼儿教师应选择正确的符合幼儿全面发展要求的教育内容，向幼儿传授正确、科学的知识技能。教师对于知识的介绍、说明、讲解、分析、举例等必须准确无误，以利于幼儿学习科学正确的知识。在知识爆炸、科技日新月异的今天，当教师面对幼儿提问有回答不上来的问题时，要认真查阅资料，虚心求教，万不可不懂装懂，误人子弟。

其二，幼儿教师应尊重幼儿身心发展的规律和学习特点，充分关注幼儿的经验，引导幼儿在生活和活动中积极主动地学习。教师应了解和掌握幼儿的年龄特征和事物的规律，根据幼儿实际安排相应的教育内容，制订切实可行的教育计划，选择相应的教育组织形式和教育方法。

其三，在五大领域教育活动中，注意各领域间的纵向联系和多种教育手段的综合运用，激发幼儿学习的积极性、主动性，培养幼儿的观察力、创造力和动手操作的能力等。

其四，科学合理地组织幼儿在园的一日活动，安排时间应有相对的稳定性与灵活性，既要有利于形成秩序感，又能满足活动的需要。建立良好的常规非常重要，要减少不必要的管理行为，逐步培养幼儿的自律。

三、主动性原则

(一)主动性原则的含义

主动性原则是指幼儿在幼儿园的一日活动中主动学习与探索，通过与客观环境、物质材料以及人际交往而获得发展的原则。

幼儿作为教育活动的主体，在活动中表现出的主动性是其主要特征。幼儿活动的主动性体现在他们对客观事物的感知观察、探究以及与人交往的过程之中。教师应尊重幼儿在教育活动中的主体地位，在设计和组织的各类教育活动中，充分调动和发挥幼儿的主动性。

(二)主动性原则的运用

一是，幼儿教师要为幼儿提供充足的活动材料，给予幼儿更多的操作、探索机会，支持其主动学习。

二是，幼儿教师要为幼儿搭建交流合作的平台，创设主动交往的机会。

三是，幼儿教师要为幼儿营造表达、表现的氛围，让他们充分地发挥自己的想象，畅快的表达，尽情的表现，体现他们在教育活动中主人翁的姿态。

四是，为幼儿建立科学的一日生活常规，为他们提供自由支配的时间和空间，以利于引发幼儿的主动探索和幼儿间的主动交往。

四、发展性原则

(一)发展性原则的含义

发展性原则是指幼儿园的教育活动要促进幼儿在体、智、德、美诸方面全面发展，促进每个幼儿在不同水平上的富有个性的发展。

幼儿教师应向幼儿进行体、智、德、美诸方面全面发展的教育，使其身心和谐、健康幸福地成长，使他们度过快乐而有意义的童年。在教育活动中，无论偏重或忽略哪一方面，都不利于幼儿的全面发展。同时必须面向全体幼儿，将全面发展教育贯穿于幼儿园的各项活动之中。

(二)发展性原则的运用

一是，幼儿教师要全面观察、深入了解全体幼儿的一般情况和发展水平。对自己班上的每个幼儿发展状况有清楚的认识和了解，是促进幼儿全面发展的重要前提。

二是，促进幼儿身心和谐发展。幼儿身体和谐发展强调幼儿身体的各个器官、各个系统机能的和谐发展；幼儿心理机能和谐发展，包括认知、情感、性格、社会性等方面的和谐发展。尤其在今天，独生子女教育中所存在的重认知、轻情感，重生理、轻心理的现象，使得不少幼儿性格孤僻、拒绝与人交往，身心发展不和谐。

三是，促进幼儿富有个性的发展。教育必须面向每个幼儿，使每个幼儿都能在原有发展水平的基础上得到发展。教育还应尊重幼儿的兴趣爱好，满足个人特别发展的需要。教育应遵循因人施教的原则，让不同幼儿在不同方面的潜能都得到应有的发挥和发展。

四是，促进全体幼儿的全面发展。幼儿教育的出发点和落脚点都是促进幼儿的发展，为其未来的成长打基础。这就要求幼儿教师做到两个“全面”，其一是教育要面向全体幼儿，而不是个别乖巧伶俐、聪慧能干的幼儿；其二是教育要促进幼儿的全面发展，而不只是某个领域或某个方面的片面发展。只有这样，才能实现促进全体幼儿的全面发展。

五、直观性原则

(一)直观性原则的含义

直观性原则是指利用幼儿的各种感官和已有的经验，通过各种直观手段吸引幼儿注意力，丰富他们的直接经验和感性认识，帮助幼儿形成正确的概念，获取知识和技能，促进幼儿的发展。

直观性原则是根据幼儿思维具有具体形象性的特点而提出来的。它符合幼儿第一信号系统占主要优势的特点，能使教育活动过程生动形象，激发幼儿学习的兴趣和积极性，集中幼儿的注意力，形成有效的教育活动，促进幼儿的观察力、注意力、形象思维能力以及记忆力等方面的发展。在幼儿园教育活动中，通常使用的有实物、教具、音像资料、语言和动作等直观手段。

(二)直观性原则的运用

其一，幼儿教师应根据教育活动的目标和内容以及幼儿的实际，恰当地选择直观手段，为教育活动服务。如小班幼儿以直觉行动思维为主，可为他们选择能动的、会发出声音的、色彩鲜艳的直观教具；大班幼儿则可更多地选择运用形象生动的语言。科学领域活动中可选择实物和教具；艺术领域中的舞蹈和律动，就可选择形象的动作。

其二，直观手段的运用要与幼儿多种感官的训练相结合。在教育活动中，要尽可能地让幼儿运用多种感官，直接感知实物，加深对事物的认识和理解。如在“认识西瓜”的活动中，就要让幼儿去看一看、摸一摸、闻一闻、尝一尝、说一说，让多种感觉器官参与，帮助幼儿综合全面地认识西瓜的外形特征、内部结构以及味道。

其三，运用直观手段要注意与教师的语言指导和动作示范相结合。

其四，运用直观教具应具有典型性、代表性、实用性，不宜过多、过杂，以免分散幼儿的注意力。

六、情景性原则

(一)情景性原则的含义

情景性原则是指幼儿园的教育活动情景是教师围绕着教育活动目的而设置或

设计的，能引发幼儿的积极情绪体验，使幼儿能“置身其中”的具体而生动的场景，以促进幼儿的发展。

情景性的重要特点是直观、形象，但它绝不简单等同于传统意义上的直观性。直观性关注的是如何利用直观教具表现相关的活动内容，使之易于被幼儿感知，并用直观操作演示来指导幼儿模仿学习；而情景则是为幼儿提供一个能“置身其中”进行学习活动的场景或背景，它关注的是幼儿在活动过程中的主体地位——关注他们的情绪体验，关注他们的经验，关注他们与教师、同伴、学习资源的互动，关注他们自身对所学内容的意义的建构。在情景中，幼儿不再仅仅是一个观察者、模仿者和被动的接受者，而是一个主动的探索者、发现者以及和同伴、教师、学习资源的互动者。

(二)情景性原则的运用

资源是情景性的核心要素。幼儿教师在选择情景资源时，首先应考虑将要选择的这些资源中是否蕴含了幼儿丰富的生活经验，这些经验还应和幼儿的学习任务、内容密切相关。情景性应把幼儿原有的经验、知识作为其新经验、新知识的生长点。

问题是情景性的关键要素。一个好的情景问题应具备四个基本特点：一是幼儿自己的问题(幼儿自己发现或认同，而不是成人强加给他们的问题)；二是幼儿生活中的问题(源于生活并用于生活)；三是幼儿对问题有较大的兴趣与探索欲望；四是幼儿有能力去解决这个问题。情景问题的设计还应该符合幼儿的认知特点和经验水平，这样幼儿才能凭借自己的能力与经验探索并解决问题。

理想的活动情景应该是引导教师与幼儿互动的背景和平台。因此，教师所提供的活动情景中的材料应该具有较强的可操作性和层次性，保证每个幼儿都能与材料互动；情景中的活动应该是需要幼儿之间或幼儿与教师之间协作或合作的活动，使幼儿在与他人协作或合作的过程中获得更多的帮助；情景不仅要为幼儿的交流提供话题，还要为幼儿的交流提供较为充裕的时间与空间，让每一个幼儿的体验和想法都为其他幼儿所共享，并成为幼儿新经验的组成部分。

【学以致用】

1. 试分析以下案例中体现了哪些幼儿园教育活动的原则？

大班开展了讲述活动“动物之最”。事先教师请小朋友收集了各种动物之最的资料和图片，做到人人有准备。活动开始时，教师说：“动物都有自己的本领，小朋友你们都知道动物有哪些本领呢？我们先请大家分组讨论，各组的小朋友要一个一个讲，听的小朋友要认真仔细地听。然后各组推荐讲得最好的小朋友代表本组到班上来讲，我们比一比，哪组讲得最好。接下来全班35名幼儿按自愿组合的方式很快分成了7个组。第一组为了谁最先讲，争论不休，最后大家一致决定用“石头、剪子、布”的游戏，赢的先讲，于是很快决定好了轮流的顺序。教师给这组幼儿一个鼓励的微笑，并伸出大拇指。第二组用“点兵点将”的方法，每次点到的“将”先讲，也得到一致赞同。教师说：“这个方法不错，又快又好。”各组都开始按照本组决定的顺序轮流进行讲述，讲述的幼儿手拿着自己准备的图片，绘声绘色地讲述着，不时地加进一些动作。听的幼儿有的与讲述者一起看图，面带笑容很认真地听着，还不时地模仿讲述者的一些动作，或发出一些代表着理解了的笑声。有时，有的幼儿会被旁边小组的讲述所吸引，侧过身或转过头去听一听。教师则在各小组之间轮流参与和倾听，偶尔提出一些引导性的问题或给讲述的幼儿一些鼓励的眼神、手势等。

2. 结合幼儿园见习的经历，举例说说你对幼儿园教育活动某一原则的理解。

【课外拓展】

陈鹤琴谈幼儿园的惩戒

陈鹤琴先生认为：在学校里最好不用惩戒。从理想上说，学校如果办得完美，自然就用不到惩戒，但是学校不容易办得完美，惩戒也就不能废除了。但陈鹤琴先生也对惩戒提出了原则：教儿童明了规则的意义；使儿童了解规则是公共应守的纪律；惩戒不得妨害儿童身体；惩戒不得侮辱儿童的人格；惩戒不得妨害儿童学习；在可能的范围内须尽力顾全名誉；须鼓励儿童勇于改过引起他们自爱；实施步骤：友谊式的劝告—命令式的警告—揭示姓名—分座。

第三节　幼儿园教育活动的组织

【头脑风暴】

在一次去农村幼儿园“送教下乡”活动中，我们带去了由省优秀青年教师组织的优质示范活动，其中有一节是科学活动“伸与缩”，执教的教师准备了大量来自生活中的物质材料：有扇子、尺子、梳子、鱼竿、板凳、水杯、衣架、手机、吹风机、眼镜、水桶、管子、勺子等。在活动过程中，孩子们专心地摆弄着自己手上的物品，自由的探索着物品“伸与缩”的现象，个个主动积极。活动结束后的评价互动环节里，一位农村幼儿园教师深有感触地说："你们这些老师组织的活动真好，孩子们都喜欢，我们平时就没有这样组织过，真是大开眼界"。

那么这个活动为什么受幼儿的喜爱，受观摩者的好评？幼儿园教育活动有哪些组织形式、实施途径和组织策略呢？

幼儿园教育活动的组织，就是通过一定的组织形式、途径，将一个具体的活动方案去执行以实现活动目标或教育目标的过程。也包含在组织过程中对实际情况应对的各种策略。

一、幼儿园教育活动的组织形式

幼儿园教育活动常用的组织形式有三种：集体活动、小组活动、个别活动。

(一)集体活动

集体活动指的是全班幼儿、全年级幼儿或全园幼儿在教师直接指导下进行的活动。这是最符合我国国情的一种组织形式，在今后较长时间内，都将是我们要采用的基本教育活动形式。

1. 集体活动的特点

(1)教师有计划、有目的地设计的教育教学活动方案，能够最大限度地做到面向全体幼儿。

(2)在目前我国幼儿教师资源较为匮乏的情况下，能够满足幼儿教育活动中对师资的需求。

(3)由于幼儿个别差异大，集体活动形式难以照顾到每个幼儿的需要，难以让每个幼儿都能积极地参与活动。由于一位或两位教师要面向全体幼儿组织活动，难以较为仔细地观察到每个幼儿的需要，难以更好地组织幼儿有效地学习。

2. 集体活动组织时需注意的问题

(1)充分发挥集体活动的教育功能

集体活动这一组织形式，特别有利于培养幼儿的集体意识和集体主义精神；有利于培养幼儿遵守集体规则和遵纪守法的公民素质；有利于培养幼儿学会聆听、学会等待、学会轮流的基本交往技能；帮助幼儿形成集体荣誉感和归属感。

(2)建立良好的常规

所谓常规就是指幼儿在日常活动中的行为规范。如发言要先举手，教师同意后方可起立发言；听到铃鼓声，这是集合的信号，就要马上停止自己的一切活动等。良好常规的建立，能起到事半功倍的效果，减少和避免时间的隐形浪费和幼儿消极等待的现象。

(3)既要面向全体又要兼顾个体

集体教育活动最大的优点是能够面向全体幼儿，但最大的不足就是难以兼顾个别幼儿。教师在运用时，要尽可能地做到既面向全体又兼顾个体。

(二)小组活动

小组活动是指两人或两人以上成员，以共同的“任务目标”连接而成有分工、有配合的活动“共同体”。[①] 这种活动形式可以是教师有计划安排的活动，可以是教师组织引导的活动，也可以是幼儿自发的活动。

1. 小组活动的特点

(1)以幼儿主动学习为主，幼儿在活动过程中，能够更加积极主动地操作材料，与同伴交流。

(2)较集体活动而言，教师在幼儿的活动中能够更深入的观察和了解幼儿，对幼儿活动的指导更具有针对性。

(3)对教师的资源要求更充足，对教师的要求更高。

2. 小组活动组织时需注意的问题

(1)引导幼儿明确小组的活动目标，因为活动目标本身对小组成员的行为就有很好的管理与指导作用。

(2)教师在活动内容的选择和安排上应有层次性和多元性，这样可满足不同发展水平幼儿的学习需要，有利于丰富幼儿的感性经验和调动他们学习的积极性、主动性。

(3)教师要充分相信幼儿，让他们自己解决自己的问题(包括自由分组、分发材料、成员分工、矛盾冲突等)。当然，这种信任和放手并不等于教师可以不予指导，任其自由活动，教师要更加细致地观察幼儿小组活动的进程，适时、适度地给予指导和帮助。

---

① 袁爱玲，何秀英著．幼儿园教育活动指导策略．北京：北京师范大学出版社，2007，第184页。

(三)个别活动

个别活动是指由一位教师面对一两个幼儿进行指导或是幼儿自发的自由活动。一般来说，在幼儿园的实际工作中，大家比较重视集体活动和小组活动的实施，而对于个别活动的重视和运用程度是不够的。

1. 个别活动的特点

(1)对个别幼儿的关注度较高，有利于全面细致地了解幼儿的个性特征。

(2)教育的针对性强，通过了解幼儿的个性特征，就可做到有的放矢地实施个别化教育。

(3)个别活动极大地满足了幼儿的自我选择和自主活动的需求。

2. 个别活动组织时需注意的问题

(1)个别教育要贯穿于一日活动之中，适时进行随机教育。例如，一次喝水时，陈光小朋友正想拨开人群第一个喝水，教师就赶紧说："老师喜欢谦让的孩子，别人先喝，自己后喝，才是好孩子。"这时，他转身走到最后，站在离别人远远的地方，教师高兴地摸摸他的头，他也笑着望老师，好像在说："这次，我这次做对了吧"。幼儿在一日生活中，教师要做到因材施教，捕捉教育契机，进行随机教育。

(2)个别教育的方式方法要灵活多样，因人而异

"一把钥匙开一把锁"，不同的幼儿应用不同的方法。要以表扬和积极鼓励的正面教育为主，多发现幼儿的不同点和闪光点，使每个幼儿都能在"最近发展区"内得到最佳的发展。

二、幼儿园教育活动的实施途径

幼儿园教育活动不同的组织形式都要通过具体的活动途径来实现。幼儿园教育活动的实施主要有幼儿在园的一日生活、专门组织的教学活动、幼儿园环境和家、园、社区三位一体等途径。

(一)幼儿在园的一日生活

一日生活指幼儿在园一天所有的生活环节，即除专门组织的教学活动之外的一切活动，比如，幼儿的进餐、盥洗、午休、整理、入(离)园等生活活动，还有

幼儿的各种自主游戏、自由活动、区角活动、户外锻炼等活动。幼儿园的教育目标和内容有很多是通过这一教育途径来进行的，尤其是幼儿各种生活习惯、卫生习惯及一些社会性行为规范的养成。因此，教师应从幼儿的一日生活中挖掘教育资源，从幼儿实际出发，充分发挥每个环节和活动的教育价值。所以，幼儿的一日生活既是幼儿教育的重要内容，也是幼儿园教育的重要途径。

(二)专门组织的教学活动

专门组织的教学活动是指教师有计划、有目的地设计和安排的系统活动，并且主要由教师组织和指导的过程。与日常生活活动和游戏活动相比，专门的教学活动对幼儿的全面发展更具有直接性、目的性和计划性，更能按照教育的预设目标有效地实施。教师通过有目的、有计划的教学活动，如开展健康、社会、语言、科学和艺术五大领域的教学活动，或进行“单元主题”“整合课程”的教学活动，能充分发挥教师的主导作用。教师通过直接和间接地“教”，调动幼儿学习的积极性、主动性和创造性，促进幼儿身体和体能、社会性、情感、智力、美的感知与表现等方面的全面发展。专门的教学活动还可以从规范幼儿的行为，培养幼儿的良好习惯入手，引导幼儿学会学习、学会生活、学会做人，以保持幼儿持久的学习兴趣，掌握正确的学习方法，养成良好的学习习惯，为其终身学习奠定坚实的基础。因此，专门的教学活动是幼儿园教育活动的重要途径。

(三)幼儿园教育环境

创设良好的教育环境对于幼儿的全面发展至关重要。《幼儿园教育指导纲要(试行)》指出：“幼儿园应为幼儿提供健康、丰富的生活和活动环境，满足他们多方面发展的需要，使他们在快乐的童年生活中获得有益于身心发展的经验。”“环境是重要的资源，应通过环境的创设和利用，有效地促进幼儿的发展。”教育环境是一个非常广的概念，包括整个社会环境、自然环境、文化环境、教育机构环境、家庭环境等。这里所讲的教育环境，是指幼儿生活的幼儿园环境，包括物质方面的园所建筑、活动场地、活动室、环境布置、设施设备等，以及精神方面的教师教育观念、幼儿园人际关系、幼儿园文化氛围等。

在教育活动中，教师既要为幼儿创设具有美化、教育化，舒适、安全的物质环境，引发幼儿积极的行为，又要为幼儿营造平等、信任、关爱、和谐、温馨的精神氛围，让幼儿在温暖的大家庭中度过快乐的童年。因此，幼儿园的教育环境是幼儿园教育活动的重要途径。

(四)家、园、社区三位一体

《幼儿园工作规程》第八章“幼儿园、家庭和社区”中规定：“幼儿园应密切同社区的联系与合作。宣传幼儿教育知识，支持社区开展有益的文化教育活动，争取社区支持和参与幼儿园建设。”幼儿园要打破关门办园的局面，成为社区幼儿教育网络的中心、先进教育观念和文化的发散地；幼儿园不仅有为社区提供幼儿教育的任务，还有为幼儿和家长提供各种早期教育服务，为社区居民提供文化服务的任务[①]。家庭教育与幼儿园教育对幼儿的成长和发展共同起着决定性的作用，都为了一个共同的目标：促进幼儿身心和谐全面发展。幼儿园作为专门的教育机构，承担者主导双方合作共育的正确方向和过程。其首要任务是帮助家长树立正确的教育观念，了解并运用正确的教育方法，达成共识，配合幼儿园共同完成教育幼儿的任务。其次是幼儿园要主动与家长沟通，促进家、园有效地互动，增进了解幼儿在园和在家的发展情况，共同协商和实施教育策略，真正做到幼儿园、家庭和社区三位一体，实现教育效益的最大化。

三、幼儿园教育活动的组织策略

幼儿园教育活动的组织策略就是教师为促进幼儿发展，在组织幼儿参与各项教育活动时，需注意和讲究的方法、手段以及在对幼儿进行随机教育中应具备的教育机智与智慧。

(一)教育活动中各种方法运用的策略

方法是一种手段。幼儿园教育活动方法是指为了完成一定的活动任务，教师与幼儿共同在活动中采用的手段。幼儿园常用的教育活动方法很多，比如，有观察法、练习法、游戏法、实验法、示范法、体验法、讲解法和讲述法等。在教育活动方法的选择上，既要体现教育目标的需要，又要考虑与教育内容的适宜性，更要符合幼儿的认知水平和年龄特征。此外，各种方法都有其自身的特点，没有一种万能的方法，也就是说“教育有法，但无定法”，只有根据活动的需要，将各种方法配合使用，才能发挥最佳效果。

1. 充分尊重和考虑幼儿的年龄特点与实际情况选择方法

幼儿园教育活动的最终目标是促进幼儿的全面发展，而各种教育方法是为教

---

① 蔡迎旗．学前教育概论．武汉：华中师范大学出版，2006．第263页。

育活动服务的，因此，方法选择恰当与否的核心就看是否充分尊重幼儿的年龄特点与实际发展的需要。比如科学活动“认识水”，对于小班幼儿而言，他们正处于直觉行动思维阶段，对事物的认识经常伴随着动作来实现，并且由于他们的生活经验少，认识具有浅表性，注意力也极易转移。所以，教师在选择活动方法时，要以游戏法为主，让他们在“玩水”的过程中，了解水的特性。同样是“认识水”，中班、大班幼儿的思维快速发展，生活经验逐步丰富，就可选用实验法、练习法等方法，通过“溶解”“沉浮”的小实验，帮助他们理解水的性质和功能。

2. 根据教育活动目标、内容的需要选择方法

幼儿园教育活动目标、内容的不同，选择活动的方法也就不同。比如小班体育活动“小动物找尾巴”，活动目标是：训练幼儿的跑、跳、平衡、向上跳跃等能力；引导幼儿进行部分和整体配对；让幼儿体验游戏的快乐。

根据这个活动目标与内容，教师在活动方法的选择上，重点要考虑讲解法、示范法、练习法和游戏等方法。如小班社会活动“我会打招呼”的活动目标：愿意大胆地参加活动，接受不熟悉的人，会用礼貌用语打招呼；尝试用不同的方式与人打招呼，感受与同伴交往的乐趣。针对这个活动内容，教师更多地可考虑选择观察法、练习法和体验法等方法。

3. 各种方法整合优化，发挥最佳效应

正如前面所举的例子，在幼儿园教育活动中使用的方法都不可能是一种单一的方法，而是多种方法配合使用。教师需综合考虑与教育活动相关的各个方面的因素，在众多的方法中，精心搭配，整合优化，使之形成最好的组合，确保在教育活动中发挥最佳的效应。

(二)教育活动中多种手段选择的策略

手段是为达到某种目的所采取的具体方式方法。幼儿园所使用的手段是多种多样的，这些具体的手段往往都是以视听媒介(教具、学具)的形式呈现。手段作为辅助工具，它是为幼儿园教育活动服务的，要想实现教育目标，就应正确地选择和恰当地使用多种手段。

1. 幼儿园普遍使用手段的种类

(1)实物。实物是最能让幼儿有真实感受的教具和学具，在幼儿园使用率最高，对于幼儿发展是最有价值的手段之一。它包括自然界、日常生活中所有能让幼儿安全接触的材料和物品。如植物中的树枝、树叶、花卉、种子等，自然界的

石头、沙、泥、水等，日常生活中各式各样的用品等。

(2)图片。在教育活动中无法使用实物的情况下，会采用挂图、照片等图片。

(3)图书。包括幼儿故事书、科普书和幼儿绘本等图书。

(4)电化教学设备。包括电视机、幻灯片、录音机、录像带、多媒体、实物投影仪等设备。

(5)自制教玩具。自制教玩具是由教师根据教育活动需要，自己和幼儿一起动手设计和制作的，如幼儿游戏时使用的头饰、废泡沫塑料做的各种实物模型、旧布缝制的沙袋等。

2. 多种手段选择的策略

(1)依教育目标来选择。在实际教育活动中，要选择什么样的手段并没有固定不变的模式，但一定要首先考虑教育目标的需要。如“有趣的黄豆”的活动，目标是“培养幼儿乐于观察事物的变化，了解黄豆的特点以及豆制品的营养价值”。在组织教育活动时，就可选择实物“黄豆”为观察对象，选择多媒体播放有关用黄豆作为原材料制作豆制品的光碟。又如“我喜欢的小动物”的讲述活动，目的是“培养幼儿愿意与同伴交流喜欢的小动物的情感，懂得爱护和照顾小动物，能清楚地讲述自己喜欢的小动物的特点。”那就可以使用照片或挂图，让幼儿看着直观的图片进行讲述。

(2)依教育内容来选择。幼儿园教育活动的内容是选择手段的重要依据。例如，科学活动“比长短”就需要选择长短不一的实物或生活用品，让幼儿在观察中比较鉴别物体的长短。又如体育活动“抓尾巴”，那就需要选用纸、布条或绳等材料自制“尾巴”，并选用录音机播放音乐，用音乐指挥幼儿进行游戏。

(3)多种手段的配合使用。如上所述，我们在组织任何一个教育活动，都需要选择不同的教育手段来配合使用。在选择时，只要符合幼儿的年龄特点、教育目标和教育内容的，就是正确和恰当的。总之，根据实际需要灵活地选用不同的手段，并将多种手段配合使用，就能发挥手段为教育活动服务的最大价值。

(三)教育活动中教师随机教育的策略

随机教育是指教师在教育过程中，针对意想不到的事件随机应变、灵活处理、突破困境、实现教育目标的过程。这就要求幼儿教师对稍纵即逝的教育时机，能立刻做出正确的判断和反应并采取恰当的教育行为。随机教育是教育的一种特殊的智能素质，是教育科学性与艺术性的综合体现，需要教师经过长期的教育实践，积累丰富的经验而产生。

1. 明确每一个活动环节的教育目标

随机教育要求教师首先能将教育目标分解到一日活动的各个环节，并能抓住各个环节的有利时机进行相关内容的培养，从而取得良好的教育效果。

案例一：

中班的一次集体教育活动是“找夏天”，老师让幼儿充分地发挥自己的想象和利用已有的经验去寻找夏天，并用绘画的方式表现出来。孩子们都你一言我一语地讨论着、画着，有的画电扇和空调、有的画西瓜，还有的画游泳等。老师让他们相互讲述和评价。孩子们都在积极热烈地进行着，只见小军用手捂着自己的画，不言不语，安静的坐在一旁。老师走近小军，微笑地说：“小军一定和大家画得不一样，那他到底画的是什么呢？我们一起来看看”。小军这才举起自己的画，大家一看，原来他画的是一只蚊子和一把电蚊拍。老师马上说：“小军果然与大家画得不一样，说明他平时很注意观察。我们为他鼓鼓掌吧。”大家都为他鼓起掌来，小军的脸上露出了笑容。

小军一直用手捂着自己的画，说明他对自己所画的“蚊子”不自信，担心教师会不认可。但教师从小军所画的“蚊子”中，发现他与众不同的观察力和想象力，不但没有批评他，反而还鼓励他，体现了这位教师能将《纲要》中鼓励幼儿“能用自己喜欢的方式大胆地表现自己的感受与体验”的教育目标落实在自己的教育行为之中。

2. 在活动中寻找和抓住教育良机

随机教育要求教师要善于寻找和抓住一切有利的教育时机，做到随人、随物、随事、随地、随境、随时地实施教育。

案例二：

一天，王老师发现亮亮在植物角给小蒜苗浇水，只见亮亮拿着自己的喝水杯，走到开水桶旁，装着一杯开水，小心翼翼地为小蒜苗浇水。这时汪老师问亮亮：“小蒜苗口渴了，你在关心它，给它喝的什么水呀？”亮亮说：“给它喝开水。”老师又问：“为什么要给它喝开水呢？”亮亮答道：“我们小朋友是喝开水的，小蒜苗也要喝开水，这样它才不会生病。”王老师说：“那我们一起来做个小实验，你负责给你这一盆小蒜苗浇开水，我用冷水给我的这盆小蒜苗浇水，看看谁的蒜苗长得好。”几天过去了，亮亮的小蒜苗蔫了，老师的小蒜苗长得非常好。亮亮不解地问老师：“这是为什么呢？”王老师仔细地给亮亮讲解了植物生长所需要的条件与我们人类生长的条件是不一样的等道理，亮亮听完后点点头，知道自己是好心办成坏事情了。

教师所进行的随机教育抓住了人、物、境和事，通过对比实验，让幼儿在活动中感知体验，积累经验，获得成长。

3. 提升自己对幼教事业的责任感及教育智慧

随机教育的程度与水平能折射出教师的事业心、责任感及教育智慧①。面对同样的教育时机，不同的人就会有不同的处理方式，有的教师能迅速做出正确的判断和反应并采取恰当的教育行为，有的教师则察觉不到教育的契机，浪费了身边的教育良机。

案例三：

这是一节美术活动“小蝌蚪”。通过让幼儿用手指点画小蝌蚪，感受春天的特征，激发热爱大自然的情感。幼儿积极性很高。活动一开始，教师组织幼儿自由地到四周去观察小蝌蚪，看看它们长得什么样子？他们一下子乐开了，纷纷跑去从各个方位看小蝌蚪。明明也很兴奋，满场跑，一会儿看这边，一会儿看那边。教师微笑着说：“明明，这些小蝌蚪都长得一样吗？”忽然，明明将手伸入玻璃缸内，去抓小蝌蚪，溅得满桌子都是水，班上顿时一片哗然，教师马上说：“我知道明明非常喜欢小蝌蚪，是想摸摸小蝌蚪对吧。”明明使劲地点点头，随后，独自坐在位置上。活动继续进行，幼儿观察回来，教师请幼儿说说见到的小蝌蚪长得什么样？幼儿都举手了，“小蝌蚪长着圆圆的脑袋，细细的尾巴”“小蝌蚪全身黑黑的”“小蝌蚪长出了后腿”……明明也举手了，教师请他回答，他说：“小蝌蚪摸上去身体是软软的”。“明明观察得与大家还真不一样，不错。”教师表扬了明明，他特别高兴，站起来围着教室学着小蝌蚪的样子游来游去，教师又及时地引导大家跟着明明的样子学小蝌蚪游来游去。接着幼儿开始自由尝试画小蝌蚪，大家画得很投入。教师还不时地鼓励幼儿在用油画棒添尾巴时画出不同方位、不同姿势的小蝌蚪，再加一些水波浪、水草等东西，明明也在认真画。活动结束前，进行了同伴间的相互欣赏，以集体评议的方式将小朋友认为好的画贴到展览区。“老师，这是我的画。”明明说，教师评价说：“你画得不错”。于是将自己的画贴在展览区，目视自己的作品，久久不肯离去。

案例四：

自由活动时间中班的几个小朋友饶有兴趣地在自然角观察着金鱼，他们一边观察一边议论着，看见刘老师走过来就问道：“小金鱼怎么有的穿着红色的衣服，

---

① 袁爱玲，何秀英．幼儿园教育活动指导策略．北京：北京师范大学出版社，2007，第180页。

有的穿着黑色的衣服呢?”刘老师没想到这下被他们给问住了，只见她满脸疑惑，不知所措。幼儿见刘老师没有作答，就又重复地问了一遍，这下刘老师就被问恼了，说道:“金鱼本来就是这样的，这有什么好问的呢，你们自己看就是了”，说完转身就离开了。幼儿你看看我，我看看你，不再吭声了。

此案例与前面三个案例中教师的言语、态度和行为不一样，教育的效果也不同。从中我们可以发现，幼儿教师自身的素质是进行随机教育的前提，对幼教事业的事业心和责任感是进行随机教育的核心。所以，幼儿教师必须全面提升自己的综合素质和对事业的责任感及教育智慧。

【学以致用】

1. 结合以下案例分析，活动中运用的是哪种组织形式?选择了哪些方法、途径和手段?

中班语言活动：会讲故事的贴纸

活动目标：

1. 愿意主动向同伴介绍，体验交流的快乐。

2. 尝试借用操作板进行故事创编。

3. 能够运用连贯的语言围绕“贴纸”进行交流。

活动准备：

1. 知识经验准备：幼儿已有讲述故事和分类的经验。

2. 物质材料准备：幼儿人手一个操作板，带标记的分类篓每组一份、贴纸、记号笔、废纸篓若干。

3. 环境创设准备：各种贴纸若干。

活动过程：

1. 围绕贴纸，进行交流。

(1)介绍贴纸，描述自己的贴纸。

师：今天，我们小朋友都带来了自己喜欢的贴纸，谁愿意向大家介绍一下?(幼儿自由发言)

小结：今天，小朋友都带来了各种各样的贴纸，有卡通人物、有动物、有交通工具，还有各种图形，可真漂亮!

(2)整理贴纸，分类摆放。

(3)交流贴纸的玩法。

2. 借用操作板，创编故事。

(1)引起幼儿的兴趣。

(2)介绍操作方法，讲解创编要求。

(3)幼儿操作，粘贴、创编。

①交代操作要求。

②幼儿操作，教师巡回指导。

3. 分组交流创编的故事。

(1)请每组推荐一名幼儿交流，讲述故事。

(幼儿讲述故事，教师展示其操作板)

(2)进行小结。师：今天，我们学会了贴纸的一种新的玩法，用贴纸来讲故事，还编了很多好听的故事。那我们可以把这些贴纸放到活动区中，以后再来创编新的故事。

4. 活动延伸：

在区域活动中，鼓励幼儿大胆讲述创编的故事，并用肢体动作表现。

执教教师：刘丹(湖北省实验幼儿园)

2. 结合幼儿园见习，试举例说明在教育活动中幼儿教师随机教育策略的应用。

【课外拓展】

介绍几种幼儿园常见的其他形式的教育活动。

1. 节日活动

幼儿园常见的节日活动主要有六一国际儿童节、三八国际妇女节、元旦、中秋节、毕业典礼等。不同的节日活动有不同的功能，但整体上而言，节日的功能包括教育功能、文化功能和娱乐功能。

2. 园外活动

园外活动，顾名思义就是由幼儿园有计划、有目的地组织的在幼儿园以外所开展的教育活动。尽管园外活动比园内活动组织起来要复杂和麻烦些，但这种教育活动还是深受教师和幼儿的喜爱。它能够拓展幼儿教育的空间，将大自然、大社会变成幼儿的大课堂，让幼儿走出教室、走出幼儿园，去观察和探索真实世界的真实事物，积累丰富的感性经验，培养对周围事物的探究精神和能力。

3. 区角活动

区角活动是指幼儿在活动区内进行的以自由游戏为特征的活动，是幼儿在园一日生活中的主要活动。区角活动通过游戏满足幼儿交往的需要，丰富幼儿的生活经验，培养幼儿主动积极的活动态度和大胆尝试、勇于探索的精神，有利于促进幼儿创造性和个性的发展。

第七章　幼儿园教育活动评价

【教学目标】

理解幼儿园教育活动评价的概念、教育评价的功能；掌握幼儿园教育活动评价的内容和原则。能尝试用教育活动评价的方法进行评价；培养学生的教育活动评价能力，树立正确的幼儿教育质量观、教育活动评价观。

第一节　幼儿园教育活动评价及其意义

【头脑风暴】

在一次大班的公开观摩活动中，幼儿注意力集中，思维活跃，思路开阔，举手发言很踊跃。但是，有很多幼儿坐的姿势却很不端正：有的看表演时站起来，有的把脚蹬在前面的小椅子上，有的斜靠着椅背，有的伏在桌上双手托腮……①

你是如何看待这个幼儿园教育活动的？

幼儿园教育活动评价是指对幼儿教师有目的、有计划地为促进幼儿发展而组织的活动进行合理的价值判断，是评价主体对幼儿园教育活动目标、内容、手段、方法及幼儿在活动中的兴趣状况、努力程度、活动结果等方面的评析过程。它是保证幼儿园教育活动正常进行的必要手段。幼儿园教育活动评价具有激励功能、导向功能，对提高幼儿教育质量及幼儿发展水平具有重要意义。

① 彭俊英．幼儿园教育活动评价示例．山东教育，2005(9)，第8～9页。

一、幼儿园教育活动评价的含义

(一)评价的含义

评价是主体根据一定的标准对客体的价值作出判断的活动。客体满足主体需要及其程度也就是客体对主体的价值。其核心概念是进行价值判断。

(二)教育评价的含义

教育评价是评价者根据一定社会确定的教育目标和价值标准，对教育活动满足社会及受教育者需要的程度作出判断的活动。

把握这一界定，要重点理解以下几点：教育评价的依据是教育目标；教育评价包括一切教育活动和与教育活动有关的一切人员、机构、方案等；教育评价的本质是价值判断；教育评价要同时关注社会发展和受教育者个人发展需要。

(三)幼儿园教育评价的含义

幼儿园教育评价是评价者根据一定社会确定的教育目标和价值标准，对幼儿园教育活动满足社会及学前儿童需要的程度作出判断的活动。其核心概念是进行科学的教育价值判断。幼儿园教育评价从范畴来说，主要包括幼儿发展评价、教师工作评价、幼儿园教育活动评价三大部分。

(四)幼儿园教育活动评价的含义

幼儿园教育活动评价是幼儿园教育评价的重要内容，是指评价者收集教育活动的设计、组织和实施过程中各方面的信息，依据一定的客观标准对教育活动及其效果作出客观的衡量和科学的判定过程。幼儿园教育活动的评价是有目的、有步骤的活动过程，是按照一定社会的教育性质、教育方针和教育政策所确立的教育目标，对所实施的各种教育活动的效果及幼儿的发展水平进行的一种判定。

二、幼儿园教育活动评价的意义

对教育活动的评价是幼儿园教育工作中最为普遍的一种评价活动，它是诊断教育活动中存在的问题、改进教育教学工作、提高教育质量的重要手段。

幼儿园评价的意义主要有体现在教育活动评价的功能方面：评价具有导向与

调节作用，有利于保证教育目标的实现；评价具有反馈作用，可以促进幼儿园管理水平的提高；评价具有激励作用，有利于调动全园职工的积极性；评价具有诊断与改进作用，有利于推动幼教改革不断深入。

(一)导向与调节功能

导向即引导方向。伴随着教育价值的多元化，评价的导向和调节功能就特别重要。在教育活动评价中一般要根据评价目标设计评价指标和标准，然后进行评价。评价内容和标准就像一个指挥棒引导人们活动的方向。如幼儿园教育活动评价主体对教育活动进行评价时，所依据的评价指标和标准对幼儿园的教育活动有很明显的导向和调节作用，会引导幼儿园教育活动设计与实施，并进一步影响幼儿园的办园方向。

(二)鉴定与选拔功能

教育活动评价的鉴定功能是指认定、判断评价对象合格与否、优劣程度、水平高低等实际价值的功效和能力，它是与评价活动同时出现并始终伴随着评价存在的。由于教育活动评价是依据一定的标准进行的，这就决定了教育评价具有对评价对象的鉴定优劣、区分等级、排列名次、评选先进、资格审查等功能。鉴定功能是教育活动评价的基本功能。如我们在进行幼儿园教育活动观摩时，往往会对教师组织的教育活动进行优劣等鉴定。教育活动评价的选拔功能是在鉴定的基础上进行的，幼儿园在各类教育教学比赛，推荐评优活动中经常使用教育活动评价的选拔功能，使优秀教师、优秀教育活动案例得到更多分享，推进幼儿教育质量的提高。

(三)激励与督促功能

激励就是激发动机或调动积极性。合理的、适时的评价，有利于公平竞争，能调动多方面的积极性。如在教育活动评价的过程中，教师通过反思、他人评价等途径，对于自身的教育行为有了更深地认识和更合理地调整，促使了教师专业水平的提高。通过科学评价，区分教育行为的优劣或是否适宜，既可以为管理者提供决策服务，也可以为被评对象提供反馈信息，使之明确自己的优点与不足，有针对性地、自觉地改进不足之处，提高教育质量，促进教师专业成长。

(四)诊断功能

教育活动评价的诊断作用是指教育活动评价对教育活动的成效、矛盾和问题作出判断的功效和能力。科学的教育活动评价的过程是评价者利用观察、问卷、测验等手段，收集被评价者的有关资料并进行严格分析的过程。它能够根据评价标准作出价值判断，分析出或者诊断出教育活动中哪些部分或环节做得好，应加以保持和提高，同时也能指出哪些地方存在着问题，找出原因，再针对这些原因提供改进途径和措施。教育活动评价过程如同看病就医，只有经过科学的诊断才能“对症下药”。教育活动评价的这一功能使其在提高幼儿教育工作质量上具有重要的作用。

（五）调节功能

教育活动评价的调节功能是指教育活动评价对评价对象的教育教学或幼儿的学习等活动进行调节的功效和能力。这种功能表现在两个方面：一是评价者为被评价者调节目标及进程。例如，通过评价，评价者认为被评价者已达到目标并能达到更高目标时，就会将目标调高，将进程相对调快；认为被评价者几乎没有可能达到目标时，就会将目标调低，将进程相对调慢，使之符合被评价者的实际。总之，要让他们在不同水平上朝目标前进，避免发生达到目标者停滞不前、达不到目标者沮丧气馁的情况。二是被评价者通过评价了解自己的长短、功过，明确努力方向及改进措施，以实现自我调节。

（六）教育功能

评价的教育功能是指教育活动评价本身所具有的影响评价对象的思想、品质、思维的功效和能力。教育活动评价的教育功能主要是通过评价目标体系，采用他评和自评结合的方式，在形成性评价过程中得以充分体现的。首先，评价目标系统体现着一定的教育思想、教育方针和价值取向，无论是何种评价都要以此为基准，评价对象在评价过程中必然受其影响。其次，幼儿园教育活动评价重视动态的形成性评价，静态评价与动态评价相结合，注重即时反馈和调整的过程发展。最后，幼儿园教育活动评价重视发挥评价对象的主体作用，重视他评与自评相结合，注重自我调节的过程发展。评价对象在评价过程中，按照评价目标体系，使评价过程成为“学习——对照——调节——改进——完善”的过程，有利于评价对象及时看到成绩，受到激励和鼓舞，找到问题，及时改进和提高；有利于促进评价对象的自我认识、自我改进、自我提高、自我完善。

【学以致用】

某幼儿园教师在组织户外体育游戏的时候，发现一些幼儿在走平衡木的时候出现了困难。于是教师在下一次活动中就准备了三种不同高矮、宽窄的平衡木，让幼儿在活动中自由选择。

请依据幼儿园教育活动评价的功能分析该教师的做法。

【课外拓展】

福建省幼儿园保育教育活动评价指导(试行)

"幼儿园保育教育活动评价指导"含幼儿园"集中教育活动""区域活动""创造性游戏""生活活动""户外活动"5个活动专项评价表。各项评价表中的"评价要素"提出了活动评价的主要观测点，凸显各类活动的价值取向。实施幼儿园保育教育活动评价的根本目的，是帮助幼儿教师有针对性地诊断和改进教育行为，提高幼教专业素养和教育水平；帮助幼儿园有效地了解保育教育工作质量现状，深化改革，提高教育质量；帮助教研人员分析研究幼儿园保育教育工作，提高教研指导的针对性和有效性。各级各类幼儿园和各级教研、行政部门应结合本园、本地区实际，有目的、有计划地组织实施，充分发挥保育教育工作评价的导向作用。

第二节　幼儿园教育活动评价的内容与原则

【头脑风暴】

某教师组织幼儿园艺术领域教育活动的时候，充分利用自己的特长，又唱又跳，表演相当精彩。活动过程中，幼儿看得"如痴如醉"。活动结束后，该教师认为活动非常成功，因为幼儿非常认真。

你认为该教师组织的这个教育活动好吗？为什么？

《幼儿园教育指导纲要(试行)》(以下简称《纲要》)中，对幼儿园教育活动评价做了一些相关的表述：①教育计划和教育活动的目标是否建立在了解本班幼儿现状的基础上。②教育的内容、方式、策略、环境条件是否能调动幼儿学习的积极性。③教育过程是否能为幼儿提供有益的学习经验，并符合其发展需要。④教育内容、要求能否兼顾群体需要和个体差异，使每个幼儿都能得到发展，都有成就感。⑤教师的指导是否有利于幼儿主动、有效地学习。《纲要》对幼儿园教育活动评价的内容与要求作出了明确的规定。

一、幼儿园教育活动评价的主要内容

幼儿园教育活动的评价是一种比较微观和真实的评价，与教师联系更密切。通过评价者的评价(包括教师自己)，教师可以及时了解活动设计和组织实施过程中的不足，讨论改进的办法，不断提高教育活动设计和组织、实施的能力。幼儿园教育活动评价的内容主要包括三个方面：一是对幼儿学习的评价；二是对幼儿发展的评价；三是对教师“教”的评价。

(一)对幼儿学习的评价①

幼儿园教育活动的最终目的是促进幼儿的发展和提高，因此，幼儿作为教育活动中的一个活生生的、带有自主意识和愿望的个体才是最需要关注的。“从幼儿出发”“以幼儿为中心”“以幼儿发展为本”正是教育实践者需要在教育活动的设计、实施以及评价等方面用科学的理念和行动去付诸实践的。幼儿园教育活动的真正价值在于促进幼儿的整体素养，激发幼儿的主体意识和创新意识，以及鼓励幼儿富有个性化的表达和表现方面。

对幼儿园教育活动过程中幼儿的“学”进行的评价包括以下几方面的内容：

1. 幼儿对教育活动的参与度

主要评价在教育活动过程中幼儿的注意力集中程度；在学习、探索以及表达和表现活动中的积极性、自主性、能动性程度等。

2. 幼儿的情感态度

主要评价幼儿在教育活动过程中的情绪状态，包括在活动中表现出来的学习态度、情感语言、动作等。

3. 幼儿的学习方式

主要评价幼儿在教育活动中所表现出来的学习风格以及采用的倾向性学习方式和策略，包括其学习方式的多样性、个别性、独特性等方面。

4. 幼儿在教育活动中的互动程度

主要涉及对幼儿在教育活动过程中与他人(幼儿和教师)互动交流状况的评

① 黄瑾主编．幼儿园教育活动设计与指导．上海：华东师范大学出版社，2007。

价，包括活动中与他人的合作交流与互动的次数、形式以及有效性等方面。

5. 幼儿在教育活动中的能力

主要评价教育活动中幼儿在能力发展水平上的表现和反映，包括活动中的语言表达能力；敢于提问、经验迁移、分析判断等思维发展能力；动手操作能力以及创造性表达能力等。

6. 幼儿的学习习惯

主要评价教育活动中幼儿对学习、探索活动的坚持性；克服困难的勇气和毅力；善于倾听他人、接纳他人意见以及与他人友好合作、交流协商等方面。

(二)对幼儿发展的评价

在对幼儿"学"的评价中，幼儿学习能力和发展水平也是重要的一项评价内容和指标。幼儿园教育活动的根本目的在于促进幼儿的学习和发展，而教育活动的设计又是在一定的目标导向基础上进行的。因此，对学习结果即活动效果的评价自然成为评价中不可或缺的一部分。

当前的幼儿园课程是以整合式、主题式的脉络和结构而展开的，在一个幼儿园教育活动中所能反映和呈现的幼儿能力和发展水平方面的信息也是交叉而多元的，它可能涉及不同的智能领域。因此，在幼儿园教育评价的实际操作中，可以将幼儿的发展性指标加以整理，从不同的智能发展领域出发，与《幼儿园教育指导纲要(试行)》中的幼儿能力发展评估项目和内容相结合，构成一份较完整且可操作的"幼儿能力发展水平评估表"。这样的评估表是给每位幼儿准备的，也是可以通过对若干次教育活动和一日生活的其他活动来加以记录和作出总结性评价的。

(三)对教师"教"的评价

幼儿园教育活动是由教师、幼儿、教育活动目标、内容、手段与组织形式、环境等诸要素构成的，而其中幼儿与教师是两个紧密联系、互为主体且不断相互作用的要素。对教师"教"的评价主要体现在教师的教育活动设计是否有利于幼儿学习方式的开放化和多样化；教师设置的教育教学内容、采用的组织指导策略、创设的环境条件是否能调动幼儿学习的积极性，更有利于促进幼儿主动、有效地学习等方面。

1. 对教育活动目标的评价

目标是教育活动的起始环节，是开展教育活动的出发点和落脚点。它规定了教育活动预期所要获得的某种效果，是教育活动内容选择、方法运用、效果评价的依据和准则。因此，明确教育活动目标的过程，也就是精选教育活动内容、优化活动方式的过程。对一个教育活动目标的评价主要包括目标的表述方式、表述内容、表述指向等方面。

(1)幼儿园教育活动目标要具有统一性

教育活动的目标应当以具体、可见的言语表述来反映幼儿外在的行动方式；教育活动的关注点更多地放在幼儿的“学”上，放在幼儿的“发展”上。教育活动的目标制定从幼儿角度出发，用以幼儿为主体发出的行为动词为主进行表述，而且这种表述应当体现统一性，而不是随意性的、混合性的目标表述。

(2)幼儿园教育活动目标要具有整合性

虽然对于一个教育活动而言，总是会有针对性特别强的某个方面或学科领域性内容和相应的目标，但是，从幼儿全面发展的理念来说，教育目标应当是一个能够促进幼儿整体、和谐发展的体系。

教育活动目标的整合性首先是指一个领域的目标在多个领域或活动中的体现，如语言领域的发展目标在社会或艺术、科学领域活动目标中的整合；同时，教育活动目标的整合性还表现在一个领域的活动中包含多个领域的发展要求，如在以语言领域为主的活动中也包含有社会领域的目标。其次，教育活动目标的整合也是教育活动整合的基础，目标的整合将直接影响到教育活动内容的整合以及活动方法和形式等的整合。换句话说，目标的制定应当放在一个更广泛、更全面的背景下，既要体现和落实某个领域方面的重点目标，同时也要考虑和体现与活动内容有着密切关联的显性的或隐性的其他领域目标，如在情感、社会性、认知、个性等方面的目标。

(3)幼儿园教育活动目标要具有针对性

目标的针对性是指教育活动的目标要符合幼儿的年龄特点和班级幼儿的实际发展水平，根据幼儿整体、群体、个体的不同发展水平和需要，充分考虑到幼儿的普遍性和差异性，体现因材施教，并贴近幼儿的“最近发展区”。

对教育活动目标的评价可以从目标是否关注幼儿的实际生活，与幼儿的生活经验以及实际发展水平相联系着手。

(4)幼儿园教育活动目标要具有操作性

操作性是指教育活动的目标应当是具体的、明确的的可操作的，便于教师和评价者观察、鉴定和评价。

2. 对教育活动内容的评价

对于幼儿园教育活动内容的选择，《幼儿园教育指导纲要(试行)》明确指出：应该“既考虑幼儿的现有水平，又有一定的挑战性；既符合幼儿的现实需要，又有利于其长远发展；既贴近幼儿的生活来选择幼儿感兴趣的事物和问题，又有助于幼儿经验的积累和视野的开阔”。以《纲要》为依据，对教育活动内容的评价可从以下几方面着手：

(1)幼儿园教育活动内容的适宜性、有效性

评价教育内容的适宜性和有效性是指活动内容要依据教育目标，符合幼儿的年龄特点，尊重幼儿的学习兴趣和需要，并能从幼儿的角度来选择幼儿喜欢的、感兴趣的内容。此外，适宜性、有效性还体现在教育活动内容选择的难易程度以及重点确立等方面要符合小班、中班、大班不同幼儿的认知水平，能够有利于幼儿更好地获得新的知识经验以及适宜性的发展。

(2)幼儿园教育活动内容的针对性、挑战性

教育内容具有针对性和挑战性是指能够从不同的教育活动内容(或学科领域)特点出发，既突出内容的专门化、个别化，也体现内容的综合化。即评价教师能否把握住各领域中幼儿关键经验以及应该获得的基本经验，同时在关注幼儿现实生活经验的基础上，对幼儿已有的经验进行整合，使教育活动内容更体现出挑战性、针对性，促进幼儿在“最近发展区”的水平上获得发展。

(3)幼儿园教育活动内容的多元性、整合性

教育内容的多元性、整合性是指教师对教育内容的设计安排能够体现将各领域的关键经验进行有机的、自然的整合，同时也体现将某些发展领域中的内容围绕某个主线(某个领域)，结合其他领域方面整合到某一主题中。这种整合在内容上各领域彼此间是有内在关联并由逻辑主线贯穿的，它是一种自然而有效的整合。

(4)幼儿园教育活动内容的自然性、开放性

在幼儿园教育“回归自然”“回归生活”的大背景下，活动内容也不再仅仅强调学科体系知识的严密性、逻辑性、完整性，不再只是强调知识的量和深度，而是更强调学习内容的广度和连接点，强调将学习内容与幼儿的多方面经验结合在一起，使新知识、新概念的形成建立在幼儿现实生活的基础上，强调将幼儿现实生活中的内容演绎为教育活动内容，从而引发幼儿愉快地、主动地、创造性地、有效地学习。

3. 对教育活动方法的评价

对于一个教育活动来说，活动的目标设定、内容安排、手段方式等都是评价的重要内容。而对教育活动方法的评价主要看教师在教育活动方法、手段及情境创设的设计上是否体现了儿童的年龄特点，活动方式是否能满足幼儿学习方式上的差异性，是否能促进幼儿在已有水平上的有效学习，教师的教学形式是否适宜于教学内容，活动中教师的提问是否有效，等等，即主要表现在教育活动方法的适宜性、有效性方面。

(1)教育活动方法的适宜性

适宜、有效的教学活动是通过教师的教学方式来体现的。因此，评价教育活动中方法的适宜性，首先是看教师在教学方法的选择与运用上能否充分了解每种教学方法的特点、功能、局限性以及与教育内容、儿童年龄特点的适宜程度，在此基础上进行合理、灵活而优化的使用。其次，还要评价教师是否能够在采用适宜的教学方法的同时，将教学内容转化为幼儿感受、体验、探究的学习过程，促使幼儿已有经验和新经验的认知碰撞，进而推动幼儿自主建构知识的过程。

(2)教育活动方法的有效性

评价教师的教育活动方法是否有效主要有两个维度：一是教育活动对幼儿经验的提升，评价教师是否能找准经验点，帮助幼儿梳理、整合、提升与拓展经验，是否能根据相关经验点选择和运用相适宜的不同方法与形式来提升幼儿的经验，从而更体现活动方法的有效性。二是评价教师的“提问”，评价教师提问形式的多样性、灵活性，提问使用的目的性、艺术性，评价教师是否将“疑”引入教学过程，是否通过引疑、设疑、质疑、求疑、解疑、留疑的一系列过程，启发幼儿积极思维，以适合自己的方式、方法、速度学习。

4. 对教育活动环境材料的评价

教育活动是在教师一定的目标和内容预设前提下进行的活动，其中，对环境和材料的创设是很重要的一个方面。因此，对教师“教”的评价，活动环境材料的创设是不可或缺的一项评价内容。

(1)教育活动环境材料的适宜性、启发性

在幼儿园教育活动设计与指导中，环境材料的创设和利用既是满足幼儿探索、操作和合作交往等活动的基础条件，也是保证教学方法能够充分发挥有效价值的重要前提。教师对活动环境和材料的创设与提供，首先必须与活动的目标定位、内容主题相适宜，即环境和材料的设定是能够为目标的达成和内容的学习与体验所服务的，而不只是为了追求形式上的环境和材料；其次，适宜性还表现在环境与材料的呈现方式是与幼儿的年龄特点和主题内容相吻合和一致的，而不只是为了追求新奇与丰富。

对于环境和材料的设计与选定，在体现适宜性的同时，启发性也是随之而来的。只有适宜的环境和材料才能充分发挥在幼儿认知、情感、个性、社会性等方面发展上的启发作用和价值。而在教育活动中，这种环境和材料的启发性尤以对促进幼儿概念建构、探索发现、认知发展、积极思维等更显其价值。

(2)教育活动环境材料的多样性、开放性

评价教师对环境和材料的创设，除了适宜性和有效性外，丰富多样和开放性的特点也是不可忽视的。尤其是随着现代化教育手段和多媒体课件的广泛运用，教师可以尽可能地调动和布置多种资源和环境，更多样而开放地设计和使用环境与材料。当然，在体现环境和材料的多样性、开放性的过程中，教师必须从环境、材料在实际教学运用中的功能和价值出发，把握好“度”。

一般来说，当学习内容较远离幼儿生活经验或背景时，教师可以利用录像、课件展示实际生活的真实情景，以丰富幼儿的生活经验，进而拓展能够共同交流的话题，进一步引发幼儿表达、表现。而当学习内容贴近幼儿生活或预知大部分幼儿有相关经验背景时，教师则可以利用照片、图画等平面环境布置来引发幼儿对已有经验的回忆，进而推动幼儿进行大胆自主的分享交流活动以及更进一步地探究问题。

从活动空间来说，既可以是室内也可以是室外；从幼儿活动的场地设置来看，可以是马蹄型、自由结伴型、秧田型、直条型等。这些安排的关键在于哪种形式最能符合幼儿本次学习的特点与要求，能够既有利于目标的达成，又保证信息渠道的多元、畅通和快捷，能够把信息在传递过程中的流失量控制在最小范围内。

因此，从优化教育活动的角度来说，以上对于活动组织形式、时空设置等方面都是需要教师进行评价的。只有对教育活动系统中的每一个相关因素作出充分、合理的思考与评价、调整，才能真正确保和促进教育活动的优质、高效。

二、幼儿园教育活动评价的原则

幼儿园教育活动评价的原则就是幼儿园教育活动评价者在进行评价工作时必须遵循的基本要求，是根据《纲要》的精神和评价活动过程的规律制定的，也是活动评价工作的实践经验的总结和概括。

(一)尊重性原则

所谓尊重性原则是指在实施教育活动评价中应充分体现对被评价者的尊重。无论是对幼儿的评价还是对活动中教师的评价都应当坚持客观、公正的态度，同时以激励、发展与正面肯定为主的原则，帮助教师或幼儿发现、发扬长处，弥补其不足。尤其是行政管理者对教育活动中教师行为的评估和鉴定，更要体现尊重和鼓励的原则。

因为评价的目的不是甄别和选拔，评价者应善于发现、充分肯定教师在教育活动中的成功和创新之处。也可以让被评价者(教师)一起参与评价，从而激发教师主动进行教育活动后的自我反思，加强对教育活动的调整和再探究。因此，活动评价应该建立评价者和被评价者之间的平等关系，使教育活动评价更好地体现出客观性、公正性，以达到评价促进教育活动改革和提高活动质量的目的。

(二)科学性原则

教育活动评价的科学性原则要求在评价的实施中，评价者不能单凭主观经验或直观感觉来评定和判断教学质量或幼儿发展能力与水平，而必须采用科学合理的评价方法、手段和工具来展开评价。

科学性原则首先体现在评价展开之前，教师应对评价的对象、内容以及评价的依据做认真的考虑，应当明确为什么要评价、满足什么需要、解决什么问题、应当收集哪些方面的信息和数据、要采用哪些测量或评估手段、在什么时间和场地进行评价等一系列问题，即充分做好评价前的准备。其次，科学性原则还体现在评价的实施中，评价方法和手段要具有相当的科学化标准，能便于评价者的合理操作和实施；最后，科学性原则还应当体现在评价者必须综合考虑教育活动各因素间的相互关系和作用，从静态和动态两方面实施评价，即既考虑量化的评价指标又考虑质性评价手段的运用。

(三)全面性原则

评价是每位教师日常教育教学工作中不可缺少的一部分，其核心是通过获取信息来作出判断，它是以确定幼儿的能力水平、测定教学的效果、调整教育过程、通过反馈激励来促进幼儿的学习为主要目的的。

为了更好地发挥评价在促进幼儿发展、教师专业能力提高和改进教学质量上的功能，评价者在实施评价中应当遵循全面性原则，它表现在两层含义上：

一方面，应全面评价幼儿的发展水平，即评价的内容应反映幼儿的整体发展水平，而不仅仅是在认知发展层面上的能力水平，还应当包括幼儿的自我意识、群体意识、环境意识及基本素质和能力的发展；要防止评价内容只关注于教学或课程的片面化倾向，而是使评价的视角更全面、多向，同时关注对幼儿学习兴趣、态度、情感、交往、学习风格、学习习惯、自理能力、适应集体、遵守规则等多方面的考察和评价。

另一方面，评价的渠道应体现全面性和多样性，即评价者既可以采用观察、记录、交流等多种方式对教育活动中教师和幼儿进行评价，也应当把来自于家庭、社区等多种渠道的信息作为一种评价的途径。应当树立起评价是教师、幼儿、家长及管理部门共同参与和合作的一个过程的理念，而不是以往那种家庭和社会不参与评价，只是了解幼儿评价情况的状态。

(四)情景性原则

由于教育活动是在特定的环境与背景下由不同的个体参与而发生的活动过程，因此，对教育活动的评价就不可能脱离其特定的情境性。脱离了具体和特定的情境而对活动中的各项内容和要素的评价往往是标签式的、等级式的且有失偏颇的简单评价。

教育情境中的评价就是把获得的幼儿学习的信息与评价标准进行比较并作出判断和决定的过程。评价者应当观察幼儿的真实生活和学习情境，记录他们在实际情境问题中的参与、操作、实验、交流、合作、态度等方面的状况，并作出分析和评价。把握和提倡评价中的情景性原则，更关注的是幼儿的学习过程而非学习结果，更强调的是评价的过程性、现场性和即时性。

(五)个别化原则

幼儿作为一个发展个体，全面性和个性是其发展的两个不同方面。作为教育者，我们既要全面关心幼儿群体的发展，也要关注幼儿作为独立个体的发展需要和潜力。

因此，评价既要关注幼儿的全面和谐发展，也要关注幼儿某一方面的突出表现和潜在能力，为其个性化、个别化的发展和生成留有空间。在教育活动评价中，个别化原则是指评价者或教师应当从幼儿的不同潜能和个性出发制定评价手段和方式，如“幼儿成长档案记录袋”，既能记录、评价幼儿的现有能力水平，又能了解幼儿的成长过程和发展方向。此外，个别化原则还指教师应当尊重幼儿的个别差异，根据评价的实际情况，在一定情境的活动范围内针对不同的幼儿有不同的观察和记录着眼点，体现评价的弹性化、个性化。

【学以致用】

在一次语言活动中，某教师给幼儿讲《小猫钓鱼》的故事。为了加深幼儿对故事的理解，教师利用活动玩具“猫”和“鱼”作为教具。她一边绘声绘色地讲解故事的情节，一边演示活动的教具，同时伴随相关的轻音乐。

假如你旁听了这节课，请用幼儿园教育活动评价内容与原则的相关知识进行评价。

【课外拓展】

幼儿园教育活动评价存在的问题

(1)重视局部评价，忽视整体评价。整体评价是对幼儿教育活动的某个方面或某个幼儿的活动作出判断。只有将二者有机结合，才能对幼儿教育活动做出全面深入的考察与分析有些实习生在进行教育活动评价时，比较重视局部评价，缺乏整体评价意识。例如，组织幼儿结构游戏——动物园活动时，评价重在强调动物的特征及数量，忽视动物园的合理布局；组织幼儿绘画活动评价时强调绘画的色彩、构图，忽略创造力这一绘画活动的主要目的这种重局部轻整体的评价，很容易导致活动目标的偏离，使得教师评价幼儿的导向功能大大削弱。

(2)重视目标评价，忽视过程评价。众所周知，教育目标是教育活动的导向，但是，教育活动的全部结果又都是在教育活动过程中形成的，而且幼儿的心理特点决定其注重活动过程的体验。所以，只有将目标评价与过程评价有机结合，才能对教育活动质量的提高起到直接的推动作用。有些实习生在组织教育活动时，往往比较重视目标评价，忽视过程评价。例如，组织结构游戏——春天的公园，评价重在公园的景物特征、布局等，但对幼儿在活动过程的兴趣状况、创作途径等毫无提及；在组织幼儿体育游戏——手膝着地屈膝爬评价时，重在讲评幼儿爬的姿势，但对幼儿在活动过程的努力程度少有涉及。这种以目标为主的评价势必降低幼儿对活动的兴趣，直接影响活动的质量。

(3)重视横向评价，忽视纵向评价。纵向评价是一种自身评价，通过与自己的过去比较，评出提高的幅度；横向评价是一种与他人进行的比较，从而确立自身在群体中的位置。根据幼儿的心理特点，幼儿教育活动的评价应以纵向评价为主，横向评价作为纵向评价的重要补充。指名道姓的横向比较极易伤害幼儿的自尊心，显然不利幼儿特别是能力弱的幼儿的发展。幼儿教育活动评价，应当以纵向评价为主善于发现每个幼儿的进步，指出缺点时，口吻也应该亲切，这样才能使每个幼儿在原有的基础上得到发展。

(4)重视常规评价，忽视特色评价。常规是教育活动顺利进行的基本保证，所以在评价中常规评价是必不可少的。同时，还应充分重视反映不同类型幼儿特点的“特色评价”，发挥每个幼儿的“个性”。只有这样，才能鼓励幼儿在正常的教育活动中，充分发挥自己的创造能力，为培养祖国新一代的开拓型人才奠定良好基础。

(5)评价方式单一。幼儿教育活动的评价方式多种多样，从评价者的角度来分，有教师评价、幼儿评价、师幼共评；从评价的组织形式来看，有议论评价、比较评价欣赏评价等；从评价的表达方式来看，有直接的语言评价，还可以辅之以表情、动作等。教师可以根据幼儿的年龄及活动的内容、组织形式灵活地采用各种评价方式，使得评价更生动、更有针对性，从而有效地发挥评价的激励功能。

（资料来源：吴丽芳．幼儿园教育活动评价存在的问题及改革措施．教育评论．2000 年第 4 期.）

第三节　幼儿园教育活动评价步骤与方法

【头脑风暴】

对幼儿园教学评价活动的反思

承传以往的习惯和经验，教师们总是在活动的最后集中幼儿，自己充当主角地对幼儿在教育活动中的表现情况进行评价。冬去春来，随着幼教界各种新观念的传入，我们对评价活动有了新的看法。例如，在评价活动中不再以教师为主角，而注重体现幼儿的主体性，让幼儿大胆表达自己在活动中的体验。因此，评价方式不断呈现多样化——幼儿自我评价、幼儿之间相互评价、师幼之间的相互评价等。然而，在一次的评价活动中，我困惑了：是不是所有的活动都要有评价呢?

你认为幼儿园所有的教育活动都要有评价吗？为什么?

幼儿园教育活动评价的实施不是一项简单工作。在实施幼儿园教育活动评价前，首先要确定评价目标；其次设计评价方案；最后实施评价。

一、幼儿园教育活动评价的基本步骤

(一)确定评价目标

幼儿园教育活动评价的目的就是要了解幼儿园教育的水平和现状，改善、促进教育质量的提高，从而更好地促进幼儿的发展和教师的专业化成长。

幼儿园教育活动评价目标的确定是与评价者的需要直接相连的。不同的需要意味着不同的评价类型和评价方法。如果评价者想了解幼儿园教育工作的全貌，就要进行全面评价；如果想了解教师的总体工作情况，就要进行教师工作评价；如果想了解教师集体教育活动的情况，就要对教师设计和开展的教育活动进行评价。

(二)确定评价方案

根据幼儿园教育活动评价的目标要求设计评价方案，是实施幼儿园教育活动评价之前要做好的重要准备工作。幼儿园教育活动评价方案的编制，一般分成以下几个步骤：

1. 分解目标，形成指标体系

幼儿园要求教师“眼中有幼儿，心中有目标”，这句话中提及的“目标”也就是幼儿园教育活动评价所要依据的基础。幼儿园教育活动评价就是评价者把幼儿园教育活动的开展状况与评价者所设定的目标或教师所预设的教育目标进行比较，做出评价。

幼儿园教育目标分为几个层次：幼儿园教育总目标—年龄目标—学期目标—月目标—周目标—活动目标。对总目标进行层层分解后，就构成一个目标体系，由此构成了非常具体的评价指标。教育评价所涉及的各个方面的评价指标不可能事无巨细面面俱到，更不可能不分主次和主观臆造，而是对所要达成的总目标进行分解，选择其中最重要的和有代表性的项目，组成评价的指标体系。因此，评价指标就是分解后的目标体系中处于最低层次、具有可操作性的目标。评价者在评价时，首先必须将评价目标进行分解，形成可操作或可测量的指标体系。

学前教育评价指标体系的确立是整个学前教育评价工作的基础和关键。没有科学合理的学前教育评价指标体系便没有科学合理的学前教育评价。

例如，针对幼儿的发展评价，首先要对发展目标进行分解。幼儿发展系统中包含着三个方面的子系统，即身体发展、认知发展和社会性发展；在每个子系统下面，又有低一个层次的子系统，如身体子系统包含了大肌肉动作、小肌肉动作、自我保健和生活能力等；还可以往下进一步分解到第三个层次的子系统。如“走”就属于第三层次了，对“走”再分解就成了评价指标了：会甩动双臂走；会手脚协调地走；不扶梯一步一阶地上下楼梯；会按节拍变速走；会灵活地变向、变速走。这五个指标都具有可操作性，可以实际测量。由此，分解后的目标体系就成了可以实际评价的指标体系。附录二《常州市幼儿园教师教育工作评价指标(试行)》就可以很明显地看到具体的一级指标、二级指标、三级指标，构成完整的评价指标体系，这里面很多项目就涉及了教师开展的教育活动评价。

2. 界定标准，形成标准体系

在形成教育评价指标体系后，一般还要对指标进行进一步处理。对评价对象进行评价，看他是否达到评价目标，达到的程度如何，为此，还需要进一步划分出评价标准。评价标准其实就是对幼儿园教育活动目标细分到可以测评的指标，并且提出数量或质量上的要求。幼儿园教育评价标准或标准体系是对评价对象的各项指标达到要求的程度在数量和质量方而进行价值判断的准则和尺度。① 因此，要想评价做到科学化、标准化，还要科学编制好评价标准，使得评价更加真实、准确。例如，评价在教育活动中幼儿参与活动的主动性，将其分成A、B、C、D四个等级，对每个等级进行具体界定，采用语言描述(如将发起活动分为主动发起和被动发起，根据其主动的程度分成不同等级)或量化(如根据注意坚持的时间来划分等级)的形式，形成一个评价的标准体系，这样就便于评价者进行观察和评价。否则，没有评价标准，不同的评价者可能将同样的行为或事件划分到不同的等级中去，从而造成结果的不一致，影响整个评价。又如，评价幼儿在一周活动中的表现，将幼儿在教育活动中出现的攻击性行为分为几个等级：很多、比较多、较少、很少、没有五个等级。然后将五个等级用出现攻击性行为的次数来界定，如将一周内出现攻击行为次数分别界定为：7～10次表示很多，4～6次表示比较多，1～3次表示很少，0次表示没有。本章的附录二《常州市幼儿园教师教育工作评价指标(试行)》将评价等级分为优秀、良好、合格、不合格四个等级，用分数来界定的。离开科学的幼儿园教育评价标准，幼儿园教育评价也无法顺利进行，或者据此评价的结果比很确切和科学

3. 形成计量体系

幼儿园教育活动评价的计量过程通常由以下两个基本要素构成②：一是加权，即根据指标体系中各项指标的重要程度，赋以一定的权数(或权重)。如对幼儿园某教师开展的教育活动进行评价，在教育活动公开课的项目上共10分，其

① 陈幸军主编．幼儿教育学(新版)．北京：人民教育出版社，2001，第331页。

② 陈幸军主编．幼儿教育学(新版)．北京：人民教育出版社，2001，第332页。

中园领导评分占30%，教师自评40%，其他教师代表30%；二是记分，即根据各项指标所评等级的标度值和权数，求得评价分值。以上例来说明，如果园长评分8分，教师自评9分，其他教师代表评7分，该班教师的公开课评分得分为8×30%+9×40%+7×30%=8.1分。在日常幼儿园教育活动评价中，有时简单评价就没有权重，这时计量就比较简单，根据项目的记分直接求和就可以了。如果涉及幼儿园教育活动整体评价，或者比较复杂、详细的教育活动评价，大多都要有权数。这时，就要把权数和记分两个要素紧密联系在一起，形成一个有机的整体，这个整体就是幼儿园教育活动评价的计量体系。本章的附录二《常州市幼儿园教师教育工作评价指标(试行)》将评价等级分为优秀、良好、合格、不合格四个等级，分别用1.0、0.8、0.6、0.4表示评分分值，加之前面一级指标的各项分数的分值(实质上涉及权数)，就可以进行评价了，这个评价方案两个要素都有了。

(三)实施评价

评价的过程中，无论是评价工作的准备，还是具体评价工作的展开和评价结果的反馈等都需要我们认真对待。评价实施是否具有科学性将会极大地影响评价结果的可靠性和有效性，从而影响到评价质量的优劣。按照评价实施的程序，学前教育评价的实施过程有三个阶段，即评价实施的准备阶段，评价实施阶段和评价结果反馈阶段。

1. 准备阶段

评价实施的准备阶段是评价实施前的预备阶段，做好评价的准备工作是做好幼儿园教育活动评价的前提。准备阶段的工作做得是否充分和全面，极大影响评价工作的开展和进行。在准备阶段要做的工作主要有：

(1)组织准备。根据评价需要进行准备，如果评价工作涉及面大、广，对教师、幼儿或幼儿园自身都有相当重要的影响，就需要成立专门的组织机构。可以根据评价的目的、评价内容等的不同，成立与之相适应的组织机构，人员可以合理搭配，其组织形式有：管理部门成立的评价小组，科研部门成立的评价小组，由管理人员、科研人员、幼教专家等组成的评价小组，园长、教师、幼儿、家长成立的评价小组等。[①] 在实施评价前，要对参与评价的人员进行培训，将有关评价要求、指标、分工等具体说明，这样评价时就能各尽其责，各司其职。

(2)文件、工具准备。包括凡是与评价相关的一些评价方案、评价登记表、

---

① 陈幸军主编．幼儿教育学(新版)．北京：人民教育出版社，2001，第333页。

资料汇总表，根据实际情况部分评价还需用到的测量工具、照相机或摄像设备等，以及施测时所需的笔、纸等记录工具。

2. 实施阶段

评价实施阶段是实际开展评价活动的阶段，是幼儿园教育活动评价的中心环节。为了将评价有序、高质量地进行，在评价实施阶段要做好如下工作：

首先是宣传发动。这个主要目的是统一评价者和被评价者的思想，促进他们正确对待评价、理解评价、配合评价，尊重评价者的评价工作，防止被评价者产生消极甚至抵触情绪，影响评价工作的进行。

其次是搜集资料。这是评价实施的中心工作。拥有资料和各种与评价相关的信息，是非常重要的。资料不全或重要资料遗漏，将严重影响评价质量。一般来说，这个阶段的工作比较烦琐，任务也相对艰巨。因此，评价者要认真对待，实事求是，尽可能想方设法运用多种方法搜集真实、客观的数据资料，为科学评价幼儿园教育打好基础。

最后是评分和汇总。在前期掌握大量有关资料的基础上，评价者或相关人员就可以给每一具体的项目进行评分、汇总，并进行初步的统计分析。有条件的幼儿园还可以使用电脑，运用专业软件进行统计分析。对一些文字资料，如访谈记录、作品、工作总结等，要分门别类进行整理，以便于后面的评价分析。

3. 评价结果反馈阶段

开展幼儿园教育评价，就是为了更好地促进幼儿园教育工作。幼儿园教育活动评价结果反馈阶段是评价工作的最后一个环节。如果该阶段工作做得好，可以对教师工作、幼儿的发展等起到良好的推动作用。

评价离不开信息，信息是评价的基础。要想做到科学评价，自然离不开对评价对象的信息采集。定性评价信息的采集一般采用观察法、调查法、作品分析法等。定量评价信息的采集主要采用测验法、实验法。当然，这两种评价的信息采集方法不是绝对的。

二、幼儿园教育活动评价的主要方法

（一）定性评价的信息采集方法

1. 观察法

观察法是一种最基本也是最古老的研究方法。中外教育史上有许多优秀的教育家都善于观察教育对象，并把观察的结果记录下来，获得了宝贵的第一手材料。根据不同的标准，观察法又可以细分为多种具体的方法。不管采用哪种观察方法，都要对观察结果进行记录。观察记录方式不同，观察信息的采集方法也不同。

要实现对现场观察所获资料的完整记录，研究者应根据研究的要求选择恰当的记录方法。

(1)描述记录法(叙述性观察记录法)

描述记录法(叙述性观察记录法)通常在质的研究中运用广泛，它是对幼儿在日常生活中的自然行为进行观察记录的一种方法。这一方法主要是对观察对象所表现出的相关行为及其场景中的有关因素作较为完整的描述。它又具体分为三种方法：日记描述法、轶事记录法、实况详录法。

日记描述法又称儿童传记法，是在教育活动中对观察对象进行长期的跟踪观察。其中，主题日记法是以专题日记的形式对幼儿发展情况进行观察和记录。它能系统地获取幼儿发展的连续变化，提供比较详细的第一手材料。

一般来说，轶事记录法是记录观察者感兴趣的，并且认为有价值的、有意义的行为或事件。这些行为或事件可以是典型的，也可以是不同寻常的；可以是表现幼儿个性的行为事件，也可以是反映幼儿身心发展规律的行为事件。

实况详录法要求详细、完整地记录被试在自然状态的教育活动中所发生的行为，然后对所收集的原始资料进行分类，并加以分析的方法。

(2)取样记录法

取样记录法是观察者根据一定的标准，抽取教育活动中特定的幼儿行为进行观察、记录和研究，从而获得对幼儿行为的了解的方法。它包括时间取样法和事件取样法。时间取样法是指在统一确定的时间里，按一定时段观察预先确定好的行为，或按预先规定好的行为分类系统将行为归类。因此，时间取样法以时间作为选择标准，专门观察和记录在特定时间内所发生的行为，主要记录行为呈现与否、呈现频率及其持续时间。

时间取样法的典型例子是帕顿(M. B. Parten)在20世纪20年代中期进行的一项有关学前儿童在游戏中的社会参与程度的研究。帕顿根据幼儿在游戏中的社会参与程度，将游戏分成六种类型，并给出了具体的操作定义。无所事事：幼儿没有做游戏，只是碰巧观望暂时引起他们注意的事情，如没有可注视的就玩弄自己的身体，或走来走去，爬上爬下，东张西望。旁观：幼儿基本上只观看其他幼儿的游戏，有时会与正在做游戏的幼儿说话，提问题，出主意，但自己并不直接参加游戏。单独游戏：幼儿独自一人游戏，只专注于自己的活动，根本不注意别人在干什么。平行游戏：幼儿能在一起玩，但各自玩各自的游戏，既不影响他人，也不受他人影响，互不干涉。联合游戏：幼儿在一起玩同样的或类似的游戏，相互追随，但没有组织与分工，每人做自己想做的事情。合作游戏：幼儿为某种目的组织在一起进行游戏，有领导、有组织、有分工，每个幼儿承担一定角色任务，并且相互帮助。并在此基础上设计了观察记录表。①

表 7-1　时间取样观察记录表

游戏类型／被试代号	无所事事	旁观	单独游戏	平行游戏	联合游戏	合作游戏
1						
2						
3						
4						
5						
…						

事件取样法是以事件为单位进行观察，所研究的是特定类别的完整行为事件。其测量的不是特定时间单位中的行为表现，而是等待所要观察的事件发生并记录下来。

事件取样法的典型例子是道(H. C. Dawe)在 20 世纪 30 年代初进行的一项有关学前儿童争执行为的研究。② 观察过程是争执事件一发生便用秒表计时，并按事先拟定好的观察记录内容填写观察记录表。

幼儿争执事件记录表

儿童	年龄	争执持续时间	发生背景	行为性质	做什么说什么	结果	影响
……							

① 王坚红编．学前儿童发展与教育科学研究方法，第 84 页，北京：人民教育出版社，1991，有改写。

② 陶保平编著．学前教育科研方法．上海：华东师范大学出版社，2006，第 78 页。

观察记录表的主要内容包括以下几点：

争执者的姓名、年龄、性别；争执持续的时间；争执发生的背景、起因；争执什么(玩具、领导权等)；争执者所扮演的角色(侵犯者、报复者、反抗者、被动接受者等)；争执时的特殊言语或动作；争执的结局如何(被迫让步、自愿让步、和解、由其他儿童干预解决、由教师干预解决等)；争执的后果与影响(高兴、忿恨、不满等)。

(3)观察评定法

观察评定法的记录方式具体可以分为行为核对法(清单法)、等级评定法、频率计数图示法。

行为核对法是自然观察法的一种，是教师与家长对幼儿进行行为判定的评价方法。教师将每个年龄阶段、每项内容的评价指标及行为列出来，然后核查行为是否发生或出现。

等级评定记录法就是观察者对所观察的对象评定等级。观察者可以在事先打印好的表格上按等级进行标注。

频率计数图示法是在被观察的行为发生时计算其发生的频率，再用图示将所收集到的行为频率展示出来的一种方法。

例如，某幼儿园领导要了解青年教师的教学工作情况以评选优秀青年教师。她邀请了几位同行作为观察者，对每位青年教师的教学情况进行观察。在多次观察之后，观察者用教学情况评定量表对每位青年教师的教学情况进行等级评定。①

幼儿园教师教学情况评定量表

姓名：　性别：　年龄：　班级：　评定者：　日期：

	评定等级				
评定内容	1	2	3	4	5
能较好地组织与控制儿童					
对儿童表示亲近					
注意儿童的需求与问题					
对儿童能够正面强化					
对工作表现出喜爱与热情					
认真备课					

续表

① 陶保平编著．学前教育科研方法．上海：华东师范大学出版社，2006，第79页。

	评定等级				
安排班级活动具有灵活性					
允许儿童选择和控制玩具					
鼓励儿童积极探索					
严格遵守活动作息时间					

评定按 5 个等级进行，即每一项内容分 5 个等级，并赋予等级分：总能做到(5 分)，常能做到(4 分)，有时能做到(3 分)，很少能做到(2 分)，不能做到(1 分)。最后，将观察者评定的每位教师的等级分累计，分数最高的那位便是该幼儿园评选出的优秀青年教师。

国外有学者研究 6 岁儿童在课堂教学中的捣乱行为，就用了这种方法来记录，并根据记录结果进行评价。该研究将捣乱行为分为 9 种行为类型，并列出了具体的行为表现。下图就是频率计数图示法要用到的观察记录表。

表 7-2　6 岁儿童捣乱行为①

序号	类型	行为表现
1	粗鲁行为	离开位子、站起来、走动、跑动、蹦跳、摇动椅子
2	跪	跪在椅子上、坐在脚上、横躺在课桌上
3	侵犯别人	投掷、推、撞、拧、拍、戳及用东西打其他同学
4	扰乱别人	抢夺其他同学东西、破坏其他同学所有物
5	说话	和其他同学讲话、喊叫老师、唱歌
6	叫嚷	哭闹、尖叫、咳嗽、吹口哨
7	噪声	发出咯咯声、撕纸、鼓掌、敲击书桌
8	转方向	把头和身子转向其他同学、向别人显示东西
9	做其他事	玩弄东西、解自己鞋带等

根据此表，可以制定“6 岁儿童捣乱行为频数观察记录表”，以此观察和评价幼儿。观察记录表中，行为发生次数以画“正”来表示，行为持续时间以秒为单位，每次时间累加。记录表的例子表明：粗鲁行为发生 5 次，每次持续时间分别为 10 秒、28 秒、5 秒、4 秒、8 秒。

① 陶保平编著．学前教育科研方法．上海：华东师范大学出版社，2006，第 82 页。

表 7-3　6 岁儿童捣乱行为频数观察记录表①

幼儿园班级：　儿童姓名：　性别：　观察时间：　活动内容：　教师姓名：

行为类别	次数	持续时间(秒)	备注
粗鲁	正	10＋28＋5＋4＋8	
跪			
侵犯他人			
扰乱别人			
说话			
叫嚷			
噪声			
转方向			
做其他事			

记录者：　　　日期：

2. 问卷调查法

问卷调查法(又称调查研究)，是按照一定的目的和计划间接地收集有关研究对象的现状及历史材料，从而弄清事实，分析、概括、发现问题，探索教育规律的研究方法。

问卷调查法是教育研究中运用最广泛的一种研究方法。调查研究通常不受时间、空间条件的限制，可在自然情境中进行数据收集，因此，效率较高，不需控制条件或操纵被调查的对象，涉及范围广、手段多样，便于实施，适用于现状研究和描述性的研究。在学前儿童发展与教育科学研究领域内，调查法是一种常用的研究方法，调查对象主要为幼儿的家长与教师。

从不同角度来看，调查研究有多种类型。问卷调查、访谈调查是最常见的两种调查方式，前者采用问卷为主的方式进行调查；后者则以访谈方式进行调查。本章主要阐述问卷调查和访谈调查。

问卷调查是由评价者根据评价目的向幼儿家长、教师等发放问卷调查表，广泛收集幼儿发展或教师工作信息的一种方法。问卷是一种书面调查，它要求被调查者具有一定的书面理解能力和文字表达能力，通常用于了解具体事实或个人意向、态度等方面的内容。

① 陶保平编著．学前教育科研方法．第 83 页，上海：华东师范大学出版社，2006。

问卷的类型多种多样。根据研究者是否控制问题回答的形式，可以将问卷分为封闭性问卷、开放性问卷和综合性问卷。

封闭性问卷也叫结构型问卷。它是问卷设计者既提出问题，又对问题回答的形式作出具体规定的问卷。标准化程度较高的封闭性问卷中，设计者直接为每个问题提供若干种答案供被调查对象挑选。如：

下面是有关儿童游戏的一些问题，请你在每个问题后的五个答案中选出一个最适合你的答案，将选中的答案的号码用铅笔涂成黑色圈点。

①你对要在幼儿园尽可能多地开展游戏活动这一说法抱什么态度？

A. 很赞成　B. 赞成　C. 不置可否　D. 不赞成　E. 很不赞成

②你对让幼儿在游戏时不受任何限制地取用玩具持什么看法？

A. 很赞成　B. 赞成　C. 不置可否　D. 不赞成　E. 很不赞成

开放性问卷也叫无结构型问卷。它是指设计者只提出问题，而不提供答案，甚至对问题回答形式不作任何具体要求的问卷。如：

请你根据你的实际情况如实地回答以下问题，注意充分阐述你的观点。

(1)你对应在幼儿园尽可能地开展游戏活动这一观点有什么看法？

(2)你认为应如何看待让幼儿在游戏时不受任何限制地取放玩具？

综合性问卷就是研究者根据课题研究的需要设计而成的兼有开放性问题和封闭性问题的问卷。在设计问卷时，对其中一些问题的回答形式作具体的规定，并为填答者提供选择的答案，而对另外一些问题的回答形式则不作任何具体规定，让填答者自由作答。这种问卷如果设计合理，就能有效地在同一个研究中既兼具开放性问卷和封闭性问卷的优点，又能避免两者的缺陷或不足。

问卷的结构一般由前言、指导语、问题、编码和结束语五大部分构成。前言主要向被调查者介绍和说明调查者的身份、调查的内容、目的、意义等。主要是消除被调查者的顾虑，赢得信任，争取合作。如果是邮寄的问卷，还要写明最迟寄回问卷的时间。具体内容包括：介绍调查主办单位和调查人员的身份；简要说明调查的目的和内容；承诺对涉及个人内容的调查结果的保密；对被调查者的合作与支持表示感谢。

指导语主要是用来指导被调查者填问卷的一组说明或注意事项，有时还附有样例。指导语要简明易懂，使人一看就明白如何填写。这部分有时与前言部分合在一起。

题目与选择答案是问卷的主体部分。题目是问卷的核心内容，编制的题目要简洁明了，要适应被调查者的程度，符合研究的目的要求，至于用开放性问题还是封闭性问题，则应根据实际情况而定。采用封闭性问题要按标准化测验的要求设计题目和答案，答案要准确，符合实际，便于选择。

如："幼儿自我服务能力调查研究"

请您根据自己孩子的情况，在下列合适的数字上用"○"表示，除特殊说明外，均为唯一选择。编码栏中的"□"处请勿填写。

姓名__________ 通讯地址__________ 邮编__________

1. 性别(1)男 (2)女

2. 年龄(1)小班 (2)中班 (3)大班

3. 是否能独立进餐和保持正确的进餐姿势？

(1)能独立 (2)家长适当帮助 (3)不能独立 (4)其他 ( )

4. 是否会自己洗手、洗脸、洗脚？

(1)会 (2)家长适当帮助 (3)不会 (4)其他 ( )

5. 是否会穿鞋子、裤子、袜子等？

(1)会 (2)家长适当帮助 (3)不会 (4)其他 ( )

6. 吃剥皮水果时是否会自己剥皮？

(1)会 (2)家长适当帮助 (3)不会 (4)其他 ( )

问卷的最后一部分是结束语。问卷的结束语应包括两个方面的内容：一个是答谢词，即对被调查者的合作表示感谢；另一个是对问卷回收方法的说明，即填答者完成后，用什么方法将问卷返回给调查者。此外，有些问卷在末尾还应署上问卷设计者的姓名和问卷设计、使用的时间。

问题是问卷的基本部分，问题设计是否符合特定的研究要求往往直接影响到所收集的资料的质量和调查的成败。所以，问题的编制是问卷设计的关键内容。

在一般的问卷中，根据问题内容的不同，可将问题分为两类：事实性问题和态度性问题。事实性问题是关于曾经发生过的、已存在的或将要发生的事件、事物的状态，以及人的实际行为等方面的问题。事实性问题一般涉及三种事实：人口学资料、事物的状态和人的实际行为。人口学资料是指反映调查对象基本情况的各种资料，一般包括姓名、性别、年龄、受教育程度、家庭情况、职业、婚姻状况、工作单位等。这些资料都是一些基本事实，如果研究需要就加以调查，一般排放在问题的前面，可用填空或表格等各种形式出现。事物的状态是指有关事物存在的形式等方面的事实，在学前教育研究中一般要调查的事物的状态有幼儿园的性质、幼儿园的场地设施、玩具和教具、图书、管理机构、规章制度等方面的情况。人的实际行为主要是指研究对象个人相关的行为方式和具体的行为表现等方面的问题。如要通过家长调查幼儿在幼儿园外的社会交往情况，可就幼儿的社会交往方面的行为表现提出如下问题：

①你的孩子经常和小伙伴一起做些什么?

A. 做游戏　　　B. 看书　　　　C. 看电视　　　D. 听故事

②你的孩子愿意和小伙伴分享玩具或食物吗?

A. 经常　　　　B. 有时但不经常　C. 偶尔　　　D. 从不

态度性的问题是关于被调查者对某一事物、某一现象或某类人的认识、态度以及有关的感受或体验等方面的问题，它往往涉及人的思想、观念、价值倾向、动机、兴趣爱好等方面的内容。如有关家长儿童观的调查，可在问卷中提出以下态度性问题：

①你更愿意你的孩子是：A. 男孩　B. 女孩　C. 男女均可

②你喜欢男孩是因为男孩：A. 能传宗接代　B. 将来在社会竞争中有优势　C. 更适合继承你的事业

在一般的调查研究中，往往既有事实性的问题，也有态度性的问题。问题的内容是研究者根据研究的需要和调查内容的性质来确定的。

问题答案的设计形式多样。从答案的形式上看，人们常用的有以下几种基本格式：是否式、选择式、排列式、量表式、表格式等。

是否式：每个问题均提供提供两种答案，即是或否，由被调查者从中选择一个作答。如在调查幼儿家庭教育情况时，可用这种形式：

①你会让你的孩子不受限制地看他喜欢的电视节目吗?　A. 是　B. 否

②你经常给你的孩子讲故事吗?　A. 是　B. 否

多项式(多择一或多项选择)：设计者给每个问题设计几种可能的答案，让被调查者从中选择一项或几项适合的答案。如：

①你最担心自己的孩子(只能选择一个最合适你的答案，多选无效)

A. 长不高、长不胖、身体不好

B. 没有别的孩子聪明，缺乏学习能力

C. 没有好的行为习惯

D. 没有小伙伴，孤独

E. 无一技之长

②你可接受的幼儿行为有(可选择三项，多选无效)

A. 经常提出你难以回答的问题

B. 经常要求买新玩具或新衣服

C. 总要你陪他(她)一起玩

D. 爱和小朋友打闹嬉戏

E. 不太喜欢认字画画

排列式(又称顺位法)：让被调查者根据自己的情况和态度按某种标准给提供的答案排列顺序。例如，在一项对员工管理工作的问卷调查中，就有这一类问题：

在你的管理工作中，下列哪类措施更有效果？请你根据位置越后效果愈差的排序方法进行排列。(　　)

A. 严格的规章制度　　B. 日常督促检查　　C. 树立好的典型

D. 经常性的物质奖惩　　E. 多做思想工作　　F. 注意联络感情

量表式：将答案根据某种标准分成一定等级由被调查者进行评定，并要求其用某种方式标示出自己所在的等级。例如，关于托幼机构教育活动状况的一项调查中，有以下问题：

请你对刚刚看过的这所幼儿园按下列问题作出评定，在1～5中任选一个画圈：

教师对幼儿的限制和约束

1　2　3　4　5

太多　合适　不够

玩、教具、图书等物质材料的提供

1　2　3　4　5

过于丰富　合适　不足

表格式：将有等级区别的问题和答案编成表格，让被调查者用填表的方式来回答问题。例如，一份幼儿家庭教育调查的问卷中有这类问题：

表 7-4　请你根据你孩子的实际表现在相应的空格内打“√”

行为表现	做不到	偶尔做	做得一般	做得好
①随地吐痰				
②破坏花草树木				
③说脏话				
④拿别人的东西				
⑤无理由地攻击他人				

问卷的发放与回收是有要求的。发放越多，回收越多，越有利于统计。但回收回来的问卷，并不是都能用。问卷回收率是指研究者收回的由被调查者填答好的问卷的数量占发放问卷数量的比例。如果回收率过低，就破坏了样本对总体的

代表性，收集到的资料就无法说明总体的情况。所以有研究者认为：送发问卷的回收率不应低于70%，邮寄问卷的回收率不能低于50%。回收率仅为30%的问卷所收集的资料只能作参考，50%的问卷收集的资料可作采纳建议的依据，只有回收率达到70%的问卷收集的资料方可作为研究结论。一般来说，影响问卷回收率有以下几个方面的因素。

问卷设计是否合理对问卷的回收率会产生很大的影响。具体有三个方面的因素影响较大：第一，问卷的题目和内容是否具有吸引力。第二，前言和指导语的表述是否简洁明了。前言简洁，对调查目的交代明确、诚恳、有权威性，指导语清晰明了，语气谦逊，往往能提高问卷的回收率。第三，问题的复杂程度及问题的数量是否适中。一般来说，问卷中的问题不应超过50道，能让被调查者在30分钟内做完比较合理。

选取的被试的态度和能力：如果选取的被试能严肃地对待调查，认真地填写并积极交给调查者，问卷的回收率就高。同时被调查者填答问卷的能力也是影响回收率的一个因素。

问卷送发和回收的方式：访问问卷的回收率很高，甚至可以达100%，送发问卷次之，可达80%～90%，邮寄问卷相对较低一些。

问卷有效率是指研究者收回的问卷中资料完整且有效的问卷所占的比例。与问卷的回收率一样，问卷的有效率的高低也直接影响着问卷资料对总体的代表性，以及研究结论的科学性。一般来说，影响问卷有效率的因素主要有以下几个方面。

问卷设计的不合理或本身的错误是导致问卷无效的最常见因素。这主要有以下两种原因：首先是指导语含糊不清，使填答者在填答时不规范，答案不合乎资料处理的要求而导致无效；其次是问卷内容的偏差，主要表现为问题表述不明确、排列不合理或答案设计不合理等，这些因素都容易导致填答者回答问题时不明确、不规范，甚至提供了错误的信息而使问卷无效。

被调查者的态度和心理素质也会影响问卷的有效率。被调查者如果态度积极、愿意合作，那么他们在填写问卷时往往认真仔细，这能提高问卷的有效率。同时，如果被调查者文化程度较高，有一定的经验，也能提高对问题理解的准确性，避免出现错误。被调查者在填答问卷时有某些思想顾虑，对某些项目不作答或提供不真实资料，也是导致问卷无效的重要原因。

外界因素主要有：问卷填写的时间和环境、问卷送发和回收的方法、有关机构或个人对被调查者施加的影响等。

3. 访谈法。

访谈法是调查者针对某一特定研究目的，通过与调查对象面对面的谈话方式了解情况，收集所需要的资料的方法。根据访谈结构、对象、目的等因素的不同，访谈可以被划分为多种类型。

根据研究者对访谈结构的控制程度，访谈可以分为结构性、非结构性和半结构性三种。

结构性访谈又称标准化访谈，是指访谈者按照统一的设计要求和事先规定的访谈内容一次性向访谈对象提问，并要求接受访者者按规定的标准回答提问的正式访谈。结构性访谈对选择访谈对象的标准和方法、访谈中提出的问题、提问的方式和顺序、被访谈者回答问题的方式、访谈记录的方法等都有统一要求，有时甚至对访谈的时间、地点、周围环境等外部条件也要求保持一致。半结构性访谈也称半开放性访谈，介于结构性和非结构性之间。非结构性访谈也称自由式访谈，是指按一个粗条的式的访谈提纲进行的非正式访谈。这种访谈对访谈对象的选择、访谈提问以及访谈外在的各种条件只有一个基本的要求，不作具体的严格的规定。非结构性访谈有利于访谈者和被访谈者成分发挥主动性、创造性，根据具体情况来把握访谈过程，有利于扩宽和加深对问题的研究，并灵活地处理在访谈设计中没有考虑到的新情况、新问题。但是，其结果的标准化程度低，难以进行定量分析，此外，对访谈者的要求也比较高。

根据访谈对象的范围，访谈可以分为个别访谈和集体访谈。个别访谈是指访谈者与被访谈者一对一的面谈，整个访谈过程不受第三者的直接影响。个别访谈是访谈法中最常见的形式，访谈者需要注意营造访谈的情景与氛围，尽可能打开被访者的言路。集体访谈是指研究者邀请若干个受访者，通过集体座谈的方式收集有关资料。访谈者的工作主要是协调谈话的方向和节奏，参与者之间就有关问题进行讨论。由于人多，谈话对象比较放松，还可相互启发，谈话内容能较全面深刻。但是集体访谈有时会产生“集体压力”，即个人顺从大多数人的意见而不敢提出异议。因此，对于某些敏感性问题难以收集到真实资料。

根据访谈者与访谈对象的接触方式不同，还可以分为直接访谈和间接访谈。直接访谈是指研究者与被研究者面对面的交谈；间接访谈主要是通过电话、网络等工具与对方交谈。间接访谈与直接访谈相比，省时、省费用，但是缺乏面对面的情感交流，难于保证材料的真实性。因此，质的研究倡导采取直接访谈形式。当然随着通讯事业的发展，电话和网络访谈将会有广阔的发展前景。

访谈涉及两个人或两个人以上的互动，而被访者一般不会主动向不熟悉的人提供资料，这就需要访谈者事先编制好访谈提纲。由于研究者在设计访谈提纲的时候，往往是根据自己的经验进行猜测，因此，在访谈中列出的问题应该尽量开放。例如，在一项“我国幼儿师范教育的现状的研究”中，针对在校幼儿师范生的访谈，研究者设计了以下提纲：

· 你对幼儿教师这一职业的看法是什么？你心目中理想的幼儿教师形象是怎样的？

· 在与幼儿的接触中，你对幼儿的看法是怎样的？

· 你怎么看待你在学校学习的这些课程？

· 你认为你学习中还有那些不足之处？如何弥补？

访谈提纲在访谈中只是一个提示，以免遗漏一些重要内容。因此，访谈者在使用访谈提纲时应该根据具体的访谈对象或访谈情景以及访谈中受访者的回答灵活运用，不应该拘泥于提纲中访谈的问题和顺序。例如，在对幼儿师范生的访谈中，受访者在谈到“心目中理想的幼儿教师的形象”时，很自然地提到了幼儿是怎样的，应该怎样对待幼儿。研究者就没有必要再专门问他们是如何看待幼儿这个问题了。

当然，如果访谈结束的时候，受访者提供的信息没有涉及访谈提纲中的问题，研究者就可以直接询问他对该问题的看法。

正式访谈开始后，为使整个访谈顺利进行，研究者要用一定的技巧控制整个访谈，这将涉及访谈中研究者如何提问、倾听和回应。

提出的问题应是开放的、清晰的、具体的问题。对于质的研究中的访谈，研究者需要提出一些开放的、清晰的、具体的问题。一般情况下，质的访谈提问多以“什么”“如何”“怎样”之类的词语为语句的主线，这样可以获得不同的资料。要尽量避免提出让受访者二分回答(是或否)或隐含自己主观设定的问题。如以下是关于“对教师参加研讨会的看法”的访谈的三种不同的提问方式：

表 7-5　访谈的提问方式

可能导致二分回答的问题	隐含主观设定的问题	质的访谈问题
教师们在研讨会上遇到了困难吗？	参加研讨会最困难的是哪部分？ （设定：有许多困难）	你觉得教师们在研讨会上会遇到什么问题？
参加研讨会教师改变了吗？	你期望参加研讨会的教师与未参与者有什么不同？ （设定：会有所改变）	参加研讨会会对教师产生什么影响？

质的访谈中，一般避免直接使用“为什么”主导问题。当我们问“为什么”的时候，实际上是假定人们所有的行为是基于理性，是有所构想、有所行动的。事实

上，虽然有不少人真的属于这样的行为模式，但并非所有人都这样。除了理性外，成为人们行动动因的还有可能是从众、传统、习惯、直觉、情绪、冲动等。有些甚至是没有理由的。因此，简单的"为什么"的提问，可能获得的是一种表面上合理、准确的回答，但却并非反映了行为的深层或真实的动因。而且，直接问"为什么"也是一种过于尖锐的问法，它有可能促使受访者采取防御性心理。

量的研究中的访谈问题多是预先准备好的，倾向于使用选择回答型和结构型两种格式。无论访谈题目是选择回答型还是结构型，它们都完全以问题的形式，用富有意义的、清楚的术语向访谈对象陈述，而且术语对所有的访谈对象都有一致的含义。例如，这样的提问：你最喜欢幼儿园的哪一方面？可提供下列选择项目：设备、教学质量、时间安排、管理等。

对幼儿的访谈要适合幼儿。对幼儿的访谈一般采取结构性访谈和个别访谈，开放的、深度的访谈对于他们不太合适。因为幼儿年龄小、容易受他人影响，形成自我暗示；从众心理；不易分清现实与想象的边界；幼儿不肯回应研究者的问题。基于以上几种原因，要想对幼儿访谈成功，研究者需要运用一定的研究技巧来处理好这些问题。

访谈尽量在自然生活或教育教学环境中进行，如在教室里面或在游戏中开展访谈。但是利用玩具或游戏创设访谈情景的时候，研究者应该注意玩具或者游戏不要太有趣，以免幼儿忘了研究者的存在，醉心于游戏而拒绝回答。

与幼儿谈话时，必须注意谈话技巧。语言用词应使他们易于理解；态度应亲切，使幼儿感到舒适，并能引起他们的兴趣。对胆小的幼儿应给予鼓励，但正式访谈不应有暗示和偏向。例如，当幼儿答出了理想的答案时，不应说："真对，你真能干。"应对任何回答都作相似反应。在正式与幼儿访谈之前，应作预先的访谈，反复研究其适宜程度，经修正完善谈话的方式后，再作正式的访谈。

除了个别访谈外，还可以进行小组访谈。与个别访谈相比，小组访谈的人数比较多，经常会有交叉发言的情况，即使用录音也很难准确判断谈话内容和谈话者之间的关系，因此，组织小组访谈时，研究者一定要注意认真记笔记，记下每个人的发言，为自己日后整理资料提供线索。一般情况下，小组访谈最好有一个专门负责记录的研究者。

4. 作品分析法

作品分析法有时也叫做档案袋评价法，是对调查对象的各种档案作品，如笔记、作业、日记、影像资料等进行分析研究，了解情况，发现问题，把握特点和规律的方法。它是利用幼儿的成长档案来进行评价的一种综合方法。成长档案顾名思义是关于幼儿成长过程的详细记录。

作品分析法多用于个案研究或群体的心理品质和个性特征等方面的研究。创建成长档案的目的在于通过对幼儿作品及相关资料的收集汇总，以反映幼儿的兴趣、态度以及在特定领域中的表现、进步与成就。

在学前教育研究中，可以把作品分为四类：作品样本、文字资料、影像资料以及各种测验和调查结果。

作品样本：是指幼儿自己所创作的各种作品，其中包括美工作品、幼儿所创设的物质环境等。如幼儿园内班级墙饰的创设，幼儿的绘画作品等。

文字资料：主要是指以文字形式呈现出来的一些记录。如教师的观察记录、教案、教学论文、园长的工作计划、幼儿园的规章制度，家长的记录等。

影像资料：是指拍摄的照片、录音或录像等。幼儿园里幼儿创作的很多立体作品，如用积木堆的建筑、幼儿园创作的探索过程以及幼儿园生活中很多有趣的事情是无法保存的，然而这些又是展示幼儿成长与发展的重要信息(可以在大班幼儿毕业时展示)，这就需要教师把它们拍摄下来。在质的研究中，影像资料被认为是十分有价值的实物资料，也为研究者提供了十分丰富的信息。

测验和调查结果：主要是指各种正式的或非正式的调查表、测验表、记录表等。如幼儿的健康情况调查表、家庭生活记录表等。

教师根据需要收集幼儿作品，也间接地了解了幼儿的情况。作品分析可以帮助教师了解幼儿的整个变化过程，如其学习特点、长处或弱点；对所学事物掌握的深度及广度等。

常见的幼儿作品有：泥塑、手工、绘画；各种记录单、自创的书写符号；叙述、自编故事时的录音带；幼儿探究事物、创编舞蹈、表演、游戏等活动的照片、录像带等；幼儿描述的故事或事件的文字记录。

教师工作评价和教育活动评价都可采用作品分析法，这里作品主要是教师完成的。常见的教师作品主要有：活动计划、幼儿发展记录、自我反思材料、教育笔记、家长工作记录、研究成果资料等。

一般来说，成长档案收集的内容可以覆盖幼儿的身体、动作、认知、言语、情感及社会能力等多个发展领域，而且其具体形式更是丰富多样。就目前幼儿园中的实际情况来看，可以作为成长档案内容的主要有以下几个组成部分：

一是幼儿的作品。美工作品。主要包括绘画及各种手工作品，如折纸、涂色、数学作业等；口述记录。口述记录是重要的作品，因为它们反映了幼儿的语言表达能力，记录了幼儿的想法、感情和反思。成人应该长时间持续地收集幼儿口述材料，并记录其背景资料。幼儿的口述可以用书面形式或用录音记录的方式加以保存；书写作品。适合放入档案的幼儿书写作品有很多，如幼儿的签名、创编的故事等。

在收集作品时，教师应该附上创作日期以及教师或家长的简短意见。比较适合的做法是收集幼儿自愿创作的作品，而不是在教师要求下所作的作品，这样才能保证所收集到的作品能呈现幼儿真实的特点。

二是教师、家长的文字记录。与幼儿的面谈记录是帮助教师了解幼儿的重要途径。教师与幼儿之间可以交流的内容很多，例如，可以讨论幼儿最近读过的一本书或玩过的一个游戏，可以谈他们各自喜欢的色彩与形状、他们各自认为开心或烦恼的事情等。教师的观察记录可以是系统化、结构化的记录，例如，幼儿在学习了某个技能以后的表现；也可以是随意的轶事趣闻类的记录，例如，幼儿说的一些有趣的话，提的一些在大人看来很滑稽的问题等。系统化、结构化的记录主要是记录幼儿在预定目标上的进步情况，而轶事趣闻类的记录则是对幼儿自发性行为的记录，它与系统化记录不同的是，它并没有经过事先设计，而是捕捉一些有趣的事件，教师可以配上照片。两者虽然指向不同，但都在幼儿成长中具有重要的纪念价值。

三是照片。照片是保存和呈现幼儿生活、学习、游戏等情况的有效方法之一，它能动地反映了幼儿当时正在做什么，如在团体活动中的表现或是制作的立体作品。可以在照片旁边用文字记录事情发生的时间、地点以及背景。

四是录音带和录像带记录。教师平时可以有计划、有目的地观察幼儿，如果发现比较有意义的或你认为很重要的现象，就可以用摄像机摄下来。例如，现在有很多幼儿园都有科学发现室，教师可以摄下幼儿全身心探索自己感兴趣的现象的全过程，这将会成为探究幼儿认知水平、思维过程等的重要资料。当然摄像的成本比较高，有条件的幼儿园可以应用，没有条件的则可以借助于教师的详细观察记录和照片，来呈现幼儿的探索、制作过程。

五是各种测试和调查结果。主要是一些正式的或非正式的调查表，如幼儿在家的情况调查表、幼儿健康状况调查表、幼儿学习情况调查表等。这些调查表能让我们迅速了解幼儿的发展情况。

(二)定量评价的信息采集方法

1. 测评法

测评法是研究者根据研究的需要，运用客观性测验项目和量表来收集有关幼儿身心发展和学习水平的数量化资料，通过对资料的分析来揭示教育活动的结果，探究教育活动规律的一种研究方法。

在教育研究中，测验的种类很多，按照不同的分类标准可以得出不同的测验类型。按行为目标和测验内容可以划分为智力测验、能力倾向测验、成就测验、个性人格测验。按测验材料划分为语言、文字测验和非语言、文字测验。按测验的参照系划分为常模参照测验、目标参照测验。按测试的标准化程度划分为标准化测验、非标准化测验。

了解我国常用的标准化的心理和教育测验工具，有助于研究者根据自己的需要从中进行选择。目前我国常用的标准化测量量表大多是从国外引进并经过我国专家修订的，但也有些是由国内编制的。

中国比纳测验。1905 年法国心理学家比纳和医生西蒙制定了最初的智力测量量表，并于 1908 年、1911 年进行了两次修订。我国在 20 世纪 20 年代开始引进该量表并对其进行修订，形成了“中国比纳—西蒙智力测验”，1982 年我国吴天敏教授进行了第三次修订，称作“中国比纳测验”，适用于 2～18 岁的城乡男女儿童。裴娣娜教授从该量表的 51 个项目中选出第 11、18、27、28、29、34、38、42 这 8 个项目组成了《中国比纳测验简编》，使测验过程简化，每测 1 名被试只需 20 分钟。

韦克斯勒幼儿智力量表。韦克斯勒智力量表是由美国大学附属贝尔维医院的韦克斯勒编制的。在我国的龚耀先教授主持下于 1986 年 10 月完成了中国版的修订工作。量表从整体智力观出发，将测试内容确立为语言和操作两个部分，11 个分测验，共 130 道试题和 10 道备用试题。

瑞文测验。瑞文测验是由英国学者瑞文设计的非文字的系列智力测验，我国使用的有“瑞文标准推理测验”和“瑞文测验—联合型”两种。1988 年我国的张厚粲教授主持修订完成了中国版本。同年，我国李丹教授主持修订了瑞文测验，将瑞文测验的标准型和彩色型联合使用，称为“瑞文测验—联合型”。

画人测验。画人测验最早是由美国古伊诺夫编制的一套非文字测验，可用于测量 4～10 岁儿童的智力。测验的过程很简单，给每个儿童一张纸、一支铅笔、一块橡皮，让他自由地画出一个人像，不求好看，只求完整。这个测验不限时间，但一般都可在 10～20 分钟内完成。

中国儿童发展量表（CDCC）。中国儿童发展量表是 1985 年由我国张厚粲教授、陈帼眉教授等人编制的，用于测试我国城市和大城市郊区 3～6 岁幼儿心理发展水平的标准测量工具。其测试内容分为 4 个部分、16 项分测验，第 9～11 项为社会认知能力测验，第 12～16 项为身体素质和动作技能测验。测试时环境应适合幼儿的生活经验，安静且适宜幼儿接受；施测方法应严格按测验手册的规定进行。计时一般用秒表，测试速度应适合不同幼儿的特点。

由于采用标准化量表有其局限性，在幼儿园实际生活当中，采用自编测验更便利些。自编测验是指由研究的需要自行制作测量工具，并在特定的时间和条件下使用的测验。凡属运用自行制作的工具进行的测验均为自编测验。自编测验的针对性、灵活性强，且较易操作。

在学前教育评价中，教师为了了解本班幼儿在某些方面的发展情况，可以自制一些测验题目，对幼儿进行测查。例如，要评价幼儿“数概念”的发展情况，教师可对幼儿出示相关材料，有目的地对其进行测试和提问，记录幼儿的反应，并做出评价。

2. 实验法

实验法是根据研究假设，运用一定的人为手段，主动干预或控制研究对象的发生、发展过程，并通过观察、测量、比较等方式探索、验证教育现象因果关系的研究方法。

实验法的分类多种多样，从不同角度、不同层次可有不同的分类。按实验场所来划分，可分为现场实验（自然实验）和实验室实验。按实验目的来划分，可分为探索性实验和验证性实验。按实验控制程度来划分，可分为前实验、准实验、真实验。

实验设计的基本思想有两个：一是使自变量对因变量的作用最大化，让自变量和因变量的关系凸显；二是使无关变量对因变量的影响最小化，不让无关变量对因变量产生干扰作用或使这种干扰作用控制在最小范围内。如下图所示：

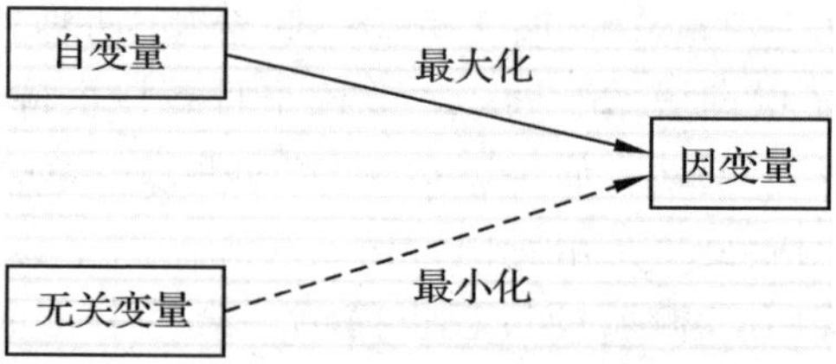

图 7-1　实验设计基本思想示意图

自变量是变化的措施和条件，又称实验处理。它是研究者创设和操纵的情境或刺激物，能促使被试产生反应和变化。实验目的是研究自变量的介入会引起被试产生什么反应和变化。例如，要提高大班幼儿的学习兴趣，就要主动采取措施，或使用新的教学方法，或改变学习环境，或重新选择学习材料，或变换教学的组织形式等，这些都可作为研究者操纵的自变量，研究者通过操纵某个自变量来研究它是否会提高幼儿的学习兴趣。

因变量是研究者要观测的变量，是由自变量引起的在被试身上产生的反应变化，实验目的就是要通过因变量的测定来研究自变量与因变量之间是否存在因果关系。因变量的一个重要特征是它可以通过直接或间接的方式被观察、被测量，并且可以转化为数据形式。例如，测验分数、考试成绩、评定成绩、反应时间、答题的正误百分比等。

无关变量是研究中除了自变量和因变量之外的一切变量，是与实验目的无关的变量。由于无关变量会影响因变量的测定，会对判断自变量和因变量的因果关系造成干扰，因此在实验设计时需要对其进行控制。控制无关变量是实验研究的一个关键问题。

实验计划的实施是实验过程的实质阶段。实施阶段应具体完成三个方面的任务，即：操作自变量，根据实验设计的要求来操作自变量，采用特定的方法有步骤地改变研究的条件，对被试施加某种影响；控制无关变量，采用有效的方法对各种无关变量进行控制，对一些无法控制的无关变量也应采用措施进行恒定，减少其对实验结果的干扰；观测和测量因变量，通过观察或测量等手段系统地收集反映因变量变化的各种实验资料，及时地对各种资料进行整理并作初步的分析，为形成实验结论作好准备。

【学以致用】

1. 到幼儿园见习，收集幼儿园教师的教育活动评价方案，与教师交流，并对其进行分析和评价。

2. 尝试设计一份区域或游戏活动评价表格(具体内容自定)到幼儿园进行实地评价，写出评价报告。

【课外拓展】

如果想观察幼儿某一行为，有时候连续去了好几天都没有发现幼儿出现这一方面的行为，是继续观察，还是停止观察，或者你认为还有什么其他更好的方法?

有时候光靠自然情境下的观察很难在短时内收集到需要的资料，在这种情况下，研究者可以对观察进行控制，创设特定的情境以此来进行观察。这样可以大大提高观察的效率，节省时间和精力。这就涉及自然情境下与创设情境下的观察设计，可以通过设置或创设情境来观察和评价幼儿。

情境法是一种控制性观察，常用于思想品德、价值观念、社会行为的研究，特别适合于幼儿的研究。

例如，在某幼儿园大、中、小班随机抽取15人，在幼儿园多媒体教室的讲台上放置100颗糖果，然后教师分别告诉这些幼儿，让他们逐一到多媒体讲台上帮教师拿粉笔盒。幼儿单独进去拿粉笔盒，很自然地就会看到粉笔盒前面的糖果。在教室里面装有监控录像，或者在教室后面有单向玻璃，教师可以观察幼儿是否会拿糖果。当幼儿拿好粉笔盒走出教室后，如果幼儿有拿糖果，就进行清点并补足100颗。当幼儿把粉笔盒拿给教师时，询问幼儿在讲台上看到了什么，看幼儿是否会将其表现真实说出来。(一般分三种情况，一种是没拿糖果，另一种是拿了糖果但数量少报，第三种是拿了糖果但给教师说没拿)

创设情境对幼儿进行观察和评价需要这些事项：①要巧妙地创设、控制情境与条件；②不能向观察对象暴露研究的真实意图；③设计的情境与自然情境要有较高程度的相似，通常要与观察对象的生活经历相似，情境要自然；④要解除观察对象的心理防卫，让其在自由宽松的条件下表现自己；⑤反应结果通常无所谓对与错。

第四节　幼儿园教育活动评价结果的运用

【头脑风暴】

每年开学前，某园各班教师都要带领幼儿动手布置活动室的墙壁，然后由园长、保教主任进行评价指导。由于教师们的审美情趣、艺术特长和操作能力各不相同，他们的作品也往往千差万别，水平各异。检查评估时，园长、保教主任品头论足、指手画脚，而教师则处于被检查、被评价的消极地位。当评价者与被评价者意见不一致时，有的教师据理力争，千方百计地解释、说明；有的教师虽一声不吭，但对评价也不满意，事后不愿按上级的意见修改；更多的教师为了让领导满意，独立承担起了重新制作的任务，这使本应让师生共同参与的教育过程，变成了教师一方的“专利”。[①]

你赞成哪些教师的做法？为什么？

《幼儿园教育指导纲要(试行)》(以下简称《纲要》)在第四部分“教育活动评价”中专门指出，教育评价是幼儿园教育的重要组成部分。教师应自觉地运用评价手段，了解教育活动对幼儿发展的适宜性和有效性，以利调整、改进工作，提高教

① 见网址：http：//www.krbb.cn/2010/info_view.asp? id=1869.

育质量。

一、幼儿园教育活动评价结果的运用

(一)科学总结、分析评价结果，采用合适方式进行反馈

在教育活动评价结束后，进入评价反馈阶段时，要对评价结果予以重视，首先要对评价结果进行科学总结、分析，然后结合被评价者情况，充分、合理运用和解释评价结果。在反馈评价结果时，要根据实际情况，采用合适的反馈方式反馈给相关人员。有些反馈适合告知被评价者，有些可以通过有关管理人员或相关人员转告给被评价者。

例如，对教师开展教育活动情况的评价结果可以反馈给教师本人，以便教师了解自己的工作情况，扬长补短。对在活动中幼儿的表现情况的评价结果也要及时反馈给教师和家长，如果是教师自己对幼儿在活动中的表现评价也要反馈给本班的其他教师、园领导和家长，以便采取积极的应对措施，因人施教。如果发现幼儿有某方面的生理发展问题，要及时告知，让家长采取进一步措施。如果通过活动评价，发现幼儿在某些活动中某些方面的发展有延缓、缺失现象，要及时采取相关措施，改进教育教学活动，促进幼儿更好地发展。

由于幼儿年龄小，思维发展水平有限，语言表达能力弱，对幼儿认知发展的评价结果并非都能反映幼儿认知发展水平。因此，教师在评价时要慎重，不可给幼儿乱贴标签，更不能将不成熟的评价结果公之于众。对教师的评价也要根据教师的性格、态度等，采用合适方式公布，而不能随意公布、大字报式的公布，以免适得其反，导致评价产生负功能。

(二)对评价结果反映出的问题分类，提出针对性的解决措施

评价结果出来后，幼儿园或教师应对评价结果反映出的问题进行分析。如果涉及部分教师，对于这些教师而言，可以将评价过程的数据结果直接反馈给教师，便于他们进行总结、改进、提高，促进教育活动质量的提升；如果只是评价过程中发现的个别教师，或教师的个别问题，就可以采用个别约谈方式反馈，对其存在的问题进行剖析，提出改进方案，使教育活动评价起到激励、导向作用；如果是评价中发现的带有共性的问题，幼儿园就要制定针对性措施加以改进，以发挥教育活动评价的诊断功能，改进下一步或后面阶段的幼儿园教育工作。

(三)充分、合理运用评价结果，提高教育活动质量

现代教育评价强调评价的诊断和改进功能，即通过评价发现问题、改进工作，创造“适合儿童的教育”。

近年来，现代教育评价理论中“通过评价创造适合每个儿童的教育”的理念开始得到人们的认同，但在实践中还存在误区，教师对评价结果没有合理运用，习惯于根据教育活动评价结果给幼儿“排队”“贴标签”，区分“好”“差”，将评价重点放在“鉴定”幼儿上，而不是放在促进幼儿的发展上。评价不是静态的，发展性评价是动态、过程性的。《纲要》指出，幼儿的行为反应和发展变化是对教育工作最客观、直率、真实的评价，教师要关注幼儿的反应和变化，把它看作重要的评价信息和改进工作的重要依据。例如，幼儿的成长具有较多的偶然性、突发性，但其背后总是有规律可寻的，幼儿的成长表现出较强的可塑性，因而评价幼儿要从一个长期的过程上来加以评价。发展性评价采用多种角度、多种内容来衡量幼儿。幼儿的兴趣是多种多样的，因而他们表现出来的活动方式和内容也是多样化的，不能以某种规定的或固定的方式和内容来评价幼儿的行为，对幼儿的活动能力要做出有效的、多层次的正面的评价，主要以鼓励为主，也可适当提出活动建议。

《纲要》强调，教育活动评价的过程，是教师运用幼儿发展知识、学前教育原理等专业知识于教育实践，分析问题、解决问题的过程，也是教师自我成长的重要途径。因此，教师要善于利用教育活动评价结果，提高、改善自己的教育活动质量，也促进教师自身的专业化成长。

二、解释、运用幼儿园教育活动评价结果应注意的问题

幼儿园教育活动评价有利于促进幼儿园教育质量的提高。近几十年来，我国的幼儿园教育评价工作取得了一定的成就，评价也成为幼儿园提高教育质量的重要管理手段。但是，我国各地经济、文化、教育发展不均衡，幼儿园教育发展相差悬殊，在幼儿园教育活动评价方面还存在着很多问题，如注重评价的甄别与选拔功能，重结果、轻过程；过于强调对幼儿知识、经验和技能的评价，忽视对情感、态度方面的评价等。

为了科学、全面解释和运用教育活动评价结果，作为新时代的幼教工作者，我们要注意以下几个方面。

(一)树立正确的幼儿园教育活动评价观

评价是一种价值判断，以什么样的评价观为指导，就会导致什么样的评价结果。评价观念不同，自然就对评价结果的解释和运用也不同。要想科学、全面解释和运用教育活动评价结果，评价者应遵循现代幼儿园教育活动评价的观念发展趋势。

(1)评价功能的变化。注重评价在教育过程中的价值，通过评价达到教育活动的增值目的。目前评价的功能变得多样化，如筛选、鉴定、诊断、改进、导向、规范等；从早期的注重评价结果到注重评价过程。评价的方式从注重他人评价向注重自我评价，特别是重视以教师为主体的自我评价。

(2)评价目标的变化。幼儿园的教育对幼儿的作用有两种，一种是适应，一种是发展。与此相对应的是，幼儿园教育活动评价要以发展的眼光来看待幼儿和教师，让教师与幼儿共同发展，而不是仅仅适应幼儿，运用“最近发展区”原理来说，通过评价，要促进被评价者在原有水平上获得最佳发展。《纲要》特别指出“应以发展的眼光看待幼儿，既要了解幼儿的现有水平，更要关注其最近发展区。”评价不是只注重眼前，更要注重未来。评价不是“选拔适合教育的儿童”，而是“创造适合儿童的教育”；评价不是鉴别教师的优劣，而是促进教师不断成长。评价幼儿不是为了鉴别幼儿，评价教师的教育行为也不是为了给教师评定等级，而是为了提高教育质量，促进幼儿的发展，也促进教师的专业成长。

(3)评价内容的变化。评价内容要全面，包括两个方面的含义：一是涵盖幼儿园教育活动的各个方面，包括了对整个教育过程和各个教育环节的评价，即不仅要对教育计划和活动的目标进行考察，还要评估教育的内容、方式、策略、环境条件、过程、教师的指导及对个体差异的关注程度等方面。二是具体到某一方面、某一领域也要全面，例如，评价幼儿园的健康教育活动，甚至评价某一个幼儿的健康发展，既包括生理，也包括心理，既包括卫生保健教育、安全教育，也包括体育活动等。单单就幼儿体育活动涉及的幼儿基本动作来看，就要涵盖走、跑、跳、钻、爬、攀登、平衡等方面教育活动的评价，而不能有偏向。而且既要注意知识与技能、方法的评价，也要注意情感态度方面的评价。只要有利于促进人的发展，符合教育发展规律的评价，都是可以尝试的。

(4)评价方法的变化。现在的评价较重视定性评价，实行定性与定量评价相结合，以促进评价方法多样化。过去的幼儿园教育活动评价注重“量”，轻视“质”。不同于一般动物，人是有思维、会使用工具的高级动物。由于人的发展的特殊性、差异性，很多方面无法用“量”评价。因此，有些方面可以采用量化评价，有的方面则需要采用定性评价。以幼儿的最终发展为目标的质性评价方式是当今课程与教学改革评价的先进成果，也是今后幼儿园教育活动评价发展的一个趋势。在当前条件的许可下，应尽可能将两者结合起来，注重评价中人文因素的影响、注意量化评价的局限性，将定量评价和定性评价有机结合。

(5)评价主体的变化。管理人员、教师、幼儿和家长等都是评价的主体，均是幼儿园教育评价工作的参与者。而教师和幼儿又同时是评价的客体。幼儿园教育评价要把单一的评价主体转变为多元化的评价主体，实现评价主体多元化。自评、他评、互评相结合，既适用于幼儿，也适用于教师。对于外部的评价(如社会人士、第三方机构等对幼儿园教育评价)，特别是教育活动评价应以教师自评为主，以充分发挥教师的主体性，即便是作为第三方评价者，也要倾听教师声音，吸纳教师意见。《纲要》指出，“教育活动评价应以教师自评为主，同时发挥教师群体的智慧和合作精神，共同研究、共同提高。”当园长或他人来评价时，要充分尊重教师的主体地位，与教师充分沟通，把评价过程看作是一个平等研讨、共同研究与进步的过程。

(6)评价类型的变化。传统教育活动评价更多采用的是总结性评价、他人评价及量化评价的方法。根据《纲要》的精神，幼儿园教育活动评价要更多强调形成性评价、自我评价、质性评价、动态评价。如“评价应自然地伴随着整个教育教学过程进行”，就强调了形成性评价，它关注的是过程，而不是结果。“应承认和关注幼儿在经验、能力、兴趣、学习特点等方面的个体差异，避免用划一的标准评价不同的幼儿”，“承认和关注幼儿的个体差异，避免用划一的标准评价不同的幼儿，在幼儿面前慎用横向的比较”，在采用综合化的评价时，也应鼓励采用个体化的评价标准，评价也要适当“因人而异”，不能搞大统一标准。

(二)与日常教育工作相结合

《纲要》也指出，“教育活动评价应结合教师的实际工作，自然地伴随着整个教育过程进行。”幼儿园教育活动评价并不是超越幼儿园日常活动之外的额外工作，它本身就是教育过程的一个重要环节，正如《纲要》指出的：“在日常活动与教育教学过程中采用自然的方法进行”。一些幼儿园在开展教育活动评价时特别是实施幼儿发展评价时大多采用总结性评价，主要在期末进行。期末工作多，这时候如果专门进行评价，由于评价内容、评价对象较多，需要较多时间才能完成班级的评价工作，往往干扰了正常的教学活动。而且因接近期末，评价结果也无法及时反馈以改进教育或服务，评价工作的效益低。以幼儿教师为评价主体的幼儿园教育活动评价工作，应以日常观察为收集评价信息的主要手段。幼儿园的各种教育活动，也是收集评价信息的重要途径。而且这样做也能保证评价信息的真实、可靠。幼儿园评价教师时，要随时关注教师教育教学的情况，并进行评价。将评价融入幼儿园日常工作，并不排斥某一阶段结束后的集中评价，两者应互为补充。但总结性评价应以日常形成性评价为依据。这样既能保证评价信息的真实、客观，又能减轻教师在期末时的负担，不至于影响正常教育活动。

(三)慎重、全面、科学评估幼儿的发展

教师在评价教育活动时，凡涉及对幼儿发展状况的评估，《纲要》指出，教师应该注意：一要全面了解幼儿的发展状况，防止片面性，尤其要避免只重知识技能的掌握，忽略情感、社会性和实际能力的倾向；二应在日常活动与教育教学过程中，通过对幼儿的观察、谈话、幼儿作品分析，以及与其他工作人员和家长的交流等方式了解幼儿的发展和需要；三应承认和关注幼儿在经验、能力、兴趣、学习特点等方面的个体差异，避免用划一的标准评价不同的幼儿；四应以发展的眼光看待幼儿，既要了解幼儿的现有水平，更要关注其最近发展区。只有做到这些，才能对幼儿的发展做出科学、合理、全面的评价，并在此基础上调整或改进幼儿园教育活动。

【学以致用】

你认为目前我国幼儿园教师在运用幼儿园教育活动评价结果时存在哪些问题？应该如何解决？

【课外拓展】

幼儿发展评价结果与运用

幼儿发展评价能否对托幼机构教育质量的提高起到促进作用，取决于幼儿园教师对幼儿发展评价结果的运用。幼儿园教师对幼儿发展评价结果的运用主要包括以下几方面内容：

①要分析和把握本班幼儿发展的整体水平，包括在每一具体发展领域及其指标上全班幼儿表现出的几种现实的发展水平，以此作为制订班级计划的依据。教师只有对本班幼儿总体发展情况心中有数，在头脑中有一个个活生生的具体儿童，所制订的教育计划才可能既符合幼儿发展的基本规律和一般年龄特点，又适应本班幼儿总体发展水平和发展需要。

②要分析每个幼儿发展的个别特点，为因材施教提供依据。幼儿发展评价的最终目的是使教师(包括家长等)了解每个幼儿，从而创造适合幼儿的教育，即根

据每个幼儿的发展水平、个性特点、兴趣爱好、学习方式等方面的个人独特性，提出不同的教育要求，采取不同的教育方法等。这就要求教师通过情景观察等手段获得幼儿发展的丰富信息后，对照评价标准，确定每个幼儿在各个发展领域，特别是存在明显问题的方面的发展状况，并在此基础上制订个别指导计划，以便在教育进程中加强对不同幼儿的指导。③要全面、客观地分析影响幼儿发展的因素，为改善托幼机构教育和家庭教育提供依据。教师不仅要通过评价了解幼儿的发展现状，还要进一步分析存在问题的原因和阻碍进步的因素。这种分析不应局限在托幼机构教育这一个方面，还要深入到幼儿生活的各个方面，如分析家庭及社会环境对幼儿发展的影响，使家庭、幼儿园、社会教育等各方面的力量协调一致，相互配合。此外，教师还要及时将评价结果和对影响因素的分析以恰当的方式向家长进行反馈，帮助家长正确认识幼儿的发展情况以及家庭因素对幼儿的影响，提高其改善家庭教育的自觉性。

（资料来源：浙江学前教育网 http：//data.06abc.com/20080125/50413.html）

第八章　幼儿园教育的合作与衔接

【教学目标】

了解家庭教育的特点和作用，了解社区教育的意义及其对幼儿园教育的影响，了解幼儿园与小学两个教育阶段的差异与衔接；掌握家园合作的内容和途径、社区教育资源利用、幼小衔接工作计划制订的基本方法，能够指导家长科学育儿、做好幼儿入园、入学的准备工作；学会尊重家长，树立正确的幼儿教育观念，能正确认识和对待幼儿教育中的"小学化"现象。

第一节　幼儿园与家庭的合作

【头脑风暴】

2012年2月，在武汉市某小学出现了一幕让人难以相信的情景：一位八九岁的小男孩冒着大雨在教学楼前长跪20多分钟不起来。因为他上课讲话被教师批评，怕给父母丢脸，于是，到了最后一节课他偷偷溜出教室，跑到教学楼的露台上，在雨中自行罚跪。校长和班主任劝说半天他才肯起来。小男孩为什么雨中下跪自罚？后来，教师了解到，小男孩的妈妈经常教育他"百善孝为先"，动不动就让他面壁长跪。受家庭教育影响，孩子显得比一般同龄孩子更加懂事和独立，在家拖地、洗碗，还能做几个菜。但对于孩子在学校下跪自罚，母亲表示怎么也没有想到，她说，今后会配合教师改变自己的教育方法。

那么，家庭教育在幼儿成长过程中应起什么作用？幼儿园应如何与家庭进行合作呢？

家庭是按血缘和姻缘关系建立起来的包括父母、子女及生活在一起的其他亲属在内的社会经济组织，它是社会的基本单位和社会生活组织形式。在原始社会时期，人类是群婚群居，没有稳定的家庭组织。在私有制出现以后，开始实行一夫一妻制，个体家庭产生并且随着生产力的发展而逐渐巩固。家庭是一个亲属团体，成员间有着特殊的、密切的联系，相互间或有婚姻关系、或有血缘关系。基于这种特殊性，家庭便承担起了教育家庭成员、培养下一代的特殊职能。家庭教育一般是指家庭中的父母及其成年人在家庭生活中对未成年子女施加影响的过程，它在人的成长中占有特殊的地位和作用。但家庭教育不同于学校教育和社会教育，家庭教育是在物质供养和深厚的亲子感情密切结合下进行的，教育的主客体关系亲密无间，内容丰富多样，教育的方式方法灵活多变，其影响是长期的、持久的、连续的，往往要超过其他的教育形式。

一、幼儿园与家庭合作的意义

幼儿园的教育离不开家庭的合作。我国《幼儿园工作规程》中明确规定："幼儿园应主动与幼儿家庭配合，共同担负教育幼儿的任务。"《幼儿园教育指导纲要(试行)》也指出："幼儿园应与家庭、社区密切合作，与小学相互衔接，综合利用各种教育资源，共同为幼儿的发展创造良好的条件。"因此，幼儿教师要主动与家长合作，激发家长参与幼儿园教育的兴趣，形成教育合力，共同促进幼儿的发展。做好家园合作工作对提高保教质量具有十分重要的意义。

(一)家庭是幼儿成长的第一环境，家园合作有利于促进幼儿身心全面发展

幼儿出生后，是父母给他们创造了生活的第一个环境。父母不仅给予幼儿先天的遗传素质，而且还给幼儿生长发育提供了不可缺少的物质环境。幼儿与父母长期生活在同一个家庭环境里，有着深厚的感情，并形成良好的亲子关系，这是幼儿成长不可缺少的精神环境。幼儿在家庭中的时间约占其全部生活时间的2/3，所以家庭环境对幼儿的影响十分重要。幼儿总是首先受到家庭环境的影响，尤其是父母在教育子女、与其子女的相互关系中，总是渗入了大量的社会准则与行为规范的影响。人类最初的幼儿教育是家庭承担的，随着社会生产力的发展，这一任务转移到幼儿园。家庭和幼儿园都是幼儿重要的生活环境，通过开展有效的家园合作，教师和家长之间互相沟通，建立密切的合作关系，可以为幼儿身心全面和谐发展提供良好的社会环境。例如，在培养幼儿的生活自理能力时，应该在观念上、行动上保持一致，双方共同努力，为幼儿创造良好的生活教育环境。这不仅对幼儿个体的社会化进程及其体、智、德、美的全面发展，而且对社会的稳定与发展都起到了极其重要的促进作用。正如前苏联教育家马卡连柯所说："家庭是最重要的地方，在家庭里面，人初次向社会生活迈进。"

(二)家长是幼儿园重要的教育力量，家园合作有利于提高幼儿园保教质量

家庭与幼儿之间的特殊关系决定了它在幼儿发展中所起的重要作用。作为教育者的家长与作为受教育者的孩子间特有的血缘关系、亲情关系、经济关系使得这种教育具有强烈的感染性和针对性。家长作为重要的教育力量，与教师携起手来直接参与幼儿园教育对幼儿有良好而持久的影响，能够大大提高幼儿活动的兴趣和积极性，能够改善幼儿在家中的行为和密切其与家人的关系，能够使幼儿更积极地投入到幼儿园的学习和生活活动中去。因此，家长是幼儿园教师最好的合作者，是教师了解幼儿的最好信息源。幼儿园在发挥幼儿教育的主导作用时，应该充分发掘和利用家长这一宝贵的教育资源，通过家长的配合，形成教育合力，使幼儿园教育计划更加可行、更加有效。如果家园合作开展得好，两者各自发挥优势，互相补充、互相配合，在教育观念、目标、内容、方法和态度上达成一致，形成合力，就会产生“1＋1＞2”的效果。同时，家长对幼儿园教育工作的肯定和支持，有助于激发幼儿教师的职业幸福感和成就感。而家长对幼儿园教育工作的合理建议也有利于幼儿园不断改进工作，共同提高保教质量。

(三)家庭是幼儿园外的重要“课堂”，家园合作有利于提高幼儿家长的教育水平

每个幼儿都从自己家庭的生活中获得了不同于他人的经验，形成了自己的行为习惯，发展了待人处事的能力以及语言等。但家庭毕竟是一个依靠血缘关系而自然形成的生活环境，不是专门的教育场所。不同的家庭背景、物质条件、家庭结构、家庭气氛、家庭关系和家庭教养方式都对幼儿身心发展有着不同的影响。家长的思想观念、文化素质、兴趣爱好、教育水平参差不齐，家庭教育的内容、方式方法各不一样。而幼儿园是专门的教育机构，幼儿教师是专职的教育工作者，懂得幼儿身心发展的特点和规律，掌握了科学的幼儿教育方法，他们对幼儿的教育是有目的、有计划和有组织的。对于家长和教师自身来说，家园合作就是一个共同受教育的过程。在家庭教育中，家长的教育知识与能力也需要有一个学习和实践的过程，家园合作就为家长提高教育水平提供了一个学习的机会，能够帮助家长树立教育好幼儿的信心，获得教育的知识经验。家长可以通过幼儿园教师获得有关幼儿成长变化的信息，对自己孩子每天的新变化、新进步给予及时的鼓励和引导。同是，幼儿园也可以为家长提供各种有益的教育咨询，让家长分享先进的教育理念、教育技能和教育经验，指导家长充分认识家庭、社区教育的价值，学会积极利用各种教育资源教育幼儿，不断提高家长的教育水平。

二、幼儿园与家庭合作的内容

幼儿教师在家园合作过程中起主导作用，是家园合作活动的发起者、组织者和参与者。从幼儿教师的角度来看，家园合作的内容主要包括以下两个方面。

（一）鼓励和引导幼儿家长参与幼儿园教育

开展家园合作，就是要让家长直接或间接地参与到幼儿园的教育过程中来，共同提高保教质量。首先，幼儿园应主动赢得家长的理解和支持，并就教育观念、保教目标与任务、师幼关系、园本管理等达成共识，从而增强家长对幼儿园工作的信赖感和参与的积极性。其次，家长作为幼儿的法定监护人，有权了解并参与到幼儿园的各项教育决策，幼儿园应该鼓励和引导家长了解并参与制订幼儿的个别教育计划与幼儿园的各项管理和决策，让幼儿家长监督和评价幼儿园的保教工作。最后，幼儿教师还可以鼓励家长为幼儿园提供人力或物力诸方面的支持，如邀请家长主持一些教育活动，为幼儿园提供财、物方面支持或信息服务，或献计献策等，共同促进幼儿园的工作。

（二）指导和支持家长开展家庭教育

根据《幼儿园工作规程》的要求，“帮助家长创设良好的家庭环境，向家长宣传科学保育、教育幼儿的知识”是幼儿园的重要任务。而且事实上，我国不少家长在教育思想观念上还存在误区，如偏重智力培养和知识灌输，而轻视人格养成和社会性发展；在教育方式方法上还存在偏差，过分溺爱、娇惯孩子的现象十分普遍。因此，帮助幼儿家长树立正确的教育观念，掌握科学的养育、教育方法是幼儿教师义不容辞的责任。家园合作中，幼儿教师应该帮助家长树立正确的儿童观和教育观，理解家庭教育的意义，明确家庭教育的责任，强化家长“不仅是养育者，也是教育者”的意识；帮助家长营造有利于幼儿身心健康成长的物质环境和精神环境，向家长宣传幼儿教育与心理方面的一般知识和基本方法，改善家长的教育行为和教育方法，指导家长有针对性地开展家庭教育方案。例如，帮助家长指导孩子在家听故事、看书。①

孩子都喜欢在家里听父母给他们讲故事或一起阅读。幼儿园教师如何指导家长培养孩子的兴趣、提高效果呢？幼儿园教师可以为家长设计一个简单的《幼儿

① 李季湄．幼儿教育学基础．北京：北京师范大学出版社，1999，第164页。

听故事情况记录表》，表上列出关于阅读某本书的一些简单问题，只需家长画圈、打勾即可。比如，是孩子主动要家长讲这本故事书的，还是家长要孩子听的？讲图书时，孩子是否用手指着图书上的文字？孩子听故事时什么地方插话了？说些什么？孩子喜欢书中的谁、不喜欢谁？家长讲完了以后，孩子自己是否还去翻阅那本书？等等。教师看了记录后，和家长一起议一议孩子的情况，让家长了解这些问题的意义，如哪些反映了孩子对图书、文字的兴趣程度，哪些反映了孩子对事物的态度、认识，哪些说明孩子关心什么，其思维水平怎样，等等。然后和家长商量有针对性地帮助幼儿掌握阅读的方法。这样，不仅能使家长更加了解自己的孩子，学会初步的早期阅读指导方法，提高家庭教育的质量，还为教师组织教育活动、因人施教和个别指导提供宝贵的参考资料。

三、幼儿园与家庭合作的方式

家园合作活动应该贯穿于幼儿园的日常活动之中，但从家园合作活动主体的主导性来看，专门的家园合作活动大致可以分为以下两大类。

(一)以幼儿园为核心的家园合作活动

以幼儿园为核心的家园合作活动的主要目的有：一是让家长了解幼儿在幼儿园的各方面表现、保教活动计划以及教师是如何教育幼儿的，通过观察教师的教育行为和幼儿的表现，反思和改进家庭教育；二是充分利用家长的教育资源，支持配合幼儿园的教育活动。具体形式如下：

一是，幼儿入(离)园时的交谈。这是一种以询问、谈话为主要方式的个别交流形式，主要目的是让家长了解幼儿在幼儿园的学习生活表现，让教师了解幼儿在家庭里的行为表现以及所处的家庭环境。这也是最常见、最容易实施的沟通交流方式。

二是，家长专栏。幼儿园一般在园里的显眼处或班级门口设立“家长专栏”或“家园之窗”，将家教须知、幼儿园活动计划或食谱等内容登上，供家长了解幼儿园保育和教育情况，宣传科学育儿知识等。

三是，家园联系手册。《家园联系手册》是幼儿园经常使用的与家长联系的一个重要方式，它是幼儿园和家庭联系的桥梁之一，是教师和家长交流幼儿发展状况的一种手段，也是系统记载幼儿成长过程的一种形式。

四是，便条或电话、短信、邮件、QQ 联系。这是一种有效的个别交流方式，它往往只需教师的寥寥数语，就可以把幼儿的点滴进步传达给家长。

五是，家访。针对幼儿的实际，教师上门了解幼儿与家庭的情况，以便有针对性地实施教育。

六是，教育活动开放日。教育活动开放日可以是家长在幼儿入园前对幼儿园整体环境设施设备与师资力量等情况的参观、访问，也可以是幼儿入园后的一日或半日活动的参观与听课。关于入园前的开放日，可以邀请家长和幼儿一起来园，熟悉新教师和新环境，消除陌生感；也可以结合特殊日子和特殊活动(如“六一”儿童节、元旦、亲子运动会、毕业活动等)让家长来园参观或和幼儿一起活动。那么，如何组织家长参加幼儿园的开放日活动？①

在幼儿园开放日活动中，通常容易出现的问题是家长或漫无目的地浏览或只顾自己的孩子。为了避免这种无序现象，引导家长有效地进行观察，幼儿园应采取一些措施，把活动内容、活动目的以及家长该注意方面等事先告知家长。如果给家长提供一张简单的幼儿行为观察表，供其逐项对照画圈，对每项的意义向家长作适当的解释，活动后一起讨论观察的结果，以便共同制订一个帮助幼儿的个别学习计划，并明确和落实各自的责任，特别是家长在家里要做的事，然后定期再交换意见。这样的观察表既可保存起来，又可作教师的参考，还可让家长与日后的观察再作比较，去发现孩子的进步或变化，不断总结教育经验，改善家庭教育的方法。

幼儿园小班的活动是双脚并拢、跳过横在地上的一个接一个的长条积木。如何让家长有目的地观察呢？应该引导家长看：孩子跳时是双脚并拢的呢还是单脚跨的，跳过去后是站稳的呢还是站不稳，跳过一条积木后是接着跳下去呢还是要重新调整一下再跳，等等。这些观察不要求家长很高的文化程度，很容易就能发现孩子动作的发展水平。然后教师与家长沟通下一步回家后如何个别辅导：如有的家长看到孩子的问题是大肌肉发展不好，就与教师商定办法，回家后不再抱孩子上楼梯，而让他自己爬；孩子跳跃后站不稳，是动作协调、平衡不好，教师就指点家长，在接送孩子时让其多自己走，少坐车；回家后可在地上画一条线，让孩子做沿线走的游戏，等等。这样，家庭教育与幼儿园活动内容扣在一起，教师与家长共同努力，就大大提高了保教的整体效果。

七是，幼儿学习成果展示与汇报会。家长把自己的孩子送到幼儿园接受教育，最大的愿望莫过于孩子的成长进步。举办幼儿学习成果展览与汇报会的目的就在于向家长汇报幼儿在园的学习生活情况，让家长对幼儿园放心，并给他们以教育的信心。

---

① 李季湄．幼儿教育学基础．北京：北京师范大学出版社，1999，第163页。

（二）以家长为核心的家园合作活动

以家长为核心的家园合作活动主要是为家长提供相应的帮助和指导，提高家长素质和家庭教育质量，促进幼儿身心健康发展，也就是幼儿园对家长进行的如何成为合格称职的好家长的教育。这种教育在我国台湾称为“亲职教育”，在德国称为“双亲教育”，在俄罗斯称为“家长教育”。在以家长为核心的家园合作活动中，家长既是受教育者又是教育者。一方面，他们需要向幼儿园教师学习科学的家庭教育方法；另一方面，他们又要把学到的知识运用到自己的家庭教育实践中。具体形式有：

家长会。家长会大多由家长集体参加，其内容相对集中于大家共同关心的问题。

家长园地或家庭教育专刊。这是以文字的形式定期对家长进行指导的一种形式。

家教现场指导活动。这是一种互相观摩、直接指导的活动方式，常常是由教师通过对幼儿出现的问题或家长普遍关心的问题进行专门的教育活动设计，家长通过现场观摩来学习。

家长沙龙。家长沙龙主要是为家长提供宽松的畅所欲言的交流环境和机会，可以由幼儿园提供场所，也可以由家长自愿在自己家里组织。

家长座谈会。向家长汇报幼儿园工作，反映幼儿情况，发动家长配合幼儿园工作。

家庭互助组。这是幼儿家庭之间的一种在家庭教育方面相互帮助、相互支持的形式。

家长学校或家庭教育讲座。面对面地向家长宣传教育知识，帮助家长树立正确的教育观念，学习科学的教育方法等。

【学以致用】

1. 运用本节所学知识，制定一个指导家长为幼儿入园做好准备的方案或一个家访计划。

2. 到幼儿园见习，了解如何撰写《家园联系手册》。

【课外拓展】

家长育儿守则

一、做好榜样。家长自身应为幼儿做出良好的表率，凡是对幼儿提出的要求，务必身体力行，自己先做到；家长自身的缺点不宜回避，要不断完善自我，做到道德高尚、举止文明。

二、恪守一致。父母及家庭其他长辈对幼儿应该要求一致、态度一致，在教育方式和方法上应沟通默契，统一思想。

三、提示在先。针对孩子容易发生的问题和行为，家长要有针对性地提示，变被动为主动，防患于未然。

四、尊重儿童。孩子是家庭中平等的一员，家长不可盛气凌人，要营造民主的家风，培养孩子主人翁意识和自主意识，满足孩子合理的需要，让孩子学会独立体验。

五、善用鼓励。家长要通过多种多样的方式对幼儿好的行为或表现做出及时的肯定和鼓励，培养积极情绪。同时，鼓励的分寸要恰当，场合要因事而宜，要以精神鼓励为主、物质鼓励为辅。

六、适当回避。鉴于家长和孩子在年龄、经验、需要和责任等方面的差别，对事物和问题的理解有很大差别，影响孩子健康成长的成人活动和不同意见应该回避孩子。

（资料来源：梁志燊．学前教育学．北京：北京师范大学出版社，1998，第290～299页。）

第二节　幼儿园与社区的合作

【头脑风暴】

瑞吉欧幼儿教育模式是颇具特色的、堪称影响世界的幼儿教育模式之一。它诞生于20世纪60年代，因其发源于意大利北部一个名为瑞吉欧—艾米里亚的小城而得名。瑞吉欧幼教模式的最大特色之一，就是社区的强大推动力构成了幼儿园发展不可忽视的力量，社区民众全力支持、合作、参与幼儿教育。在瑞吉欧市，幼儿教育是全社会的事。0～6岁幼儿的保育和教育是一项十分重要的市政工程，享有12%的政府财政拨款。许多由社区居民自发组织起来的民间组织对政府的这一项工作进行监督，以保障与改善该地区学龄前儿童的家庭教育和幼儿园教育。瑞吉欧教育体系中，大自然、大社会就是幼儿学习的大课堂，家庭、社区中物质资源、自然资源和人文资源为幼儿提供了学习的舞台。教师将幼儿园的环境称为“第三位教师”。教师竭力创造机会，在设计布置物质环境时也考虑环境的开放和资源的综合利用，使各部分的教室能够便利有效地衔接起来，让幼儿园与周围的社区密切互动。例如，教室向一个中心区域敞开大门，可以随时提供参观的便利，大大的玻璃窗、教室后面的院落、开向外面的大门，也使幼儿园同社区保持随时的沟通；入口处放着各种各样的镜子、照片和幼儿的作品，便于他们沟通，为幼儿提供了充分的交往机会。

通过对瑞吉欧幼儿教育的社区管理模式了解，那么，你认为什么是社区教育？幼儿园应该怎样与社区合作开展幼儿教育？

社区是构成社会的基本单位，通常是指居住在同一区域或地域范围内的若干社会群体或社会组织所结成的相互关联的社会区域共同体。在我国，城市社区一般指街道、居委会，农村社区一般指乡镇、村。社区教育是指特定社区范围内，以社区成员为对象，根据社区发展及其成员利益和需要，整合、利用社区资源，为实现社区全体成员素质和生活质量的提高以及社区发展的一种社区性的教育活动和过程。社区是幼儿园教育的背景和依托，也是幼儿园取之不尽、用之不竭的教育资源。随着社会的不断发展和教育改革的不断深化，幼儿园与社区的教育合作工作正在蓬勃兴起。

一、幼儿园与社区合作的意义

幼儿园是社区的有机组成部分之一，社区是社会大环境中与幼儿园关系最密切、对幼儿影响最大的方面之一。幼儿园与社区合作，是指幼儿园与其所处的社区、与幼儿家庭所处的社区密切结合，通过相互沟通和双向发展，共同为幼儿的健康成长服务，促进教育的社会化和社会的教育化。对幼儿园来说，加强与社区合作具有十分重要的意义。

(一)有利于幼儿身心健康发展

幼儿的健康成长有赖于其所生活的外部环境及其交互作用。除了在幼儿园外，幼儿大部分时间是生活在家庭和社区里。社区的自然环境和人文环境在幼儿的成长过程中，特别是心理发展过程中有着特殊的意义。例如，成年人一回忆起幼小时代生活过的街道、村庄、小镇、一草一木、山山水水时，总会伴随着十分美好、温馨的情感，这些情感构成了他们人生积极情感的重要内容，对人的一生都产生影响。

(二)有利于幼儿园充分发掘和利用社区教育资源

社区作为一个集生产、生活、文化等多种功能于一体的社会小区，能为幼儿园提供丰富的人力、物力、财力、场所等多方面的支持。社区的积极参与，让幼儿走进社区课堂，能使幼儿园教育变得更生动、更富有时代气息和地域特色。例如，让幼儿参观社区中的各种机构、设施，请社区的劳动模范、解放军战士、医务人员、警察叔叔等与幼儿共同活动；幼儿园在教育活动中将社区的历史、风俗、革命传统等作为本土课程资源来利用，使幼儿园教育内容丰富而有特色；幼儿园可以通过环境布置、师幼服饰及人际交往方式将反映当地民族文化的内容渗透到幼儿园。所有这些都会对丰富幼儿园的教育资源起到积极的影响。

(三)有利于满足非在园幼儿的学习需要

幼儿园与社区开展合作，积极发展社区幼儿教育，不仅可以拓展在园幼儿的学习、成长机会，而且还可以为那些未能入园接受正规幼儿教育的幼儿提供补偿教育，促进幼儿共同发展和教育平等。

(四)有利于增强幼儿家长的社区教育意识和教育水平

幼儿教育需要广泛动员社会各方面的力量，幼儿园教育离不开家庭、社会力量的支持。幼儿园主动与社区合作，为幼儿家长提供一些托养、教育等方面的服务和对家长与社区其他成员的教育培训活动，既可以指导家长对幼儿的家庭教育，也可以增强幼儿家长的社区教育意识，提高他们的家庭教育水平和质量。

(五)有利于提高社区居民素质，促进精神文明建设

社区文化不仅对幼儿园教育有重要影响，而且也无形地影响着社区的每个成员。一般来说，文化和文明程度高的社区，幼儿园的园风、教育质量也都不错，而社区的影响无疑是一个重要因素。幼儿园与社区合作，可以扩大幼儿教育的社会服务功能，有益于发挥教育对社会和社区发展的作用。幼儿园通过在社区宣传幼儿教育，可以使社区成员更加关心下一代的成长，关心和支持文化教育事业的发展，提高社区居民的文化教育素养，营造良好的社区风貌，更好地推动精神文明建设。

总之，幼儿园与社区合作是社会发展对幼儿教育提出的客观要求，又是幼儿教育自身发展的内部需要。幼儿园应当积极地探索适应社会变化的新型教育模式，促进自身的持续发展。

二、幼儿园与社区合作的内容

幼儿园的发展与社区的进步是相辅相成、互相促进的。就幼儿园方面来讲，我国幼儿园与社区合作的工作内容和方式主要有以下两类。

(一)发掘社区资源，服务幼儿教育事业

社区幼儿教育资源比较丰富，主要有如下几种类型：物质环境资源、人力及组织管理资源、文化资源。幼儿园作为幼儿教育的主导，应主动争取合作，开发利用好这些资源。

1. 开发利用社区的物质资源

社区的物质资源包括自然景物、地理环境、社区结构及设施设备等方面。自然景物和地理环境中的花草树木、江河湖海、日月星辰、山川田野、地况地貌、季节气候、名胜古迹等丰富的资源都是可供幼儿园选择和利用的教育资源，为社区幼儿教育提供了丰富多彩的教育素材和广阔的学习生活空间。教师经常带领幼儿到街道、广场、花园、小区、博物馆等去嬉戏、玩耍、参观，可以激发幼儿热爱自然、热爱家园、热爱社会的情感；带领幼儿走进劳动、生活现场，可以丰富幼儿社会和自然方面的感性知识。

2. 开发利用社区的人力资源

社区内有各种党政机关、企事业单位、社会团体等机构，它们各有其组织管理方面的优势资源。社区里的企事业人士、教育工作者、管理者、专家学者、离退休干部、幼儿及其家长，以及社会各界的先进人物、知名人士、各类专业特长的居民等是社区里最重要的人力资源，是幼儿接触社会、认识社会、融入社会的重要人力媒介。幼儿园必须充分利用社区人力资源，创造幼儿与社区互动的机会，增进幼儿与社区互动的深度，通过“请进来、走出去”的方式开发、整合园内外教育资源。例如，请幼儿喜爱的交警叔叔到幼儿园来教幼儿学做交通小指挥，请幼儿崇拜的先进人物来幼儿园给他们讲故事，请清洁工人讲环保的重要性和方法，请工厂工人讲机械操作技术，请农民伯伯讲种植的艰苦和现代种植技术；结合一些特殊日子带领幼儿走进工厂、农场、学校、敬老院等场所，进行参观、演出、联谊等活动。让幼儿在与形形色色的人和事接触过程中逐渐了解社会、感受新鲜事物、培养各种社会能力，增强社会适应性。

3. 开发利用社区的文化资源

社区的传统文化、民风习俗、道德风尚、价值观念、生活方式、审美情趣、网络文化等，都为社区幼儿教育营造了浓厚的文化氛围，都通过多种途径在影响幼儿园。它们是幼儿教育资源的重要来源。幼儿园通过吸取社区的优秀文化元

素，融入幼儿园课程内容，开展相应的教育活动，有利于幼儿园的文化特色建设。

(二)发挥自身优势，服务社区事业发展

幼儿园在利用社区资源发展自身的同时，还应该发挥自身作为专门教育机构的优势，充分利用幼儿园资源，以多种形式为社区发展服务，担负起社区幼儿教育的指导者、组织者和推动者的责任，向社区辐射教育功能，将正规、非正规，正式、非正式幼儿教育融为一体，为幼儿发展共创良好的社会环境。

1. 树立幼儿园的文明形象，发挥文明示范的引领作用

一所好的幼儿园可以成为社区精神文明的标志，对社区的精神文明建设起示范引领作用。幼儿园作为社区的组成部分，应以提高自身的文明程度，为树立社区的精神文明形象作贡献，如美化幼儿园环境、提高幼儿园教师、工作人员的素质、培养幼儿良好的文明习惯等。也可以将社区生活活动和园内教育活动结合起来，如有的幼儿园开展环境教育，引导幼儿进行废物利用、节约用水用电、爱护公共卫生等活动，这样不仅给社区环境保护活动以积极的推动，幼儿也在活动中受到教育，同时促进了幼儿素质和社区精神文明的发展。

2. 开发利用幼儿园的教育设施，与社区共享教育资源

幼儿园处于社区幼儿教育的中心，拥有齐全的幼儿教育设施设备，幼儿园可以开放这些物资资源，适时、适度地面向社区婴幼儿、家长开放，为居民提供便利条件。例如，以幼儿园的玩具图书为依托，建立“玩具图书馆”，在节假日、双休日等时间定期面向社区婴幼儿及其家长开放，让他们共享幼儿园的这些玩具设施等教育资源，以便增强社区幼儿的愉快体验和促进他们更好地适应幼儿园生活。早在20世纪70年代左右，英国就出现了集社区中心、收藏馆和幼儿园于一体的“玩具馆”。2001年年底，我国青岛市首批社区“玩具图书馆”在市南区湖南路幼儿园、晨光幼儿园等三家幼儿园同时出现，接纳社区幼儿前来借玩具、图书，使幼儿有更多机会与其他幼儿接触，发展良好的同伴关系，也带动了成人之间的交往。

3. 发挥幼儿园的教育专长，服务社区教育

幼儿园不仅拥有完备的硬件设施和环境，而且还拥有经验丰富的专业师资队伍和有计划、有组织的教育内容和活动组织等。幼儿园教师可以充分发挥自己的

优势和专业特长，积极为社区服务。例如，幼儿园可以设置“亲子园”、家长学校、社区幼儿教育学校等社区幼儿教育机构，开展多种形式的育儿教育，辅导社区内的幼儿教育活动，将先进的育儿理念和科学的育儿知识送到社区内的每个家庭，提高社区居民的育儿水平。幼儿园也可协助街道或居委会为所辖行政区域的社区居民开展“优生、优育、优教”的各种文化、娱乐、服务活动，引导家长开展家庭文化、广场文化、校园文化、楼道文化、院落文化等多种形式的文化教育活动，既扩展幼儿的生活视野，充实幼儿的生活内容，又提高家长的文化素养和育儿素质，还可以建立幼儿园与社区的友好关系。

三、幼儿园与社区合作的方式

(一)构建幼儿园、社区合作组织，形成共育网络

一是成立幼儿园、社区协作委员会。成立由幼儿园所在社区的文教、工团、妇联、幼儿园及社区人员(村、居委)、家长代表组成的组织机构，以社区为平台、以服务为纽带，通过制定相应的《协作委员会章程》，召开例会，统一教育思想，保持信息流通，共同促进幼儿教育事业的发展。

二是成立教育顾问团。幼儿园聘请有关幼儿园课程实施与评价、幼儿保健、早教指导、教育法律等方面的专家，定期向社区、幼儿园开展指导工作，为合作共同教育保驾护航。

三是成立早教中心。通过早教中心指导站，开展讲座、早教辅导免费活动，满足社区对婴幼儿早期教养的需求。

(二)整合社区教育资源，形成共育互动平台

建立资源共享库。打破围墙，整合社区资源，实现共享。将各类资源根据开展的主题活动整理汇总，充分有效利用，将资源最优化。通过提供区域内各种社会资源，为幼儿园办学充实教育力量、教学资源，为幼儿的全面发展提供社会支持。

搭建艺术舞台。幼儿园和社区可以联合组建“艺术舞台”，既可以定期展示幼儿的舞蹈、绘画、乐器、书法等多方面才艺，培养幼儿的能力，又可以丰富社区群众的文化生活，促进社区构建健康和谐的生活氛围。

建立社区读书坊。随着现代文明的不断发展，家长越来越重视幼儿读书习惯的培养。如果能让幼儿在双休日、节假日有一个就近读书的地方，一定能受到家长和幼儿的欢迎。读书坊的读本可以由政府或幼儿园提供并定期更换，也可

以由家庭捐献或是带书分享，社区则提供可供阅读的房舍。

建立社区咨询站。幼儿园进入社区进行教育咨询，解答社区居民的教育问题。在社区建立固定时间、固定地点的咨询站，形成咨询活动的常规化状态，促进社会整体教育水平的提高。咨询活动由园方和社区共同安排，幼儿园负责答疑，社区负责组织，帮助家长分析诸如育儿难题、幼儿特殊行为指导与分析等家庭教育问题，以提高家庭教育水平。

【学以致用】

1. 假如你是某社区里的幼儿园中班教师，请你给你班设计一个活动方案："我们的社区"。

2. 试设计一个幼儿园向社区开放的活动方案。

【课外拓展】

国外社区幼儿教育经验简介

幼儿教育融入社区是世界各国幼儿教育的发展之路，越来越受到重视。在此，简要介绍几个国家的社区幼儿教育情况，以便给我们提供借鉴。

(一)美国社区幼儿教育

美国实施了多种关于加强幼儿园与社区合作的措施，其中持续时间最长、影响最广的社区行动计划是1964年实施的"提前开端计划"(Head Start)。该计划规定至少要给90%以上的生活在贫困线以下的3～5岁幼儿提供社区教育服务。利用社区的各种教育、文化、娱乐设施、人文景观和自然环境、人力资源，尤其是社区的服务工作人员和幼儿家长，对绝大多数的贫困家庭的幼儿实施免费的补偿教育。美国还推广了父母教育计划(即HAPPY计划)，直接通过社区把培训带入家庭，旨在指导学龄前儿童的家庭教育。

美国的幼儿教育机构十分重视把"社区"融入幼儿教育课程的发展中。例如，在为幼儿设计的自我概念课程中，就包含了"社区及社区助手"的主题内容。美国也重视幼儿教师关于社区教育的培训，在居民生活区中设立了社区学院，培训幼儿教育师资。

(二)英国社区幼儿教育

为了改善处境不利儿童的生活和学习条件，英国政府于1999年春制定实施了"确保开端教育项目"(Sure Start)。它以社区为依托，跨部门协作，地方政府、教育者、社区组织、家长以及志愿者共同为弱势家庭提供帮助，营造良好的教育环境。政府官员、社区负责人、社区知名人士参与到社区教育机构的教育活动中；各社区均有“早期教育协会”这一全国性募捐组织的分部，以宣传、指导社区幼教工作。社区专门建立了“社区玩具图书馆”，不仅把0～5岁的幼儿作为服务对象，而且还把幼儿家长纳入到教育生活中。

另外，英国民间发起了幼儿社区教育活动——游戏小组运动(Pre-school Playgroups Association)。英国本土学前游戏小组遍及城乡，且深受不同经济条件的家庭的欢迎。英国的学前游戏小组一般是在多方的支持下，免费借用成人俱乐部、教会大厅、婴幼儿福利中心、废弃学校和富裕家庭的空房子。幼儿家长和社区工作人员自发组织，自筹资金，寻找适宜的设施和志愿工作人员。游戏小组协会负责业务管理、各游戏小组之间的协调与资源共享，并组织专业培训，开展学术交流活动。地方当局负责对设施进行检查，并要求各社区注册登记，以确保幼儿的安全和保教活动的质量。

(三)日本社区幼儿教育

长期以来，日本十分重视利用社区资源来教育幼儿。1986年，日本教育审议会指出，幼稚园、家庭和社区三位一体对学前儿童进行教育是非常重要的，只有这样，才能克服幼儿教育封闭性。1990年日本的《幼稚园教育要领》指出：“幼儿的生活以家庭为主逐渐扩大到社区社会。”日本幼稚园同家庭、社区保持密切的联系已形成了一个网络化的整体。1994年，日本政府颁布了《儿童养育协助基本方向》(简称“天使计划”)，致力于“建立社会共同支持援助、面向社会开放的儿童教育新局面”。另外，在日本，社区幼儿教育的设施中，既有专门为幼儿设立的教育设施，如儿童馆、儿童咨询所与家庭儿童咨询室、保健所与保健中心等；也有向所有社会成员开放的普通社会教育设施，如公民馆、儿童文化中心、图书馆、博物馆等。

(四)泰国社区幼儿教育

泰国幼儿社区教育为发展中国家、尤其是为农村的社区幼儿教育服务提供了很好的榜样。一是通过建立社区幼儿教育管理网络，发动各个组织参与幼儿教育管理，广泛开展为社区幼儿教育服务的活动，向家长提供育儿知识，为幼儿提供如场地等教育环境以及为幼儿提供体检等卫生保健服务。二是以社区中的幼儿园为依托，为社区中的其他幼儿提供部分教育资源，辐射和引领社区幼儿教育、文化建设。三是重视发挥家长的参与作用，通过各种宣传使家长认识到自己的责任，提高家长的育儿水平。有关部门规定，育龄妇女必须接受育儿培训，尤其注重对0～3岁幼儿的父母进行培训。社区的幼儿园充分利用家长这个资源，经常把家长引入幼儿园的活动中，为幼儿家长带来各方面的知识。

第三节　幼儿园与小学的衔接

【头脑风暴】

看了下面这幅漫画(图 8-1)，你想到了什么？幼儿园和小学有什么差异？两者该怎么衔接呢？

图 8-1

（资料来源：《人民日报》(朱慧卿绘)，2011 年 9 月 30 日版）

幼儿园教育和小学教育是相邻近的教育阶段。幼儿从幼儿园进入小学是其身心发展的一个重要转折。在这个过渡期，许多幼儿进入小学后遇到适应性困难。例如，有的幼儿不习惯小学连续上课的方式和生活节奏，出现发困、食欲不振、睡眠不足、体重下降，甚至频频生病等问题；有的幼儿缺乏完成任务的成就动机和责任感，缺乏独立完成任务的信心和毅力等。这些问题如果处理得不好，就会对幼儿日后的发展带来不利影响。因此，《幼儿园工作规程》明确指出：幼儿园和小学应密切联系，互相配合，注意两个阶段教育的相互衔接。所谓幼儿园与小学衔接(简称“幼小衔接”)是指幼儿园和小学根据幼儿身心发展的阶段性和连续性规律及幼儿终身发展的需要，做好两个教育阶段平稳过渡的教育过程。幼小衔接使幼儿能够更快地适应新生活，减少因两个教育阶段间的差异给幼儿身心发展带来的负面影响，为其终身发展打下基础。幼小衔接包括幼儿园教育积极主动与小学教育衔接和小学低年级教育主动与幼儿园教育衔接两个方面。

一、做好幼小衔接工作的意义

幼儿身心发展的阶段性规律，决定了教育工作的阶段性。处于幼儿园与小学阶段的幼儿具有不尽相同的身心发展特征。幼儿园与小学两个教育阶段之间既有区别又有联系，前一阶段的教育是后一阶段教育的基础，后一阶段是前一阶段教育的继续和提高。为了使幼儿获得健康的成长，能够从一个发展阶段顺利的过渡到下一个发展阶段，并取得良好的教育效果，衔接工作就显得特别重要。

(一)幼小衔接工作有利于幼儿尽快适应小学生活

幼儿发展的各个阶段不是截然分开的，是有连续性的，是一个渐进的发展过程，没有哪个幼儿前一阶段一结束，前阶段所有的特点就全部消失，后一阶段的特点就全部出现。在前、后两个发展阶段之间存在一个兼具两个阶段特点的过渡时期。在这一时期，幼儿既保留了上一阶段的某些特征，又拥有下一阶段刚刚出现的某些特点。教育工作者必须对过渡阶段幼儿的发展特点和需要有足够的认识，幼儿园和小学之间需要相互了解和沟通，互相配合，做好过渡阶段的教育工作，采取行之有效的教育方法，为幼儿提供有效的帮助，以便幼儿入学后顺利适应新的生活。因此，衔接工作非常重要。

如果教育衔接工作没做好，就会造成幼儿入学后的适应性问题，例如，身体方面的睡眠不足、身体疲劳、食欲不振、体重下降等现象；心理方面的精神负担重、心理压力大、情绪低落、自信心不足、学习兴趣降低等现象；社会性方面的人际交往不良、人际关系紧张等现象，有的学生甚至还出现怕学、厌学的情绪。这些问题如不能很好地解决，就会严重影响初入学幼儿身心的健康发展。幼儿园阶段是一个人终身发展的奠基阶段，也是形成个体心理特点、情感态度、行为习惯的关键时期。幼小衔接工作做得如何直接影响到幼儿今后身体、心理和社会性等方面的发展。因此，我们要明确幼儿园教育在人的终身教育中所处的地位，把幼小衔接工作放到一个人接受终身教育的大背景下去考虑，把幼儿上小学看成是实现人的终身发展中的一个阶段，努力培养幼儿的独立性、主动性和自制能力，提高幼儿适应新变化的能力，使幼儿在终身发展中有一个较好的开端。

(二)幼小衔接工作可以更好地为小学阶段的教育打好基础

幼儿园教育是终身学习的开端，是国民教育体系的重要组成部分，是基础教育的基础。幼儿园和小学虽然是相邻近的教育阶段，从教育制度上来说又都属于基础教育，但是，两个教育阶段却有明显不同的特点，在教育任务、内容、形式、教学要求和方法、作息制度和生活管理等方面都有很大的区别。幼儿园阶段的幼儿是以游戏为主要活动形式，处于受成人保护、养育的情况之下，他们对社会还不负有任何责任。而小学阶段的幼儿则以学习为主要活动，学习成为幼儿对社会承担的义务。这一变化对幼儿来说无疑是他们生活历程中的重大转折。新的教育条件和生活条件对幼儿都提出了更高、更新的要求，要求他们尽快提高自己的各种能力，以适应新的环境，这对新入小学的幼儿是有一定难度的。如果幼儿园为幼儿入学的准备工作不够充分，小学环境的陌生、要求的悬殊、动力定型的破坏，都会使幼儿在身体和心理上感到负担过重，茫然不知所措，甚至造成幼儿体质下降，学习积极性减退，对学习产生厌倦情绪等，这样会挫伤幼儿的学习信心和独立性。因此做好幼小衔接工作，使幼儿顺利过渡，就成为了保证九年制义务教育质量、提高新一代素质有深远意义的大问题。

(三)幼小衔接工作可以引导幼儿教育走向科学化

《幼儿园教育指导纲要(试行)》明确指出：幼儿园与家庭、社区密切合作，与小学相互衔接，综合利用各种教育资源，共同为幼儿的发展创造良好的条件。《国务院关于当前发展学前教育的若干意见》也明确指出：要遵循幼儿身心发展规律，坚持科学保教，促进幼儿身心健康发展，防止和纠正幼儿园教育“小学化”倾向。长期以来，在幼小衔接问题中，人们只重视知识上的片面衔接，不注重幼儿学习习惯、学习兴趣以及社会适应能力的衔接，因此在幼小衔接过程中，常常会出现幼儿园关注小学情况多一些，而小学则不关注幼儿园的单向衔接的局面。幼儿园和小学教师也越来越认识到：衔接工作做得如何，直接影响幼儿入学后的适应和今后的健康成长，影响义务教育的普及和质量的提高。幼小衔接问题是长期被教育工作者和家长所关注却一直没有得到很好解决的世界性难题。因此，积极开展幼小衔接工作的理论和实践探索，可促使我国幼儿园与小学的衔接工作走上科学化的道路，从而有效地帮助幼儿尽快适应小学生活。

二、幼小衔接工作的主要内容

如前所述，幼小衔接是根据幼儿园向小学过渡期的幼儿身心特点，从情感、态度、认知、能力诸方面，为幼儿入学及其长远发展打下良好基础。那么，在幼儿园教育阶段，这一工作应当从哪些方面着手呢？

(一)培养幼儿对小学生活的热爱和向往

幼儿上小学，是他人生道路上的一个较重大的转折点。幼儿对小学生活的认识水平、情绪状态与其入学后的适应能力有直接关系。因此，幼儿园阶段应注意引导幼儿上学的意愿，培养其对小学生活的好奇和向往等积极态度，并让幼儿有机会获得对小学生活的积极情感体验。为此，幼儿园可以设计多种教育活动，让幼儿逐步了解小学、喜欢小学、渴望上小学，最后愉快、自信地跨进小学。例如，为让幼儿对小学有一个初步的印象，幼儿园与附近小学合作，带领幼儿参观小学，或请小学生来幼儿园当大哥哥、大姐姐，请小学教师来园讲小学的有趣生活等。教师和家长在日常生活中，要一贯地、潜移默化地给幼儿正面的入学教育。例如，跟幼儿说："这个问题你现在不明白，等你上了小学以后，会学到很多东西，那时你就明白了""妈妈小学时过得真开心，我现在都还想念我的老师""爸爸现在造大轮船，是因为小学时参加了航海模型组，还代表学校去参加过比赛呢"这一类的话，而不要说："你看，你总是画得乱糟糟的，上了小学你要这样做作业，老师不罚你写十遍才怪呢""上了小学把玩具全部收起来，回家得好好地做功课"之类的话。这样，在幼儿的心中小学才会是一个美好的、能学到本领的地方，而不是一个让他们产生恐惧心理，感到可怕的地方。

(二)培养幼儿对小学生活的适应

幼小衔接的目的是解决幼儿入学以后的适应困难，即社会适应和学习适应两个方面。幼儿入小学后，是否适应学校的新环境，是否适应小学的人际关系，对其身心健康的影响很大。长期以来，人们有一种片面的认识，认为幼儿只要在幼儿园提前认一些字，学一点拼音、算术等就可以很好地适应小学了。幼小衔接工作的重要内容应该是培养幼儿的社会适应性，特别是主动性、独立性、交往能力等；培养幼儿的生活自理能力，特别是让幼儿学会自己的事情自己做，养成一种相对独立的学习生活习惯，像穿衣服、系鞋带、如厕、准备学习用品等问题，都应靠幼儿自己完成，慢慢学会解决生活上遇到的困难。这不仅关系着幼儿入学后的生活质量，也关系着他们在小学的学习质量。

(三)帮助幼儿做好入学前的学习准备

学习准备是着眼于幼儿终身学习的需要，发展他们基本的学习素质，并在此过程中，帮助他们打下今后学习的基础。幼儿园入学准备的教育对策之一是调整和完善幼儿园的教育内容，将入学准备教育渗透到幼儿的一日生活中。针对幼儿入学准备上的难点和重点，组织专题活动，让家长参与幼儿园与小学的衔接工作。有的幼儿园在学习准备上偏重知识灌输，让幼儿死记硬背、机械训练，而忽视发展其思维能力和分析问题、解决问题的能力。应当遵循素质教育的精神，不是小学化地硬灌，而是让幼儿在游戏中愉快地发展基础性的学习能力。例如，拼音学习的基础是语音意识的发展，是语音的辨别能力，幼儿园可以通过儿歌、绕口令等语言活动，通过倾听各种声音的感官练习以及角色游戏等，为幼儿学习拼音打下良好基础；正确写字需要幼儿小肌肉的灵活、手眼的协调以及观察、识记、位置辨别、空间方位知觉等多方面的能力，因此，幼儿园可以通过丰富多彩的活动来为幼儿写字作准备。例如，有的教师通过绘画活动提高幼儿画线条的流畅性、对手的控制能力以及正确的握笔姿势等；通过手工活动，发展手眼协调和小肌肉；还用游戏、画图案画等方法来帮助幼儿熟悉田字格，让幼儿通过仔细观察对上下左右的方位有清楚的认识，为上学后用田字格写字打好基础。

(四)加强幼儿园与小学之间的联系

要使幼儿能够尽快地适应新生活，幼儿园和小学相互衔接是双向的。幼小衔接不是简单的幼儿园向小学靠，也不是小学向幼儿园靠，而是双方都向幼儿靠，双方要彼此沟通、相互衔接，既要保持各自的独立性、特殊性，又必须同时保持连续性，共同为幼儿一生的发展创造最大的可能性。为消除幼儿入学的紧张心理，增强入学后的适应能力，国外教育界一直都很重视小学教师与幼儿园教师之间的相互联系和合作。例如，美国要求幼儿园保教人员和小学教师要相互深入了解双方教育对象的心理发展水平和特点，幼儿园的保教人员可以担任小学一、二年级课程教学，小学一、二年级教师也可以担任幼儿园工作，这种了解与合作有利于搞好衔接工作。瑞士和英国不但将幼儿教育与小学低年级教育结合或合并为一个教育阶段来考虑，而且在环境布置、课程设计、教师培训等方面都围绕创设一个整体的、连续的、发展而协调的学习环境来进行。日本的小学组织大班幼儿以书信、绘画形式向小学一年级学生报告学习情况，一年级学生给予指导。或开展共同内容的单元活动、或一起参加节庆活动。在德国，大班幼儿在教师带领下经常到小学参观，访问一年级学生，听他们介绍上学情况。一年级学生也由教师带领定期访问幼儿园，跟大班幼儿一起交流。为加强幼小衔接工作，幼儿园和小学教师都要认真研究幼儿身心发展的特点、规律及相应的教育方法，正确认识两种学习阶段在教育上的不同特点。在教育中既要照顾到幼儿身心发展的阶段性，也要考虑到连续性，对幼儿采取适当的教育方法，减少因教育环境的差异而给幼儿入学后的生活带来消极的影响，帮助幼儿顺利地由幼儿园阶段向小学阶段过渡。

(五)加强幼儿园与家庭之间的相互配合

如前所述，幼小衔接工作仅仅依靠幼儿园或小学单方面的力量是不够的，幼儿园、小学、家长、社区各方应互相配合，形成影响幼儿成长的教育合力。目前，不少家长在有关幼儿入学准备问题上，存在各种不正确的认识。如有些家长反对幼儿园以游戏为基本活动，认为幼儿在幼儿园整天玩，进入小学后不能很快适应小学生活，把入学准备片面地理解为认字、做数学题，对入学前的健康准备及社会适应能力的培养重视不够等。由此造成的来自家长的压力可能对幼儿园的衔接工作构成很大冲击。因此，做好家长工作，转变家长观念，与幼儿园、小学共同配合做好过渡期的教育是十分必要的。此外，在整个衔接工作中，全社会对教育的支持，对幼儿的关心也是不可缺少的。幼儿园与小学应加强与社区的沟通与协作，大力宣传做好衔接工作的重大意义，使全社会对此都达成共识，共同配合，做好衔接工作。

三、幼小衔接工作的主要方法

长期以来，由于人们过分强调社会发展对幼儿的要求，在幼小衔接工作中忽视了作为发展主体幼儿的作用，从而导致了幼小衔接中出现诸如小学化、表面化、片面化的问题。那么，作为幼儿教师的我们又该如何做好幼小衔接工作呢?

(一)逐渐使生活环境向小学靠近

适当更改大班末期的作息制度，如适当缩短午睡时间，延长教育活动时间，每周逐渐增加“上课”或智力活动次数。教室环境适当向小学靠近，改变课桌的安放，以利于幼儿注意力的集中。另外，还可开展一些与小学学习有关的常规训练，如自己背书包上学、不迟到、生病要请假等。

(二)逐步调整教学方法和形式

大班末期，幼儿园适当减少游戏和户外活动，增加看图书、做手工等安静活动，适当减少游戏、读写等直观方法，多进行口头教学，如猜谜语、找错等，引导幼儿思维由直观向抽象过渡。

(三)提高幼儿的规则意识和社会交往能力

通过日常生活活动培养幼儿理解每个活动的规则，帮助幼儿掌握执行规则的能力，鼓励幼儿在活动中发现规则，及认识到没有规则带来的后果(破坏图书等)。通过让幼儿认识任务的含义，意识到教师或成人的信任，培养幼儿乐意接受任务的意识，并且帮助他们在实践中学习并掌握完成任务的本领。培养幼儿的交往能力应从小事做起。例如，引导幼儿学会谦虚、有礼貌，不大声喧哗，不与小伙伴抢玩具等。这些事情看起来很小，但却有利于创造友好合作的氛围，有利于增强幼儿的交往能力。

(四)培养幼儿的学习适应能力

幼儿入学后，学习成了其主要活动，以读、写、算为主导。但是幼儿园教师千万不能进入让幼儿提早接受具体课本知识的误区，要注意幼儿的学习兴趣、学习热情、学习专注性和持久性的培养。例如，让幼儿在限定时间内完成绘画、剪纸、书写等活动，主要是使幼儿集中精力做好一件事，并能够坚持一段时间，以利于幼儿以后能适应上课的时间要求。又如，多给幼儿讲一些故事、童话、诗歌等文学作品，养成静坐、倾听的习惯，为入学后进行正规系统的学习打好基础。

(五)认真做好幼小衔接中的家长工作

幼小衔接并不只是幼儿园和小学的事情，家庭和社会各方面因素都起着重要作用，其中家长的作用尤其不能忽视。因为幼儿的生活行为习惯、自理能力、身体素质、学习态度和能力以及社会适应能力等都离不开家长的言传身教。因此，在幼小衔接工作中教师要重视做好家长工作。请家长配合幼儿园的目标要求，培养幼儿做力所能及的家务劳动，如扫地、拣菜等；针对家长中的认识问题，召开家长会和举办专题讲座；向家长了解幼儿的发展现状，介绍幼儿园培养目标和大班学期工作计划以及幼小衔接工作的具体措施；成立家长学校，请幼教专家来园讲课，使家长认识到入学准备不仅仅是知识上的准备，还包括身体和心理上的准备；充分发挥“家长园地”的作用，大班末期可设立幼小衔接专栏，根据目标有计划地选择和更换内容，让家长在小小的“园地”中，学习并掌握科学的教育观、儿童观，从而与幼儿园积极配合，为幼儿的发展共同努力。

【学以致用】

根据所学知识，设计一个培养幼儿入学意识的活动方案，并根据情况对幼儿家长提出教育建议。

【课外拓展】

幼儿园与小学的差异比较

幼儿园教育和小学教育是两个相邻而又不同的教育阶段，它们之间有哪些差异呢？我们可以通过下面的表格分析看出：

不同方面	幼儿园教育	小学教育
环境布置	幼儿园教室的环境布置生动活泼、充满童趣，有许多活动区域，有丰富的活动玩具和材料供动手操作、摆弄，并且经常随教育内容的变化而变化；没有固定排列的座位，可以自由选择游戏及进行同伴交往。	小学教室的环境布置相对严肃，成套的课桌椅排列固定，学生有固定座位，教室内没有玩具可供选择，学生自由选择活动的空间较少。
教育教学任务	根据《幼儿园教育指导纲要（试行）》和《幼儿园工作规程》所提出的保育教育目标，幼儿园教育的内容是广泛的、启蒙性的，可按照幼儿学习活动的范畴相对划分为健康、社会、科学、语言、艺术五个方面。	根据国家和地方统一的课程标准，分科目进行教育教学，分别通过相对独立的不同课程来实施。
主导活动及教学方式	幼儿园的主导活动是各式各样、丰富多彩的游戏，幼儿在玩中学，通过动手操作等实践活动获得相关的感性经验和社会生活知识。教师按照“保教合一”的教育原则，在教学方法上注重直观性、趣味性，动静交替，寓教于乐，注重在日常生活中培养幼儿的行为习惯，鼓励幼儿感知周围事物。	小学阶段的主导活动是通过教科书呈现的各种学科文化知识的课堂教学，让学生系统掌握科学文化知识，并在学习过程中获得德、智、体、美诸方面的发展。教师的教学方法相对固定、单一，注重逻辑推理，偏重于抽象思维，学生通过听课、读书、做作业来掌握知识。
作息制度	幼儿园的生活节奏宽松，一日生活中游戏活动时间较多，生活管理也不带有强制性，一般没有出勤考核要求，作息时间比较灵活。幼儿的学习与生活是综合的、整体的。	小学的生活节奏快速而紧张，作息制度非常严格，对学生的纪律和行为规范有强制性的要求，学习和活动明显区分，且活动时间、活动量明显减少。上课实行班级授课制，且时间较长。

续表

不同方面	幼儿园教育	小学教育
师生关系	每个班有固定的教师与幼儿整日生活在一起。幼儿园教师工作的重要职责之一就是照料好幼儿的身体和生活，对幼儿在生活上的照顾比较周到细致，与幼儿个别接触机会多、时间长、涉及面广，师幼关系密切。	虽然每个班都有一个固定的班主任，但小学科目多，任课教师多，师生接触主要是在课堂上，个别接触少，涉及面较窄，相对于幼儿园教师来说，小学教师对学生的了解不够全面、深入，师生关系相对疏远。
要求和期望	社会及成人对幼儿的要求相对宽松，幼儿园没有升学的压力，没有非完成不可的学习任务，没有家庭作业和考试制度，幼儿的压力小、自由多。教师的工作主要是根据幼儿的兴趣和需要，创设各种环境和条件，使幼儿在主动参与的各种活动中获得发展。	社会及成人对小学生的要求相对严格，且期望高。小学有明确的学习任务，学习成为学生的一种必须完成的任务，有严格的考试和一定的家庭作业，教师把学习成绩作为评价学生的主要指标。学生有升学的压力，学习压力较大、自由少，要负担一定的社会责任。

第九章　幼儿教育改革与发展趋势

【教学目标】

了解开端计划、保育纲要、混龄教育、日托之家、《国家中长期教育改革和发展规划纲要(2010—2020年)》、“国十条”、三年行动计划；初步了解中外幼儿教育改革的现状，比较评析各国现行的学前教育政策、措施与实绩；分析幼儿教育发展的动态与趋势，自觉参与学前教育教学的各项改革活动，提高保教的主动性、自觉性和责任感。

第一节　国外幼儿教育改革与发展趋势

【头脑风暴】

学前教育具有极为重要的社会价值，是为国家积累财富；儿童在幼年接受的保育和教育会影响他们今后的人生，拥有优质保教经验的儿童更容易接受高等教育，顺利就业，获得较高的收入，为社会做出更大的贡献；使所有儿童在他们的生命之初享有平等、优质的学前教育带来的益处，符合我们所有人的最大利益。

（资料来源：摘录自冯晓霞、周兢《2010年世界学前教育大会情况汇报》）

各个国家(区域)对幼儿教育的态度与行动有何不同？发达国家在发展学前教育方面都有哪些重要而有效的举措？

一、国外幼儿教育改革与发展的概况

(一)美国

据2011年统计，美国现有人口3.15亿，学龄前儿童约2660万，占人口比例约8.5%。美国重视学前教育，主要是通过加强立法并不断增加投入来实现的。

1. 加强立法保障学前教育的规范化

美国联邦政府与国会于1970年和1981年两次作出决定，把发展托幼事业作为国家最重要、最迫切的需要之一。1979年国会通过了《儿童保育法》(Child Care Act)，1990年通过了《儿童早期教育法》(Early Childhood and Education Act)，同年还通过了《儿童保育和发展固定拨款法》(Child Care and Development Block Grant Bill)，该法于1995年作了修订。

老布什总统确定的《美国2000年教育战略》(America 2000：An Education Strategy)第一项是：所有美国儿童都要有良好的学前准备。后来克林顿执政后，将六项全国教育目标增加到八项，提出《美国2000年教育目标法》(Goals 2000：Educate America Act)草案，于1994年获得国会通过，成为正式法律。全国教育目标提出后，美国各级政府纷纷制订计划和措施，与社会各方协力推动教育事业的发展。

美国学前儿童保育与教育计划中，持续时间最长、影响最大的是《开端计划》，它旨在向贫困家庭的3～5岁幼儿(以三四岁为主)与残疾幼儿免费提供学前教育、营养与保健。1994年又提出了《早期开端计划》，把教育服务对象延伸到贫困家庭的两岁幼儿。40多年里，开端计划累计培育了约2000万幼儿，帮助了广大家长提高教养水平，训练了大量的教师与助手，开展了一系列科学研究，制定了一系列教育标准，成效显著，对美国学前教育事业的发展起到了重要的作用。

根据《儿童保育与发展固定拨款法》，联邦政府从1991年起每年拨予各州发展托幼事业专款，以弥补地方上这方面经费的不足，增添了向低收入家庭提供幼儿入托补贴的条款。1992年这方面经费支出为15亿美元，联邦政府拨给各地的发展社会服务事业的经费，约有1/5用于支持早期保育与教育。

美国国家教育研究政策委员会于1997年制定了《教育研究国家重点》，其中首要任务是“改进幼年儿童的学习与发展，使所有孩子都能入幼儿园，以便为入学做好准备并能在初等与中等学校学习取得良好成绩。”并指出“如果国家让儿童早期失去了机会，那么以后对大孩子的教育投资就不可能达到预期的效果；如果忽略了五岁以前孩子的学习与教育，那就无法提供教育改革合适的道路图。”

2. 加大投入保障学前教育的稳步发展

1998年克林顿总统提出“幼儿教育五年计划”(5-year plan for early childhood education)，主要内容包括：增加对开端计划的投入，扩充招收名额，到2002年将招收100万名贫困家庭幼儿，即比1997年增加25%，预计届时将年投入50多亿美元；加强与扩展师资培训，帮助幼儿保育工作者达到认证资格，设立专项奖学金(每年5万个名额，5年共投入2.5亿美元)，资助与鼓励立志从事于幼教工作的学生。

美国经济界一直把学前教育看作是向未来投资。一批最具影响力的大公司领导人与大学校长组成的美国经济发展委员会于1985年提出一份报告称："如果美国的孩子不能受到良好的早期教育，美国无法在未来的全球市场竞争中取胜""很难想象出有比学前教育更高效益的投资项目"。该委员会于1987年、1990年、1991年连续提出一系列报告，强调投资于早期教育的必要性与重要性。不少企业特别是一些著名大企业捐赠资金，支持学前教育事业。一些大企业还建立了专项基金，发展本企业的托幼事业。IBM(国际商用机器公司)建立了幼儿托育资源发展基金，五年里投入了2500万美元，其中2200万美元用于托幼事业；AT&T(美国电报电话公司)也建立了托幼发展基金，1993年至1995年的三年间投入了1500万美元，用于增设托幼机构，提高保教质量。

20世纪80年代末，美国开始"普及学前教育"(Universal Pre-kindergarten)运动，针对各州学前教育和保育质量参差不齐的问题，2002年美国联邦政府提出《良好的开端，聪明地成长》行动计划(Good Start, Grow Smart, 简称GSGS)，旨在帮助州政府提高学前教育质量。该计划的核心内容是鼓励和支持州政府发展与初等教育连为一体的学前教育质量等级体系及早期学习标准。2009年6月又完成学前教育《开端计划执行标准》(Head Start Program Performance Standards)的修订工作，开端计划的执行标准共分八部分，涵盖了标准概要、服务规划、社会服务、健康服务、个人教育项目服务、营养服务、家长参与服务、服务管理、执行程序、资助的范围与条件以及合作项目要求等，充分体现了美国联邦政府对开端计划实施质量与效果的高度重视。

3. 提升学前教育的战略地位

奥巴马政府执政以来，基于重振美国经济、提高国民素质、增强国际竞争力、确保美国社会长期繁荣的需要，先后出台多种举措大力改革并发展学前教育。这些举措确立了"普及、公平、高质量"的学前教育改革目标；设立了总统直接领导的专门行政机构，高度强化政府对学前教育事业发展的领导和统筹职责；学前教育拨款力度大且经费单列，健全财政运行机制；优先保障弱势儿童的受教育权利与质量，促进学前教育公平优质发展；提高教师待遇，保障教师培训，促进了学前教育高质量的普及。

(二)英国

据2011年统计，英国现有人口约6156万，学龄前儿童约428万，占人口的比例约7.0%。英国也很重视学前教育的发展。

1. 幼儿享受免费的学前教育

英国政府规定，幼儿园孩子每周享受15个小时的免费教育时间。英国小学平均学生人数为200人，幼儿园人数则更少，90%以上的小学都设有幼儿园，其中3～4岁为幼儿班，4～5岁为接收班，5～6岁孩子成为一年级学生。由于多数幼儿园都设在小学里，所以幼儿园和小学没有明显的界限，英国小学一、二年级的教室和幼儿园大班活动室的环境基本相似，并以小组化学习为主要学习方式。不论是公立还是私立，英国幼儿园或早教机构的规模都较小。英国的幼儿就读形式比较灵活，有全天的、有半天的，也有每天上几小时的，有时家长还陪着，而且随时可以入园。

英国着力构建政府、社区、家庭、学校四位一体的幼儿教育网络。政府从1996年起，每年投资80亿英镑以保证每名适龄儿童每天免费享受近3个小时的早期教育；1999年制定颁布了“确保开端”计划(Sure Start)，于2000年在全国实施，其目的在于消除英国儿童贫困问题，并帮助幼儿教育工作者、家庭、社区对幼儿的特殊需要做出灵活反应，让所有幼儿都拥有尽可能好的“开端教育”机会，为将来顺利学习和发展打下坚实的基础；社区给幼儿园以强力支持为英国幼儿教育的一大特色。政府官员、社区负责人、社区知名人士参与到社区教育机构中，发挥优势支持幼教事业；各社区均有“早期教育协会”这一全国性募捐组织的分部，经常同“世界学前教育组织”合作开展活动，宣传、指导社区幼教工作；“社区玩具图书馆”不仅把0～5岁的幼儿作为服务对象，而且还把幼儿家长纳入到教育活动中，其任务主要体现在三个方面：一是负责提供足够数量的玩具、图书，供社区的家长、幼儿借用。二是组织指导家长、幼儿随时来馆参加各种各样的活动，如手工制作、游戏、亲子舞会、外出参观郊游等。三是负责培训家长。英国到处都有各种各样的博物馆，如大英博物馆、工业博物馆、火车博物馆、船舶博物馆、战争博物馆等，而且都是免费开放，某种意义上就是免费向全世界开放。幼儿随时可以进入参观，有静物，有电脑、模型、实物等演示，甚至还可以自己动手操作，这当中所包含的教育元素是十分丰富和多元的，幼儿在实际情景中学习，教育作用大、效果好。英国政府规定，从1996年起，凡将子女送到公立幼儿园的家长，都应与学校签订合同，承诺与校方合作教育子女，家长和学校双方都要承担各自的义务，方式主要有：参加例行的家长—教师见面会，家长代表列席学校举办的一般性会议，家长参与幼儿在园的各种活动；家长作为校董事会成员或志愿者为学校提供服务；对幼儿提供合理的建议和管束；家长学习有关幼教知识等。总之，英国的家长参与幼儿教育、参与学校教育已形成常规。

2. 幼儿教育的自由和公平

英国的校长都有较大的办学自主权，幼儿园基本没有课本，教什么都由教师决定，但户外活动是每天都必不可少的，哪怕是雨天，也要让孩子穿上雨衣出去活动；学校随处可见个别化教育、小组教学，还有少数特殊儿童参与其中；室内外环境都充满教育的元素：柳树隧道、碎木小路、画满了游戏图案的操场、人工挖出的小池塘、各种材质砌成的门洞(幼儿自带、自砌)、种植园地，以及室内各种可供幼儿操作的材料和场所。每间教室陈列着不同国家的物品、拥有展现不同民族文化的区角，以让幼儿在潜移默化中学会尊重不同民族的文化。

英国推行“让每一个幼儿都获得最好的发展”的公平教育理念。让每一个幼儿在其生活的环境中，在其力所能及的范围内获得最好的发展，是近年来英国基础教育推行“全纳教育”理念的一部分。为此，在英国早期教育的原则中明确指出：“幼儿不能因为种族、文化或宗教、母语、家庭背景、特殊的教育需要、缺陷、性别或能力而遭到排斥或被置于不利地位。”强调每一个幼儿在园受教育的权利、机会、过程的公平，以及鼓励少数民族儿童、黑人儿童和白人儿童一起游戏、一起学习。英国的学前教育机构还为每一个幼儿都建立了个人生活、学习档案，这个小档案里有幼儿在幼儿园参与各项活动的照片或作品，也有在家庭中随同父母一起活动的照片，还有教师、父母对幼儿活动的分析建议等。这些档案在教师、家长、幼儿间相互传阅，不但加强了家园间的沟通，同时也为家长和教师因材施教打下了良好基础。而且有特殊需要幼儿的小档案较正常幼儿的档案更为详尽细致。

总之，英国的早期教育为每位幼儿健康、幸福、快乐地成长做出的种种努力，以幼儿发展为本的公平教育理念在教育生活中得到了充分的展现。

(三)日本

据2011年统计，日本人口约1.3亿，学龄前儿童约700万，占人口比例约5.4%。日本的幼儿教育在世界上有较快的发展，这得益于他们对幼儿教育的重视。

1. 对幼儿教育的作用认识深刻

“留给子女最富贵的财富不是金钱而是教育”已成为许多家长的座右铭，日本许多女性一结婚就放弃工作，开始为将要降生的孩子作精心准备。她们纷纷进短期大学、母亲训练班等，学习如何实施幼儿家庭教育。社会上各个方面也都很重视培养下一代，许多工厂向幼儿园开放，设立专门的接待日。例如，面包工厂让幼儿参观生产面包的简单过程，并讲解简单的操作程序。日本土地最为紧张，但他们尽量给幼儿园盖平房，为的是把幼儿园的危险系数减到最小。

2. 幼儿园发展速度在世界上名列前茅

幼儿园发展速度快是日本幼儿教育的突出特点。在20世纪60年代，3～6岁幼儿入园率为26.9%；到1976年，2～6岁幼儿入园率达到63.5%；到1981年，4～5岁幼儿入园率达到100%。日本幼儿园比英、美晚创办半个世纪，发展速度却超过了他们。日本经济的高速发展既为幼儿教育的发展提供了物质基础，也对幼儿教育提出了更高的要求。从教育内部分析，首先，他们认为经过幼儿园的过渡，幼儿可顺利地从家庭进入社会，较早地在集体中获得适应社会生活变化的能力。其次，他们认识到如果不较早地对幼儿进行社会教育，上学后，其学习能力便显著地不如受过幼儿园教育的儿童。

3. 重视幼儿教育师资水平的提高

在日本，幼儿园教师被赞誉为人生的第一个良师益友，是重要的智力启蒙者。因此，文部省十分重视幼儿园教师的培养和提高，《教育职员许可法及其实行法》要求教师知识广博，专业知识丰富，在修完大学所规定的学分经过严格的考试后，才能取得幼儿教师录用资格。目前，日本有300所大学和短期大学设有学前教育专业，学生毕业后发委任证。近年来，日本教师队伍的水平又进一步提高了，四年制大学毕业生的比例逐年增长。因为文部省增设了四年制幼儿教师师资培训课程，并充实了教育内容。

为了集人才于幼儿教育领域，日本大幅度地提高幼儿教师的工资待遇，对志愿任教的毕业生实行奖励制度。幼儿园教师受到社会各界的尊敬，其工资比一般国家的公务员高出20%左右，所以报考幼儿教育专业的人很多，更多优秀的人才充实到了幼儿教师队伍中。

4. 重视幼儿教育立法

以法律为依据，是日本幼儿教育迅速达到世界先进水平的重要原因。日本涉及幼儿保教方面的立法很多，如《宪法》《教育基本法》《学校基本法》《教职员许可法及其实行法》《儿童福利法》《儿童福利设施最低标准法》等。这些法规既保护了幼儿及其受教育的各种权益，又使幼儿园、保育所的各项工作有法可依，有章可循。

(四)印度

1. 学前教育体现一定的福利性质

作为第三世界国家，印度从本国的国情出发，整合社会的各种力量，强调公平为先的原则，致力于创办为平民子女服务的学前教育机构，使得印度的学前教育在整体上体现出一定的福利性质。印度的幼儿园分为 2 个阶段：幼稚园低班(Lower Kindergarten)和幼稚园高班(Higher Kindergarten)，幼稚园低班招收 3～4岁幼儿，而幼稚园高班招收 4～5 岁幼儿。幼稚园高班结束以后，幼儿将会进入小学一年级。幼稚园是正规学校的组成部分，但大多数幼稚园为私立学校。2～2 岁半的年幼儿童会安置在特殊的托儿所，它也是幼稚园的一部分。幼稚园均有标准化的课程。

印度福利取向的学前教育体现的是公平优先的原则，这不同于当代西方学前教育的物质主义价值取向。虽然印度也有此类物质至上的幼儿园存在，但这类幼儿园主要服务于中产阶级及以上的家庭。这类所谓的优质幼儿园由于场地大、玩具多，收费也相应要高，因此，也是一些贫困家庭无力支付的。另外，优质幼儿园投入也要高出很多，即使政府有心对贫困家庭实施免费的高质量学前教育，或兴办高质量的幼儿园，但在印度基础教育投入还不足的情况下，这不太现实。也就是说，如果印度致力于办高质量的幼儿园，就有大量的幼儿不能享受到免费的学前教育。在这种情况下，印度政府以公平为先，因地制宜，强调让每一个处境不利幼儿受到关照，实施有利于社会和谐的福利取向的学前教育。具有福利性质的早期教育机构和项目主要设置在贫困的农村或者城市中的贫民区，包括平民幼稚园、临时托儿所等形式，2002 年，受益人群达到 2700 万。

印度是一个农业人口占多数的国家，且很多生活在贫困线以下，至 2001 年，印度全国人口已经达到 10 亿。印度教派多、语言多，少数民族占总人口的 7.8%，而全国约有 450 个少数民族，每个民族都有自己独特的传统、社会组织、经济模式、风俗习惯、价值体系。这些便是印度学前教育面对的客观困境。

2. 学前教育呈现综合性、关注儿童权利和偏向于保育的特点

印度的学前教育呈现出以下几个特征：一是综合性。印度政府及其民间组织

从宏观的角度来考虑贫困地区的幼儿发展问题，把幼儿的营养、教育、免疫等纳入统一范畴，调动各方面的力量尽可能减少贫困对儿童造成的发展障碍。二是对女性与儿童权利的关注。印度政府2005年发表的“为儿童制定的国家行动计划”，强调降低婴儿和母亲的死亡率；减少儿童的营养不良比例；让所有的儿童出生时注册以及让所有的儿童享有公平的教育(学校教育与学前教育)；确保女童的生存权与发展权。三是在保与教的关系上，福利取向的学前教育项目明显偏向于保育。

3. 学前教育工作相当艰巨

城乡学前教育发展不平衡问题，经济不发达的农村地区的学前教育问题，童工问题，女童问题，妇女地位问题，夹在其中的民族文化问题等，将给印度政府带来更大、更多的挑战。

对第三世界国家而言，发展学前教育是提高人口素质的一个重要举措。但第三世界国家多属于经济不发达国家，这些国家的学前教育传统与当代学前教育的理念有较大差异。若以现代西方国家的学前教育价值理念为出发点，强调儿童中心以及学前教育中的物质主义，这是第三世界国家现有国力无法解决的，至少会使受益儿童有限。在学前教育的数量与质量的选择上，印度政府从公平的立场出发，基于本国国情强调学前教育价值的公平取向，这主要体现在学前教育目的的定位即以儿童的生存第一，教育质量次之。在经费问题上，采取了灵活的策略，争取国际援助与国家财政的结合，同时辅以志愿者行动，特别是以物换物(用粮食换取幼儿园的日常办公用品)等，都体现了政策的灵活性。这些都给了第三世界国家很好的启示。

二、国外幼儿教育改革与发展的趋势

自20世纪80年代以来，加强学前教育成为世界未来教育的主要目标之一。学前教育逐步被纳入义务教育和终身教育体系。世界发达国家学前教育的发展也出现了新的趋势。

(一)建立以政府为主体的多元化学前教育投入体系，以实现普及学前教育的目标

为了完成普及学前教育的目标，各国运用了多元化的资金来源模式。政府的专项资金注入只是其中的一部分。这体现了各国在学前教育的财政投入方面，既强调各级政府共同分担公共投入，也强调公共资源和私人资源之间的整合。

从学前教育公共投入和私人投入之间的比例看，基于学前教育是否属于国家责任的不同观点，各国政府公共投入所占的比例有很大差异。在OECD国家中，美国的父母分担的费用高达60%，而法国和瑞典只有20%。发展中国家之间的差距更大，印度尼西亚的公共投入只占5%，而古巴几乎都来自政府。[①] 一般来说，以公共投入为主体的国家入园率更高一些。有研究表明，以政府公共投入为主体的多元模式既有利于政府获得新的教育资源，又有利于政府在政策多变的环境中保持教育资源投入的稳定性，从而实现教育普及化的国家目标。

从公共经费投入的结构看，基于各国政体结构和管理制度的传统，不同国家各级政府在学前教育公共投入中的比例存在差异。例如，法国中央政府支付教师薪资，地方政府提供设备、管理；瑞典60%的学前教育公共教育经费来自省政府，并且来自地区税收，地方政府也能够获得来自中央政府的补贴和资助以弥补地方经费的不足；美国联邦政府提供60%的经费，其余部分由州和地方政府支出；巴西的学前教育公共经费主要来自市政府，联邦政府通过资金转移将联邦政府基金中的部分转移给特别贫困的市政府[②]。相关数据表明，以中央政府为主体的公共经费投入模式，有利于体现国家意志、推进学前教育的普及，但往往缺乏一定的灵活性；而以地方政府为主体的公共经费投入模式则更有利于满足当地居民对于学前教育的需求。

(二)学前教育的理念由智育转向儿童身心的全面健康发展

20世纪80年代以来，世界发达国家学前教育目标有一个明显的变化，那就是由“智育中心”向注重整体发展方向转变。20世纪60年代，美、日、苏等国在冷战和“知识爆炸”等因素的压力下，都以高、新、难等原则进行中小学课程改革，教学内容逐级下放。尤其是美国心理学家布鲁姆关于儿童早期智力发展的观点，受到许多国家的重视，加强早期智力开发成为美、苏、日、德等国教育改革的重要内容之一。在这种情形下，人们把早期教育误解为早期智力开发，导致“智育中心”，忽视学前儿童健康心灵的培养。随着冷战时代的结束和人文主义教育观的复归，20世纪80年代以来，各国教育工作者都呼吁要纠正这种以智育为中心的教育模式。1985年在日本召开的“日美欧幼儿教育保育会议”的中心内容，就是要求从“智育中心”转向幼儿个性的全面发展。1990年日本实施新修订的《幼儿园教育要领》，明确地将人际关系、环境、表现列入幼儿园的教育内容中，以

① 黄静潇．国外学前教育发展策略概览．《教育导刊(下期)》，2005。
② 刘云波．国外学前教育财政体制．新浪网·教育频道．2009—4—19

纠正偏重智育的倾向，促使幼儿在轻松和谐的气氛中得到良好的发展。美国幼儿教育界也普遍重视通过社会教育促进幼儿智力、社会交往能力、价值观和自我意识的全面发展。

但是，“智育中心”的问题并没有因此而得到根本的解决。由于家长们望子成龙心切，社会也要求高层次的人才，成人仍对幼小的孩子寄予过高的期望。在幼儿很小的时候，人们就对他们进行某一学科或某一方面如计算、阅读、体操、芭蕾、钢琴、健美、武术等方面的教育。这种单一的技能技巧训练有着明显的片面性，并且在教学过程中无视幼儿的兴趣，强制要求他们学习，又过于正规和严格，给幼儿个性的发展带来不良影响。因此，各国教育专家认为，尊重和了解幼儿的特点，提供适合他们发展的教育，仍然是摆在教育工作者面前的一项重要任务。他们主张让幼儿通过自然经验、社会交往和游戏等方式自发地、自主地去学习。

(三)尝试不分年级的混龄教育

年级制和班级授课制在推动义务教育的普及和发展方面，发挥了重要的作用。但这种制度过于强调整齐划一，忽视了幼儿的个性差异，因而在各国的教育革新运动中都受到了批评。

首先，幼儿期不分年级教育，其思想的核心是重视幼儿个体发展的差异性，允许超前和落后，使优秀生和后进生都能获得有效发展。其次，不同年龄幼儿混合在一起共同活动，通过社会交往，无论是年龄大的幼儿还是年龄小的幼儿，都能学到大量知识，并获得社会能力的发展。再次，混龄的教育还促进了教师对幼儿的因材施教，以及加强了父母和教师之间的相互联系。最后，混龄教育有利于幼小衔接，使幼儿从幼儿园教育自然地过渡到正规的学校教育。

混龄教育在世界发达国家已成为影响现行教育改革的一种重要潮流。1990年，法国政府颁布关于建立初等教育3年制学习阶段改革计划的法令，进行了打破传统的年级概念的改革尝试。其做法是：将2～11岁儿童的教育分为3个阶段，每个阶段一般由3个学年组成。第一个阶段称作初步学习阶段，包括幼儿学校的小班和中班，儿童年龄为2～5岁。第二阶段称作基础学习阶段，包括幼儿学校的大班和小学前2个年级，儿童年龄为5～8岁。第三个阶段称作深入学习阶段，包括小学后3个年级，学龄为8～11岁。

(四)多种形式、多种功能的学前教育机构

各国学前教育事业在第二次世界大战后虽然有较大发展，但一般说来，正规的学前教育机构如幼儿园和保育学校等仍难以满足社会上的各种需要。近年来，

许多国家的学前教育机构的办学形式日益多样化和灵活化。

一是扩大幼儿园服务社会的功能。如日本，除实行全日制和半日制保育以外，还发展临时保育事业，以方便家庭主妇出门临时购物，或为那些母亲突然生病以及有其他紧急情况的幼儿提供服务；为未入园幼儿及家长提供活动条件；为低龄学童提供放学后的托管服务；开展家长培训和利用假期为社区的各种活动提供服务等。

二是学前教育机构微型化和家庭化。如瑞士和挪威等国有被称作“日间妈妈”的家庭式微型幼儿园。这类教育机构仍以裴斯泰洛齐和福禄倍尔重视家庭教育的观点为指导，把家庭视为幼儿教育的主体，其他组织形式不过是家庭的补充。20世纪80年代以来，美国也出现了类似的机构“日托之家”，许多美国人认为家庭是教养幼儿的合适场所，他们重视“日托之家”那种温馨的家庭气氛。英国的“学前学校”也属于这类机构。这些家庭式的微型幼儿园一般都设在开办人自己家里。除自己的孩子以外，它们也另外招收少量其他人家的孩子。这类教育机构由于适应了这些国家早期教育发展的迫切需要，发展极为迅速。

三是社区学前教育机构。学前教育社区化是当今世界发达国家学前教育发展的一个重要趋势。一般说来，社区教育要以发达的经济实力作为后盾。美国、日本、英国和澳大利亚等国的社区学前教育都较为发达。社区学前教育的基本特点是非正规性、开放性、综合性和地域性等。社区学前教育设施大致有三种：有专为幼儿设立的，如儿童馆、儿童咨询所、幼儿公园等；有为幼儿与家长共同参与服务的，如图书馆、博物馆、儿童文化中心和各种终身教育中心等；还有各种“父母教育”机构，如母亲班、双亲班和家长小组会议等。英国还出现了“玩具馆”，1996年已发展到1000多家，它实际上集社区、收藏馆和学校为一体。玩具馆的设立者充分认识到了游戏和玩具在幼儿成长中的重要性，玩具馆酷似图书馆，所不同的是书架上陈列的是玩具而非书籍。玩具馆给幼儿带来了欢乐，增长了他们的知识，培养了他们与人交往的能力和对学校的愉快体验，有助于他们更好地适应学校生活。

（五）倡导多元文化教育

多元文化教育是当今世界教育的一个热门话题。联合国教科文组织21世纪教育委员会认为，教育的使命就是教学生懂得人类的多样性。同时，还要教他们认识到地球上的所有人之间具有相似性而且相互依存。同时，建议从幼儿时期开始，教育机构就应利用各种机会来进行这种教育。多元文化教育实际上包括两个组成部分：一是国内，二是国际。就国内而言，多元文化教育即在多民族的各种文化共存的国家社会背景之下，允许和保障各民族的文化共同平等发展，以丰富整个国家文化的教育。这是一个国家为了解各民族文化而实施的多元文化教育或跨文化教育。它的目的或中心在于满足少数民族儿童的需要，促进民族团结。从国际上讲，是要加强全球观念的培养。一方面，世界文化多元并存，各文化有其独特价值。文化多元主义强调尊重异文化，鼓励各种文化之间的相互交流，以促进世界和平。另一方面，今天的人类面临着许多共同的问题，如环境污染、贫困、人口过剩、艾滋病及其他疾病的蔓延等。这些问题的解决需要世界性的合作，而这种合作的前提是要求人类从小就对多元文化有一定的理解。

为适应未来世界各国之间联系和交往日益频繁的趋势，各国普遍重视多元文化教育、全球教育或国际理解教育。教育家们提倡在婴幼儿教育阶段，就应开始多元文化教育。教师应尽量保证所使用的教具(玩具、音乐、书籍等)能反映多元文化的要求。此外，在组织各种教学活动时，也应尽量使用具有不同文化和民族特色的图片等。教师应教育幼儿尊重所有的人及其文化，尊重来自不同文化背景中的幼儿，促使他们同来自不同文化背景中的人们愉快交往。

三、国外幼儿教育改革与发展对我国的启示

据美国戴维·韦卡特(David Weikart)长达40年的早期教育研究显示，接受早期教育投入的儿童在40岁时的投资总体回报率高达1∶17.07。研究指出，学前教育阶段是投资获益最多的教育阶段。儿童年龄越小，投入资金应该越多①。近年来，各国政府十分重视发展学前教育。政府不仅积极建设公办幼儿园，也全力支持私立幼儿园，很多国家的政府给予私立幼儿园几乎全额资助，幼儿上公办和私立幼儿园都是免费的，家长承担的费用占学前教育总成本的比例逐步减少。

(一)进一步加快普及学前教育的进程

新中国成立以来，尤其是改革开放以来，我国学前教育已经取得了很大的成就。到目前为止，不少地方尤其是沿海经济发达地区已经基本普及学前教育，如浙江省学前三年的入园率已达到92%，上海市学前三年的入园率已达到95%以上。但是，全国的平均水平仍然较低，2009年我国学前三年的毛入园率只有51%，还不如比利时100年前的水平。当然。近年来，我国学前教育的发展问题已受到党和政府前所未有的重视。《国家中长期教育改革和发展规划纲要(2010—

① 计琳．学前教育阶段投资获益最多．中国教育报．2006-06-10，第001版。

2020年)》已明确规定：2015年，我国学前三年毛入园率要达到62%；2020年，学前三年毛入园率要达到70%。应当说，对于一个具有13亿多人口的发展中国家来说，这样的目标是十分宏伟的。①

(二)政府应当一视同仁地资助公办和非盈利性私立幼儿园

要迅速提高我国学前教育的普及率，当务之急就是要实质性地增加政府在学前教育方面的投入，迅速建设一个低收费的公办民办并举的高质量的国民学前教育体系。② 这是《国务院关于当前发展学前教育的若干意见》(国发[2010]41号)的基本精神，这也是各国经验带给我们的重要启示。一些发达国家之所以成为世界学前教育普及运动的先锋，政府办园是最关键的因素。不仅如此，政府对公办和私立(民办)幼儿园应该一视同仁，家长只需承担极少量的成本，调动社会力量办园的积极性，激发家长让幼儿接受学前教育的热情。加大政府投入，不仅要大力扩建公办幼儿园，同时也要一视同仁地对待公益性的和非营利性的私立幼儿园，给予私立幼儿园足够的财政支持，政府拨款额至少能够保证公办和非营利性幼儿园教师的基本工资。同时，鉴于目前我国各地区经济实力相差很大，政府应当上移学前教育事业费的责任主体，由中央和省级财政(而不是由目前的县级财政)承担学前教育经费的主要份额(如60%)，以切实有效解决贫困地区、农村地区和边远地区幼儿入园难和办园质量低的问题，从而给这些地区的孩子一个公平和良好的起点，也给全中国的孩子一个公平和良好的起点。③

【学以致用】

查找并整理目前我国有哪些专门涉及幼儿教育的政策和法律文本。

【课外拓展】

儿童与教育的主要目标

1. 促进0～3岁儿童早期综合发展。

2. 基本普及学前教育。学前三年毛入园率达到70%，学前一年毛入园率达到95%；增加城市公办幼儿园数量，农村每个乡镇建立并办好公办中心幼儿园和村幼儿园。

---

① 余强．比利时学前教育述评．幼儿教育，2011(12)。
② 余强．比利时学前教育述评．幼儿教育，2011(12)。
③ 余强．比利时学前教育述评．幼儿教育，2011(12)。

3. 九年义务教育巩固率达到95%。确保流动儿童平等接受义务教育，保障残疾儿童接受义务教育。

4. 普及高中阶段教育，毛入学率达到90%。

5. 中等职业教育规模扩大，办学质量提高。

6. 保障所有儿童享有公平教育，均衡配置教育资源，缩小城乡差距、区域差距、校际差距。

7. 学校标准化建设水平提高，薄弱学校数量减少。

8. 教育质量和效益不断提高，学生综合素质和能力全面提升。

（资料来源：《中国儿童发展纲要(2011—2020年)》

http：//news. xinhuanet. com/edu/2011-08/08/c_121830087_3. htm)

第二节　我国幼儿教育政策解读

【头脑风暴】

如何通过政策、制度和法律体系的建设尽快解决学前教育发展领域中的问题？如何选择有效的途径促进我国学前教育事业的均衡发展？

《中国儿童发展纲要(2011—2020年)》指出：“儿童时期是人生发展的关键时期。为儿童提供必要的生存、发展、受保护和参与的机会和条件，最大限度地满足儿童的发展需要，发挥儿童潜能，将为儿童一生的发展奠定重要基础。儿童是人类的未来，是社会可持续发展的重要资源。儿童发展是国家经济社会发展与文明进步的重要组成部分，促进儿童发展，对于全面提高中华民族素质，建设人力资源强国具有重要战略意义。”

一、我国幼儿教育改革与发展规划

2003年，国务院办公厅转发教育部等11部委《关于幼儿教育改革与发展指导意见的通知》，确定5年内(2003—2007年)我国幼儿教育改革的总目标是形成以公办幼儿园为骨干和示范，以社会力量兴办幼儿园为主体，公办与民办、正规与非正规教育相结合的发展格局。根据城乡的不同特点，逐步建立以社区为基础，以示范性幼儿园为中心，灵活多样的幼儿教育形式相结合的幼儿教育服务网络，为0～6岁儿童和家长提供早期保育和教育服务。

2010年7月，国务院发布《国家中长期教育改革和发展规划纲要(2010—

2020年)》,“十二五”期间,中央财政将安排500亿元,重点支持中西部地区和东部困难地区发展农村学前教育,进一步明确了今后一个时期的学前教育发展规划。主要体现在三个方面:

(一)基本普及学前教育

学前教育对幼儿身心健康、习惯养成、智力发展具有重要意义。遵循幼儿身心发展规律,坚持科学保教方法,保障幼儿快乐健康成长。积极发展学前教育,到2020年,普及学前一年教育(毛入园率达到95%),基本普及学前两年教育(毛入园率达到80%),有条件的地区普及学前三年教育。重视0～3岁婴幼儿教育。

(二)明确政府职责

把发展学前教育纳入城镇、社会主义新农村建设规划。建立政府主导、社会参与、公办民办并举的办园体制。大力发展公办幼儿园,积极扶持民办幼儿园。加大政府投入,完善成本合理分担机制,对家庭经济困难幼儿入园给予补助。加强学前教育管理,规范办园行为。制定学前教育办园标准,建立幼儿园准入制度。完善幼儿园收费管理办法。严格执行幼儿教师资格标准,切实加强幼儿教师培养培训,提高幼儿教师队伍整体素质,依法落实幼儿教师地位和待遇。教育行政部门加强对学前教育的宏观指导和管理,相关部门履行各自职责,充分调动各方面力量发展学前教育。

(三)重点发展农村学前教育

努力提高农村学前教育普及程度。着力保证留守儿童入园。采取多种形式扩大农村学前教育资源,改扩建、新建幼儿园,充分利用中小学布局调整富余的校舍和教师举办幼儿园(班)。发挥乡镇中心幼儿园对村幼儿园的示范指导作用。支持贫困地区发展学前教育。

2010—2011年,国务院又分别发布《国务院关于当前发展学前教育的若干意见》和《中国儿童发展纲要(2011—2020年)》。这些文本对当前和今后一个时期学前教育发展作出了全面部署,提出了明确要求。指出发展学前教育,解决入园难的关键是突出公益性和普惠性,构建覆盖城乡、布局合理的学前教育公共服务体系,保障适龄儿童接受基本的、有质量的学前教育。

刘延东同志在全国学前教育工作电视电话会议上指出,办好学前教育要做到五个坚持,即坚持以大力发展普惠性幼儿园为方向,注重保基本、广覆盖、多形式,着力解决入园难、入园贵问题。坚持以政府为主导、社会参与、公办民办并举的办园体制，落实各级政府在规划、投入、监管和保障公平等方面的责任，充分调动各方面积极性。坚持以幼儿为本，遵循幼儿成长规律和学前教育规律，探索科学保教方法，一切以促进幼儿身心健康、习惯养成、智力发展、快乐成长为重。坚持以服务群众为宗旨，因地制宜，从实际出发，提供方便就近、灵活多样、多种层次的学前教育服务，让群众有更大的选择空间。坚持以改革创新为动力，完善体制机制，推进学前教育事业科学发展。

二、我国幼儿园教育改革和发展政策与管理体制

学前教育是我国学校教育制度的第一阶段，党和政府已经充分认识到发展学前教育事关亿万儿童的健康成长，是促进人终身发展的奠基工程；发展学前教育事关千家万户的切身利益，是保障和改善民生的重要举措；发展学前教育事关国家和民族的未来，是建设人力资源强国的必然要求。随着经济社会的发展，人口结构与教育需求的变化，我国学前教育改革和发展的政策与管理体制等面临的困难和问题尤为突出，要落实各级政府学前教育中长期发展规划，亟须加快学前教育立法进程，尽快研究制定有关学前教育的法律、法规，明确政府的办学主体地位，建构科学有效的管理体制与机制，以确保学前教育事业在法律的保障下健康发展。

当前，必须在政策层面和实际操作层面，重点解决好五个方面的问题。①

第一，扩大资源，增加供给。要采取多种形式，扩大学前教育资源，建设数量充足、条件达标、收费合理、面向区域内所有适龄儿童的普惠性幼儿园。

一要大力发展公办幼儿园，提供“广覆盖、保基本”的学前教育公共服务。要在城乡公办资源短缺的地区尽快制定和落实发展规划，新建和改扩建一批公办幼儿园，中小学布局调整的富余资源也要优先用于改扩建幼儿园，促进公办幼儿园合理布局。鼓励优质幼儿园举办分园或合作办园，支持街道、农村集体举办的幼儿园，面向社区、面向社会，承担学前教育公共服务。二要积极扶持民办幼儿园，为家长提供多样化选择。对城乡民办幼儿园给予多种形式的扶持和资助，引导其提供普惠性服务，让群众可以在缴费大致相当的情况下自由选择公办园或民办园。三要建好、用好和管好城镇小区配套幼儿园。在城镇化进程中，小区配套幼儿园既是配置和增加城市学前教育资源的主要渠道，也是提高政府公共服务供给能力的有效手段。各地要把小区配套幼儿园作为扩大资源和规范管理的一项重

① 刘延东在全国学前教育工作电视电话会议上讲话．中国新闻网，2012-12-01。

点工作，在小区规划、审批和验收等各个环节落实配套幼儿园建设政策，确保小区适龄儿童“有园上”“上得起”。各地要对小区配套幼儿园进行规范整顿，对改变性质和用途的要加快整改，予以纠正。四要把加快发展农村学前教育作为重点。各级政府要把发展农村学前教育作为新农村建设的紧迫任务，纳入公共服务体系，加快乡村幼儿园建设，建立和完善县、乡、村三级学前教育服务网络，使农村适龄儿童能够享有公平的学前教育机会。

第二，科学保教，提高质量。这是促进学前教育公平、实现每个儿童身心全面和谐发展的根本保证。

一是要遵循幼儿成长规律和学前教育规律，坚决防止“小学化”“成人化”倾向。要为儿童创设丰富的教育环境，坚持以游戏为基本活动，注重让幼儿在与同伴和成人的积极交往中，通过观察探索、感知体验，享受快乐童年，促进个性健康发展。二要强化对各类幼儿园保教质量的监督和指导，建立幼儿园保教质量评估监测体系，进一步完善学前教育质量管理制度。同时，加强学前教育教研和科研工作，积极探索符合不同年龄层次、不同特点的儿童保教方法。三要在全社会树立正确的儿童观、教育观和质量观，引导家长更新教育观念，尊重儿童的天性和认知规律，珍惜童年生活的独特价值，支持幼儿园开展科学保教，自觉抵制那些拔苗助长、违背幼儿身心健康的错误观念和做法。

第三，充实师资，提升素质。造就一支师德高尚、热爱儿童、业务精良、结构合理的幼儿教师队伍，是学前教育事业发展的关键。幼儿教师是孩子进入集体教育机构的第一任老师，思想品德要求高、专业性强，工作很辛苦，一言一行、一举一动都对孩子们有重要影响。教师质量决定着学前教育的质量，有限的资源要优先用于教师队伍建设。

当前要下决心抓好四个环节：一是严格准入，实行幼儿教师资格准入制度，严把入口关。幼儿教师有其特殊要求，既要具备专业素养，更要富有爱心、耐心、细心，善于与孩子互动交流，要把热爱这一岗位、适合这一岗位的人选拔到幼教队伍中来。二是核定编制，根据国家规定逐步配齐教职工，多渠道补充合格教师，从根本上解决一些地方长期存在的教师数量不足问题。三是落实待遇，切实解决好幼儿教师的工资福利、职称和社会保障等问题，保障合法权益，消除后顾之忧，让广大幼儿教师心情舒畅搞教学。四是加强培养，做好师资队伍培养培训规划。办好师范院校学前教育专业，扩大免费师范生学前教育专业招生规模。积极探索、不断完善初中毕业后五年制的专科学历教师培养模式。将园长和教师的培训纳入继续教育计划，大力加强师德建设，注重运用现代化教育手段和远程教育平台，创新培训模式，满足幼儿教师多样化的学习和发展需求，不断提高专业素质和实践能力。

第四，拓宽渠道，加大投入。加快发展学前教育，财政投入是保障。近些年来的实践证明，各级政府必须切实承担起投入责任，不能单纯依靠市场机制来解决学前教育发展问题。各地要认真落实《关于当前发展学前教育的若干意见》提出的要求，切实加大学前教育投入力度。要落实各项财政支持政策，做到预算有科目，增量有倾斜，投入有比例，拨款有标准，资助有制度，改变一些地方对学前教育不投入、少投入的现状，不断提高财政投入水平。

公共财政投入要向农村地区、边远地区、民族地区倾斜，承担更多的责任。要建立学前教育资助体系，对家庭经济困难儿童、孤儿和残疾儿童给予重点资助。办好学前教育，需要最大幅度增加政府投入，并且逐步过渡到以政府投入为主，社会举办者、家庭合理负担的投入机制，积极动员社会力量投资办园和捐资助园，拓宽学前教育经费来源渠道。

第五，加强监管，规范办园。幼儿园遍布城乡社区，量大面广，办园主体多元化，办园水平参差不齐，规范管理的任务相当繁重。各级教育部门特别是区县一级要采取有效措施，充实管理力量，建立科学有效的监管机制，切实履行好职责，全面落实三年行动计划。要加强对幼儿园准入、安全和质量等方面的监督管理和指导，对教师资质、人员流动、工资待遇、教育教学、卫生保健与安全管理等方面实行动态监管，规范办园行为，不断提高各类幼儿园的办园水平。尤其是对于幼儿园安全问题要高度重视，切实加强全覆盖的安全防护体系建设，坚决杜绝安全事故的发生。各级价格、财政、教育部门要根据职责分工，加强幼儿园收费管理。

第三节　我国幼儿教育改革与发展展望

在21世纪的第二个十年，在我国从教育大国向教育强国、从人力资源大国向人力资源强国迈进的关键阶段，我们迎来了学前教育改革与发展的大好机遇，具备了许多前所未有的有利条件。《国家中长期教育改革和发展规划纲要(2010—2020年)》和《关于当前发展学前教育的若干意见》的颁布与实施，各级政府推进学前教育发展的决心很大，相继制定并实施《学前教育三年行动计划》。全社会对学前教育寄予厚望，关心和支持学前教育，为学前教育的发展创造了良好的社会环境。各地积极推进学前教育改革发展的伟大实践，创新了发展模式，积累了丰富经验。我国坚持教育优先发展，多年来义务教育、高中阶段教育和高等教育的长足发展为学前教育的发展打开了巨大的上升空间。经济实力的不断增强，为学前教育的改革发展和基本普及提供了重要物质保障。

一、各级政府切实加强对学前教育的重视与领导

各级政府和教育行政部门从思想观念到实际工作中真正把学前教育摆在优先重视与发展的地位，加强了对学前教育的主管意识和投资主体意识，把学前教育发展切实列入工作计划和议事日程中。着眼于我国实现社会主义现代化建设第三步战略目标的需要，总结我国幼儿教育60多年发展与改革的经验，借鉴世界幼儿教育发展的有益经验，认真研究、制定、落实好学前教育事业发展三年行动计划，逐步实现学前教育大发展的近期目标。

二、加强学前教育立法工作

国家有关部门已经组织、启动学前教育事业发展问题与现实需要的调研，并积极创造条件制定《学前教育法》，重点明确规范学前教育的责任、领导体制、管理体制、办园体制、办园条件、经费投入、教师责任与权利、待遇等重要法律关系问题，以确保学前教育事业在法律的保障下健康发展。

三、加强对学前教育的科学研究

广大幼教工作者充分认识与重视学前教育的科学性，加强对新形势下幼儿心理与行为发展规律，早期环境、教育与幼儿发展关系及其作用机制，学前教育目标、内容、过程和方法，学前教育质量评价等方面的研究，深入探讨幼儿早期发展和学前教育的独特性与规律性，按照个体发展规律与教育规律进行教育，促进幼儿健康快乐成长。各级政府，特别是教育行政部门加强了新形势下学前教育事业发展政策、体制的研究，在人员、经费、科研立项等方面予以倾斜、给予应有保障，以更好地促进学前教育科学研究的深入发展。

四、加强教师队伍建设，提高教师素质与能力

学前教育的质量在很大程度上取决于教师的专业水平，而教师专业水平的提高则有赖于高素质的学前教师教育。截至2010年，我国各级各类幼儿园共计

15.04 万所，在园幼儿 2976.67 万人；教职工人数 184.93 万人，专任教师 114.42 万人，其中高中(中职)及以下学历教师占 39.7%。

国务委员刘延东同志在全国学前教育工作电视电话会议上的讲话中指出：要“充实师资，提升素质。造就一支师德高尚、热爱儿童、业务精良、结构合理的幼儿教师队伍，是学前教育事业发展的关键”。

幼儿教师是幼儿进入集体教育机构的第一任教师，思想品德要求高、专业性强，工作很辛苦，其一言一行、一举一动都对幼儿有重要影响。教师质量决定着学前教育的质量，有限的资源要优先用于教师队伍建设。

根据《中华人民共和国教师法》(1993 年)和《教师资格条例》(1995 年)，教师应“取得幼儿园教师资格，应当具备幼儿师范学校毕业及其以上学历”。进入 21 世纪的 12 年后幼儿教师的学历与课程要求明显提高，各级政府也相继修订了区域幼儿教师的准入制度。

经过多年研究，2011 年教育部颁布《关于大力推进教师教育课程改革的意见》(教师[2011]6 号)，提出了幼儿园职前教师教育课程目标与课程设置标准。幼儿园职前教师教育课程，是要帮助未来教师充分认识幼儿阶段的特性和价值，理解“保教结合”的重要性，学会按幼儿的成长特点进行科学的保育和教育；理解幼儿的认知特点和学习方式，学会把教育寓于幼儿的生活和游戏中，创设适宜的教育环境，保护与发展幼儿探究、创造的兴趣，让幼儿在愉快的幼儿园生活中健康地成长。同年 12 月，教育部又发布了《幼儿园教师专业标准(试行)》(征求意见稿)，对我国幼儿教师专业标准作出了系统的规范：

一是幼儿为本。要尊重幼儿权益，以幼儿为主体，充分调动和发挥幼儿的主动性；遵循幼儿身心发展特点和保教活动规律，提供适合的教育，保障幼儿快乐健康成长。

二是师德为先。热爱学前教育事业，具有职业理想，践行社会主义核心价值体系，履行教师职业道德规范。关爱幼儿，尊重幼儿人格，富有爱心、责任心、耐心和细心；为人师表，教书育人，自尊自律，做幼儿健康成长的启蒙者和引路人。

三是能力为重。把学前教育理论与保教实践相结合，突出保教实践能力；研究幼儿，遵循幼儿成长规律，提升保教工作专业化水平；坚持实践、反思、再实践、再反思，不断提高专业能力。

四是终身学习。学习先进学前教育理论，了解国内外学前教育改革与发展的经验和做法；优化知识结构，提高文化素养；具有终身学习与持续发展的意识和能力，做终身学习的典范。

高质量的学前教育必然对教育者的素质提出更高要求。各级教育行政部门对幼儿教师队伍建设和师资培训更加重视，加强了学前教育专业的人才培养力度，逐步开展了“国培计划”“省培计划”，将幼儿教师素质提高纳入教师继续教育工程，加强和完善教育培训制度，建立多层次、多形式、多元开放、立体交叉的幼儿教师教育与培训体系，以不断提高教师队伍的整体素质。特别是帮助幼儿教师增强事业心和责任感，更新教育观念与思想，改善师生互动与教育行为的质量，提高教师的教育教学能力，从而切实提高教师实施素质教育的意识与能力，保障素质教育在学前教育中普遍、全面地实施。

我国目前还存在城乡差异，西部地区与东部地区发展水平有较大差异，各地区的发展极不平衡。因而，学前教育教师具有大学学历这一要求开始于局部的发达地域，然后才会逐步扩及全国。社会对高质量学前教育师资的要求，归根结底要取决于经济、文化的发展水平。只有经济、文化发展了，学前教育事业才会有条件全方位地提高质量。未来几年内我国将会逐步形成一支强大的受过高等教育的学前教育师资队伍。具有较高的文化素养和科学精神、有系统的学前教育基本理论知识，经过扎实的教育技术和音、体、美培训的新型师资队伍，对于提高我国学前教育的水平、奠定整个民族未来良好的素质基础都将发挥重要的作用。

五、积极稳妥地推动幼儿园办园体制改革

大力发展以社区为依托，公办与民办相结合、正规与非正规相结合的多种形式的学前教育与服务机构。要以社区为依托，依靠基层社区各部门的力量，因地制宜地积极创设和利用场地、设施、人员等条件，大力发展适合当地实际情况与需要的各种正规与非正规的学前教育和早期保育服务机构。这既充分发挥了社区资源在幼儿早期教育中的作用，又有利于满足更多幼儿接受学前教育与服务的需求，同时促进所有幼儿积极健康地发展。

六、建立与国际同步又适合我国国情的现代学前教育理论

我国的学前教育事业在不断探索前进。中国有自己的国情，西方的学前教育观念要与中国的国情相结合，要经过摸索、实验，将先进的观念变成中国本土的东西，才有可能在中国的教育实践中发挥其重要作用。

我们要尝试建立有中国特色的学前教育。我国的学前教育工作者要自觉地将自己的理论视野打开，既要吸收引进，又要扎根本土。要向相邻学科乃至于全部

的人文科学、社会科学、自然科学学习，也要向国外先进的学前教育理论学习；与此同时，还要将所学的这一切消化吸收，为我所用，成为学前教育观念不断成长的营养成分。这样我们才可能在汲取教育史特别是幼儿教育历史精华的基础上，建立体现时代精神、民族特色、现代科学水平、与国际同步的现代学前教育理论。

七、幼儿健康快乐成长将真正成为幼儿教育终极目标

幼儿总要成为成人，成为社会的一员，成为文化的继承者和建设者，因而，幼儿教育是不可能回避社会对幼儿的种种要求的。这种社会需要无可厚非，要想实现这一需要，就要考虑幼儿发展的特点和规律，只有按照幼儿的本性实施相应的体现社会需要的教育，才能真正实现社会对幼儿发展的要求，也才能真正实现教育对社会进步的推动。21 世纪以来，在学前教育理论的建构和实践教学过程中不断强调让幼儿健康快乐成长，幼儿健康快乐成长这一理念将是今后学前教育的唯一终极目标。

【学以致用】

发展学前教育，必须坚持公益性和普惠性，努力构建覆盖城乡、布局合理的学前教育公共服务体系，保障适龄儿童接受基本的、有质量的学前教育；必须坚持政府主导，社会参与，公办民办并举，落实各级政府责任，充分调动各方面积极性；必须坚持改革创新，着力破除制约学前教育科学发展的体制机制障碍；必须坚持因地制宜，从实际出发，为幼儿和家长提供方便就近、灵活多样、多种层次的学前教育服务；必须坚持科学育儿，遵循幼儿身心发展规律，促进幼儿健康快乐成长。

（资料来源：《国务院关于当前发展学前教育的若干意见》国发[2010]41 号）

读了这段话，你有何感想？

【课外拓展】

坚持学前教育的公益性和普惠性

（冯晓霞 北京师范大学教授、中国学前教育研究会原理事长）

学前教育的公益性首先是由其社会功能所决定的，学前教育是所有儿童都应该公平享有的基本权利。

当前，很多人对学前教育公益性认识不足，尤其是个别民办学前教育工作

者，仍然把学前教育当成个人牟经济利益的一种工具。事实上，自世界上第一所托幼机构诞生的那一天起，学前教育的公益性就是毋庸置疑的。在今天大力发展学前教育的背景下，强化对学前教育公益性和普惠性的认识，就显得尤为重要。

2010年11月21日，国务院发布了《关于当前发展学前教育的若干意见》(以下简称《意见》)，其中所提出的十条意见，不仅条条指向破解“入园难”，更重要的是明确了学前教育的性质定位和国家当前发展学前教育的基本方针，我们相信，《意见》必将引导我国学前教育走向符合国际学前教育发展趋势，又符合中国国情的道路。

《意见》指出，学前教育是终身学习的开端，是国民教育体系的重要组成部分，是重要的社会公益事业。办好学前教育，关系亿万儿童的健康成长和千家万户的切身利益，关系国家和民族的未来。这是对学前教育性质的明确定位。

学前教育的教育性，即对儿童发展的价值，自20世纪80年代以来已广为我国公众所认识，但其社会公益性却似乎没有得到认可。所谓“公益”，顾名思义是私利的反义，是“公共利益”。而所谓“公益性事业”，自然是“为了公共利益的事业”。与公共利益有关的事，尽管民间应该热心参与，但政府更有着不可推卸的责任。然而，在一些人的眼里，学前教育是家庭私事，完全可以交由市场解决，政府无须承担更多责任。近年来，全国普遍存在的入园难、入园贵问题，不能不说与这种认识有着直接关系。

事实上，自世界上第一所托幼机构诞生的那一天起，学前教育的公益性就是毋庸置疑的。从历史上看，最初的托幼机构(公共学前教育)原本就是慈善性、救助性的，以保护工人和贫困家庭的年幼子女的生命安全为目的，是一种典型的社会公益事业。之后，一些国家开始视其为家长和儿童的福利而予以保障。近几十年，随着一系列有关学前教育效果的研究成果的出现，世界各国更是将它视为一项关系到国计民生和未来的社会公益事业加以重视。2011年9月27日至30日，在莫斯科召开的首届联合国教科文组织世界学前教育大会以“构筑国家财富”作为会议的主题，强调的就是学前教育的公益性和社会价值。

学前教育的公益性首先是由其社会功能所决定的。近年来，多学科的研究成果都证实了学前教育具有正外部性，其效果不仅使幼儿及其家庭受益，而且可以外溢给社会，在提高国家人口素质，减少贫困、犯罪等社会问题，起到了社会问题早期预防的作用，并为国家未来人力资源的开发奠定了基础。正因为如此，国际社会，包括许多发展中国家都切实地把对学前教育的投入看作是为国家积累财富而将其放在优先发展位置上，更多承担发展学前教育的责任，并坚定不移地执行职责。

此外，学前教育是所有儿童都应该公平享有的基本权利，这也可以认为是其公益性的体现之一。《儿童权利公约》(1989 年)规定，生存权和发展权是每个儿童都应享有的基本权利；《世界全民教育宣言》(1990 年)指出，出生即为学习的开始，各会员国应为所有儿童提供早期保育和教育；而《达喀尔行动纲领》(2000年)提出的全民教育六大目标之首就是：“扩大和改善幼儿，尤其是最脆弱和条件最差的幼儿的全面保育与教育。”全世界几乎所有的国家都签署了这 3 个重要国际文件，向儿童作出了提供学前教育服务以保证其基本权利的政治承诺。

也有人指出，公益事业的实质是社会财富的再次分配。在资源有限的情况下，公共财政首先向弱势群体倾斜可起到促进社会公平的作用。而大量国际研究证明：以社会处境不利儿童为优先照顾对象的学前教育能够降低和抵消不利社会地位(社会等级、贫穷、性别、种族或宗教等潜在因素)对其发展的负面影响，使他们有更多机会脱离贫困，打破一代贫困、代代贫困的恶性循环，促进社会阶层的流动，进而促进社会的稳定。因而，世界各国在发展学前教育时，特别是在资源不足的情况下，都将有限资源首先用于保证各种社会处境不利幼儿的学前教育机会。

然而，由于历史的原因，我国学前教育公共投入过多投向了优势群体，这不仅不利于促进教育的起点公平，反而成为制造不公平的源头。公共财政在学前教育领域的二次分配所起的作用一直被学界所诟病。《意见》则从根本上打破了以往政府办少量“示范幼儿园”的思路，首次提出“发展学前教育，必须坚持公益性和普惠性，努力构建覆盖城乡、布局合理的学前教育公共服务体系，保障适龄儿童接受基本的、有质量的学前教育”的新思路，使提供“普惠性”(普遍惠及更多幼儿)学前教育服务成为今后公共财政投入的基本原则。《意见》对如何提供普惠性学前教育服务设计了一个基本框架：

第一，要大力发展公办幼儿园。公办园以“安全、适用”为建设原则，其任务是提供“广覆盖、保基本”的学前教育公共服务，让更多中低收入家庭的幼儿能够上得起，而且有基本质量保障。国家对新时期公办幼儿园的定位，让我们看到公共财政在学前教育领域应有功能的复归。

第二，国家实施推进中西部农村学前教育项目，中央财政通过转移支付支持这些地区的学前教育，努力缩小其与发达地区的差距。

第三，努力扩大农村学前教育资源。把发展学前教育作为社会主义新农村建设的重要内容，将幼儿园作为新农村公共服务设施统一规划、优先建设、加快发展，以填补长期城乡二元结构所造成的沟壑，保证农村幼儿享有与城市幼儿同样的学习权、发展权。

第四，鼓励社会力量以多种形式举办幼儿园。在用地、税费等方面给予合理的优惠。同时，政府采取购买服务、减免租金、以奖代补、派驻公办教师等方式，引导和支持民办幼儿园提供普惠性服务。

此外，政府还将建立学前教育资助制度，资助家庭经济困难的儿童、孤儿和残疾儿童接受普惠性学前教育。

如何保证《意见》所提出的学前教育发展思路与政策措施能够真正落实，还需要开展许多细致的工作和进行开创性的制度建设。但无论如何，方向已经明确，大政方针已定，我国学前教育定会迎来一个健康发展的新局面。

（资料来源：中国教育报，2011-04-06）

参考文献

1. 黄人颂主编．学前教育学．北京：人民教育出版社，2009 年.

2. 蔡迎旗．学前教育概论．武汉：华中师范大学出版社，2006 年.

3. 唐淑主编．学前教育史．北京：人民教育出版社，2009 年.

4. 刘彦华编著．中国学前教育史．北京：光明日报出版社，2010 年.

5. 何晓夏主编．简明中国教育史．北京：北京师范大学出版社，2007 年.

6. 陈文华主编．中外学前教育史．北京：科学出版社，2011 年.

7. 王莉娅，麦少美主编．中外学前教育史．北京：高等教育出版社，2006 年.

8. 彭国平主编．国内外幼儿教育理论与改革趋势研究．北京：首都师范大学出版社，2008 年.

9. 罗伯特·福尔姆．我们得回到幼儿园．吴群芳译．北京：中国档案出版社，2001 年.

10. 石忠仁主编．教育原理．北京：人民教育出版社，2002 年.

11. 王丽璇主编．幼儿教育学．长春：东北师范大学出版社，1994 年.

12. 郑健成主编．幼儿教育学．上海：复旦大学出版社，2010 年.

13. 陈文华主编．中外幼儿教育史．北京：科学出版社，2007 年.

14. [美]贾珀尔·L·鲁普纳林等主编．学前教育课程．黄瑾等译．上海：华东师范大学出版社，2011 年.

15. 刘晓东．儿童教育新论．南京：江苏教育出版社，2000 年.

16. 刘焱主编．幼儿教育概论．北京：中国劳动社会保障出版社，1999 年.

17. 李季湄主编．幼儿教育学基础．北京：北京师范大学出版社，1999 年.

18. 虞永平．生活化的幼儿园课程．北京：高等教育出版社，2010 年.

19. 玛丽·霍曼，伯纳德·班纳特，戴维·P·韦卡特．活动中的幼儿：幼儿认知发展课程．郝和平，周欣译．北京：人民教育出版社，1995 年.

20. 黄人颂主编．学前教育学参考资料．北京：人民教育出版社，1991 年.

21. 冯晓霞，卢尊容主编．幼儿园教育活动．北京：人民教育出版社，1995 年.

22. 秦元东，王春燕．幼儿园区域活动新论：一种生态学的视角．北京：北京师范大学出版社，2008 年.

23. 陈晓芳主编．幼儿园教育活动设计策略及教案评析．北京：北京师范大学出版社，2007 年.

24. 梁志桑主编．学前教育学．北京：北京师范大学出版社，2003 年.

25. 袁爱玲，何秀英．幼儿园教育活动指导策略．北京：北京师范大学出版社，2007 年.

26. 教育部基础教育司组织编写．幼儿园教育指导纲要(试行)解读．南京：江苏教育出版社，2002 年.

27.[美]安・迈尔斯・戈登，凯思琳・威廉斯・布朗．幼儿教育学导论．梁玉华等译．成都：四川少年儿童出版集团，2010 年.

28. 胡惠闵，郭良菁主编．幼儿园教育评价．上海：华东师范大学出版社，2009 年.

29. 刘焱．儿童游戏通论．北京：北京师范大学出版社，2004 年.

30. 陈帼眉主编．学前儿童发展与教育评价手册．北京：北京师范大学出版社，1994 年.

31. 王坚红编．学前儿童发展与教育科学研究方法．北京：人民教育出版社，1991 年.

32. 陶保平编著．学前教育科研方法．上海：华东师范大学出版社，2006 年.

33. 陈幸军主编．幼儿教育学．北京：人民教育出版社，2003 年.

34. 桂景宣主编．学前教育概论．北京：高等教育出版社，2007 年.

35. 魏建培主编．学前教育学．北京：科学出版社，2008 年.

36. 阎水金主编．学前教育学．上海：上海教育出版社，1998 年.

37. 黄瑾主编．幼儿园教育活动设计与指导．上海：华东师范大学出版社，2007 年.

38. 周生民．刍议新课程背景下的发展性教师评价．新课程(教师版)，2006 年第 12 期.

39. 张丽梅．实施教师发展性评价的基本途径．吉林教育督导，2007 年第 2 期.

40. 彭俊英．幼儿园“教育活动”概念溯源．学前教育研究，2009 年第 10 期.

41. 张霞．“九五”“十五”期间我国幼儿园数量变化状况分析．幼儿教育(教育科学版)，2008 年第 1 期.

42. 姜勇，邓素文．本土困境与幼儿教育学的文化转向．幼儿教育研究，2008 年第 4 期.

43. 刘霞．国外托幼机构的发展概况及趋势．教育导刊，2000 年第 4 期.
44. 中华人民共和国教育部网 http：//www. moe. edu. cn/.
45. 中国婴幼儿教育网 http：//www. baby—edu. com/.
46. 中国学前教育研究会网 http：//www. cnsece. com/.
47. 中国学前教育网 http：//web. preschool. net. cn/portal. php.

附　录

附录一：《幼儿教育概论》教学大纲及教学建议

一、课程的性质

《幼儿教育概论》是三年制、五年制专科层次学前教育专业的一门专业必修课，是一门理论性、实践性并重的基础理论课程。

二、课程目标

通过对《幼儿教育概论》的学习，使学生了解幼儿教育在儿童发展过程中及在整个教育系统中的地位与价值、掌握幼儿教育的先进思想及基本理论、认识学前儿童自身发展的特征及幼儿教育活动的基本特点、理解幼儿教师的职业特征，了解幼儿园与家庭、社区的合作方式等，从而初步树立正确的儿童观、教育观、教师观；能够运用所学幼儿教育理论，正确认识和分析实际工作中的各种教育现象和教育问题，提高学生的专业理论知识及从事幼儿教育的实践能力。

三、教学内容与要求

绪　论

教学目标与要求

了解幼儿园教育的含义和学习幼儿教育概论的意义，掌握幼儿教育概论的学习方法，树立学好本课程以及本专业的信心，立志从事幼儿教育事业。

教学内容

一、幼儿教育及其意义《幼儿教育概论》

二、当前我国幼儿园教育

三、学习《幼儿教育概论》的意义及方法

第一章　幼儿教育与社会发展

教学目标与要求

了解中外幼儿教育机构的演变历程，增进对本专业的了解和认同感；理解古今中外幼儿教育家的重要教育思想，学会应用教育家的幼儿思想指导幼儿教育的实际工作，提高幼儿教育的质量和水平；培养自己热爱幼儿教育事业的情感，努力做好幼儿教育工作，实现自己的人生价值。

教学内容

第一节 幼儿教育机构的产生与发展

一、幼儿教育机构的产生

二、幼儿教育机构的发展

第二节 幼儿教育思想的发展

一、早期的幼儿教育思想

二、近现代的幼儿教育思想

第三节 我国幼儿教育制度的发展

一、蒙养院制度的确立

二、培养师资，兴办幼稚师范学校

三、蒙养园制度的建立

四、幼稚园制度的确立

五、幼稚园课程标准的颁布

六、幼稚园师资的培训

七、内务部颁发的《托儿所组织条例》

八、陕甘宁边区政府关于保育儿童的决定

九、新中国成立后规定了幼儿教育的性质、任务和发展方针

十、社会主义建设新时期幼儿教育制度的发展

十一、21 世纪幼儿教育制度发展

第二章 幼儿教育与儿童发展

教学目标与要求

明确儿童发展、儿童观的含义；掌握科学儿童观的内涵；理解幼儿教育与儿童发展的关系；树立正确的儿童观，保障儿童的基本权益；初步形成热爱幼儿的职业情感。

教学内容

第一节 儿童发展的内涵和特点

一、儿童发展的内涵

二、儿童发展的特点

第二节 儿童观与儿童发展权益及其保障

一、儿童观

二、儿童发展权益及其保障

第三节 幼儿教育与儿童发展的关系

一、影响儿童发展的因素

二、幼儿教育与儿童发展的关系

第三章　幼儿园教师

教学目标与要求

了解幼儿教师的地位与作用、幼儿教师的职业特征；幼儿园良好师幼关系的影响因素与建构要点；掌握幼儿教师需要具备的职业素养；能利用各种教育资源促进自身素质的提高；热爱幼儿园教育工作和幼儿教育事业。

教学内容

第一节　幼儿园教师的职业特点和社会地位

一、幼儿园教师的职业特点

二、幼儿园教师的社会地位

三、幼儿园教师与幼儿的关系

第二节　幼儿园教师的职业素养

一、幼儿园教师专业标准

二、幼儿园教师的职业素养

第三节　幼儿园教师的专业成长

一、幼儿园教师专业成长阶段

二、幼儿园教师专业化的内涵与特征

三、幼儿园教师职业生涯中的常见问题

第四章　幼儿园教育目标、任务与原则

教学目标与要求

明确我国的教育目的和幼儿园教育目标；明确幼儿园的双重任务；了解新时期幼儿园双重任务的特点；明确幼儿园教育的原则；初步具有运用幼儿园教育原则分析幼儿教育现状的基本技能。

教学内容

第一节　幼儿园教育目标

一、我国的教育目的

二、幼儿园教育目标

第二节　幼儿园的任务

一、幼儿园的双重任务

二、当前幼儿园双重任务的新特点

第三节　幼儿园教育的原则

一、幼儿园教育的一般原则

二、幼儿园教育的特殊原则

第五章　幼儿园全面发展教育

教学目标与要求

理解幼儿园全面发展教育、幼儿体育、幼儿智育、幼儿德育、幼儿美育的含义；掌握各育的目标、内容和途径。能对幼儿园全面发展教育的落实情况正确分析；能初步运用幼儿园全面发展教育理论对幼儿园组织的活动进行评价；初步能用幼儿德育的基本方法对幼儿进行德育。树立幼儿园全面发展教育观；能正确认识和对待当前幼儿园“片面教育”的现象。

教学内容

第一节　幼儿体育

一、幼儿体育的目标

二、幼儿体育的内容

三、幼儿体育的途径

第二节　幼儿智育

一、幼儿智育的目标

二、幼儿智育的内容

三、实施幼儿智育的途径

第三节　幼儿德育

一、幼儿德育的目标

二、幼儿德育的内容

三、幼儿德育的途径

第四节　幼儿美育

一、幼儿美育的目标

二、幼儿美育的内容

三、幼儿美育的途径

第六章　幼儿园教育活动

教学目标与要求

明确幼儿园教育活动的类型与特点；理解幼儿园教育活动的基本原则；初步掌握并熟悉幼儿园教育活动的方法、途径和组织形式以及活动组织的基本策略。初步掌握并学习运用幼儿园常用的教育活动方法、途径和组织形式，培养理论联系实际的能力。学会尊重幼儿、热爱幼儿，树立正确的儿童观和教育观。

教学内容

第一节　幼儿园教育活动的类型与特点

一、幼儿园教育活动的类型

二、幼儿园教育活动的特点

第二节 幼儿园教育活动的原则

一、教育性原则

二、科学性原则

三、主动性原则

四、发展性原则

五、直观性原则

六、情景性原则

第三节 幼儿园教育活动的组织

一、幼儿园教育活动的组织形式

二、幼儿园教育活动的实施途径

三、幼儿园教育活动的组织策略

第七章 幼儿园教育活动评价

教学目标与要求

理解幼儿园教育活动评价的概念、教育评价的功能；掌握幼儿园教育活动评价的内容和原则。能尝试用教育活动评价的方法对幼儿园教育活动进行评价；培养学生的教育活动评价能力树立正确的幼儿教育质量观、教育活动评价观。

教学内容

第一节 幼儿园教育活动评价及其意义

一、幼儿园教育活动评价的含义

二、幼儿园教育活动评价的意义

第二节 幼儿园教育活动评价的内容与原则

一、幼儿园教育活动评价的主要内容

二、幼儿园教育活动评价的原则

第三节 幼儿园教育活动评价步骤与方法

一、幼儿园教育活动评价的基本步骤

二、幼儿园教育活动评价的主要方法

第四节 幼儿园教育活动评价结果的运用

一、幼儿园教育活动评价结果的运用

二、解释、运用幼儿园教育活动评价结果应注意的问题

第八章 幼儿园教育的合作与衔接

教学目标与要求

了解家庭教育的特点和作用，了解社区教育的意义及其对幼儿园教育的影

响，了解幼儿园与小学两个教育阶段的差异与衔接；掌握家园合作的内容和途径、社区教育资源利用、幼小衔接工作计划制订的基本方法，能够指导家长科学育儿、做好幼儿入园、入学的准备工作；学会尊重家长，树立正确的幼儿教育观念，能正确认识和对待幼儿教育中的"小学化"现象。

教学内容

第一节　幼儿园与家庭的合作

一、幼儿园与家庭合作的意义

二、幼儿园与家庭合作的内容

三、幼儿园与家庭合作的方式

第二节　幼儿园与社区的合作

一、幼儿园与社区合作的意义

二、幼儿园与社区合作的内容

三、幼儿园与社区合作的方式

第三节　幼儿园与小学的衔接

一、做好幼小衔接工作的意义

二、幼小衔接工作的主要内容

三、幼小衔接工作的主要方法

第九章　幼儿教育改革与发展趋势

教学目标与要求

了解开端计划、保育纲要、混龄教育、日托之家、国家中长期教育改革和发展规划纲要(2010—2020年)、"国十条"、三年行动计划；初步了解中外幼儿教育改革的现状，比较评析各国现行的学前教育政策、措施与实绩；分析幼儿教育发展的动态与趋势，自觉参与学前教育教学的各项改革活动，提高保教的主动性、自觉性和责任感。

教学内容

第一节　国外幼儿教育改革与发展趋势

一、国外幼儿教育改革与发展的概况

二、国外幼儿教育改革与发展的趋势

三、国外幼儿教育改革与发展对我国的启示

第二节　我国幼儿教育政策解读

一、我国幼儿教育改革与发展规划

二、我国幼儿园教育改革与发展政策与管理体制

第三节　我国幼儿教育改革与发展展望

一、各级政府切实加强对学前教育的重视与领导

二、加强学前教育立法工作

三、加强对学前教育的科学研究

四、加强教师队伍建设，提高教师素质与能力

五、积极稳妥地进行幼儿园办园体制改革

六、建立与国际同步又适合我国国情的现代学前教育理论

七、儿童“健康快乐成长”将真正成为幼儿教育终极目标

四、学时分配

三年制大专第 2 学期开设，每周 3 课时，教学 17 周(理论教学 35 学时；实践教学 16 学时)，复习 1 周，考试 1 周，计 57 学时。每章具体学时，根据教材不同难点、重点内容分配。

五年制大专第 5 学期开设，每周 4 课时，教学 17 周(理论教学 46 学时；实践教学 22 学时)，复习 1 周，考试 1 周，计 76 学时。每章具体学时，根据教材不同难点、重点内容分配。

五、教学建议

本课程是一门理论和实践并重的课程，在教学中一般采用案例分析、学生讨论、操作练习、模拟组织教育活动、实习实训等教学方法辅之以多媒体教学手段，加深学生对幼儿教育理论的理解和掌握，重点培养学生的教育实践能力。具体如下：

讲授教学：将最前沿幼儿教育信息传授给学生，拓宽学生的知识面。

案例教学：收集大量幼儿教育案例，组织学生讨论，归纳总结，掌握相关的理论知识。

参与式学习：提出问题或实践教学中发现问题，引导学生综合运用教育理论知识系统分析问题，提高分析问题、解决问题的能力。

研究性学习：提出问题，引导学生通过查阅资料，小组合作学习，获得解决问题的方法。

操作练习法：提出问题，设计解决方案，具体操作实践。

模拟组织教育活动：在教育理论的指导下，设计幼儿教育过程，进行模拟幼儿教育活动，组织学生现场点评、分析，以进一步理解、运用幼儿教育理论，激发学生学习的积极性。

实习实训：结合课程内容，进行幼儿园教育见习、实习和调查，增强学生对幼儿教育的感性认识，提高学生实际操作能力。

辅助教学：充分利用多媒体辅助教学手段。

六、考核方式

考核办法：平时成绩(30％～50％)＋期末卷面闭卷笔试成绩(50％～70％)。

平时成绩：主要依据平时作业、上课学生回答问题、课堂讨论、小组学习、模拟实训、学习态度等评定。

附录二　常州市幼儿园教师教育工作评价指标(试行)

一级指标	二级指标	三　级　指　标	评价分值				自评	他评	评价方式
			优秀 1.0	良好 0.8	合格 0.6	不合格 0.4			
基本素养(20分)	师德修养(10分)	1. 热爱本职工作，有较强的事业心和责任感。							座谈 问卷调查
		2. 学会合作，相互尊重，有良好的精神风貌和团队意识。							
		3. 遵守《师德规范》，为人师表，信守办园理念和园所共同的价值观。							
		4. 具有为家长、为幼儿服务的观念，尊重、信任幼儿，关心每一个儿童的成长和进步。							
	业务素养(10分)	1. 学历达标，掌握一定的幼儿教育理论，有学习、反思、分析、评价的能力。							座谈 查阅资料 观摩活动
		2. 有扎实的教学基本功和专业素养，有较强的组织教学和开展游戏的能力。							
		3. 能根据幼儿身心发展规律和学习特点，创造性地进行教育教学改革。							
		4. 具备一定的现代化教学办公能力和信息收集、处理的能力。							
保教工作(65分)	保育保健(12分)	1. 合理安排、科学指导幼儿在园的一日生活和活动，各环节过渡自然。							日常观察 常规检查
		2. 培养幼儿的生活自理能力和良好的生活、卫生习惯。							
		3. 做好安全防范工作，培养幼儿安全意识和自我保护能力。							
		4. 能妥善处理突发事件。关注特殊儿童，重视幼儿的身心健康。							

续表

一级指标	二级指标	三级指标	评价分值				自评	他评	评价方式
			优秀 1.0	良好 0.8	合格 0.6	不合格 0.4			
保教工作（65分）	保育教学（25分）	1. 贯彻《纲要》精神，结合本年龄段幼儿教育目标，制订切实具体的各类教育教学计划。							观摩活动查阅资料
		2. 有效利用园内外和社区各种教育资源，针对本班幼儿实际，创造性地实施课程。							
		3. 科学安排一日活动，做到动与静、室内与室外、集体与个别活动兼顾，游戏时间有保障。							
		4. 灵活运用多种教学手段，支持幼儿主动探索、表现表达，培养幼儿的创造思维和动手能力。							
		5. 采用纪录的方式，有计划地对本班幼儿进行观察和记录，注重幼儿发展的过程性评价。							
		6. 有自我反思的意识和能力，通过自我评价和同伴互助等形式，改进和提高自身的教育行为。							
	教学科研（9分）	1. 积极参与课题研究，制订个人专题研究方案，主动开放教育研究活动。							查阅资料座谈调查
		2. 多途径查阅、收集教科研信息，合理借鉴运用，注重积累、整理过程性资料。							
		3. 主动展示教科研成果，撰写案例、观察记录、经验总结和学术论文等。							
	家长工作（9分）	1. 优化家园关系，具有良好的与家长沟通、协调能力，家园联系方式多元化。							座谈问卷调查
		2. 有效开发和利用家长资源，主动向家长提供教育幼儿的经验和信息，提高其科学育儿水平。							
		3. 每学年有针对性地组织家长开放日和亲子活动等，探索家园共育新途径、新方法。							

续表

一级指标	二级指标	三级指标	评价分值 优秀 1.0	良好 0.8	合格 0.6	不合格 0.4	自评	他评	评价方式
保教工作（65分）	班级管理（10分）	1. 建立良好的班级管理常规，各类物品摆放安全有序，高效利用，便于幼儿自主探索。							日常观察常规检查
		2. 营造和谐温馨的班级氛围，幼儿学习、生活愉快有序，师幼互动效果好。							
		3. 创设课程化的学习环境和开放性、动态性的区域游戏环境，引导幼儿与环境、材料互动。							
		4. 有主人翁意识，结合班级实际自制相应的玩教具，合理使用并妥善保管班级财物。							
保教工作（65分）	培训提高（7分）	1. 树立终身学习观念，自觉参加各类教研活动和业务培训，每学年继续教育不低于40课时。							查阅资料同行评价
		2. 自主学习教育理论，撰写读书笔记和教育随笔，提高理论素养和教育实践能力。							
		3. 积极参加园本教研，每学年主动承担一定的研训任务。							
	自主发展（8分）	1. 积极参与学历进修，根据自己的特长参加具有方向性的专业培训，鼓励选修第二学历专业。							查阅资料个人访谈
		2. 建立自我成长档案，确立个人近期发展目标，每学年取得一定的教育教学成果。							
		3. 每学年开放一次园内或园级以上公开课、研究课或游戏活动。							
		4. 发挥自身的专业特长，多能一专，指导幼儿兴趣小组和项目活动，逐步形成个人教学特色。							
等级		优秀 100—88；良好 87—75； 合格 74—60；合格 60 分以下	总分						

（资料来源：本教师工作评价引自网址：http：//youerjy. wjedu. net/r. asp? newsid=589）

后　记

这套全国统编学前教师教育教材包括三年制高专、五年制高专、三年制中专、幼儿园教师培训4个系列，是由中国学前教育研究会教师发展专委会高职高专、中职中专分委会组织编写的。从2010年开始，历时3年。作者队伍来源于全国近60所学前师范本科和高中专院校；主审专家来源于26所本科院校和科研院所。全套教材编写设立编写指导委员会，分系列设立编委会。

为确保教材的科学性、先进性和时代性，全体编写人员认真学习了教育部《教师教育课程标准(试行)》《幼儿园教师专业标准(试行)》等文件精神，充分吸纳了学前教育和其他相关学科发展的最新成果，严格按照"研制人才培养方案→确定册本→研制大纲→确定体例和样章→讨论初稿→统稿→审稿"的程序进行，进行了深入而艰苦的探索。比如，坚持从研究和把握人才培养方案入手，对各系列的册本方案、各册本的教学大纲进行系统设计。严格按照人才培养目标要求，对文化、艺术、教育三类课程的教学时量进行了科学安排：三年制高专约为2.6∶3∶4.4；五年制高专约为4.5∶2.5∶3；三年制中专约为2.4∶2.4∶5.2。根据学前教育科学发展的新成果，分化和加强教育类课程，如幼儿心理学中分化出了幼儿学习与发展、幼儿发展观察与评价，幼儿教育学中分化出了幼儿游戏、幼儿园课程、幼儿园教育环境创设等。

此套教材中的三年制高专系列共34种38册：由语文出版社出版的《大学语文》《幼儿文学》(两册)，由高等教育出版社出版的《幼儿教师口语》《计算机应用基础》《大学体育》《美术基础》《幼儿美术赏析与创作》《大学英语》(两册)，由北京师范大学出版社出版的《幼儿教育概论》《幼儿心理发展概论》《幼儿卫生保健》《幼儿健康教育》《幼儿科学教育》《幼儿社会教育》《幼儿语言教育》《幼儿美术教育》《幼儿音乐教育》《学前教育研究基础》《幼儿园管理》《幼儿园课程》《幼儿游戏》《幼儿园环境创设》《幼儿学习与发展》《现代教育技术》，由上海音乐学院出版社出版的《音乐基础理论》《声乐基础》《舞蹈基础》《音乐欣赏》《儿童歌曲钢琴即兴伴奏》《幼儿歌曲弹唱》《幼儿歌曲创编与赏析》《幼儿舞蹈创编与赏析》《钢琴基础》(两册)和《视唱练耳》(两册)。

《幼儿教育概论》由肖全民(广西幼儿师范高等专科学校)编写绪论、第八章;龙景云(天津师范大学学前教育学院)编写第一章;刘揖建(广西幼儿师范高等专科学校)编写第二章;黄绍文(长沙师范高等专科学校)、张英琴(运城幼儿师范高等专科学校)编写第三章;雷红云(广东省江门幼儿师范学校)编写第四章;周香(长沙师范高等专科学校)编写第五章;曹跃丽(湖北幼儿师范高等专科学校)编写第六章;王先达(福建幼儿师范高等专科学校)编写第七章;郑传芹(郧阳师范高等专科学校)编写第九章。全书在刘揖建和曹跃丽的协助下,由肖全民和周香负责统稿、定稿,最后由审稿专家陈幸军教授(长沙师范高等专科学校)审定。

本套教材的征订由分委会联系(联系人李家黎,电话 0731－84036139)。如有印制质量问题和供书错漏,请与相关出版社联系解决。热忱欢迎广大师生和专家提供修订意见(收集邮箱为:gzzfwh@yahoo.com.cn)。

中国学前教育研究会教师发展专业委员会
高职高专、中职中专分委会
2012 年 6 月